MAGISCH REISEN

Mit dem Herzen die Welt erleben und zu sich selbst finden

Erholungsreisen, Bildungsreisen, Abenteuerreisen – es gibt viele unterschiedliche Wünsche und Erwartungen rund ums Reisen. In einer Zeit des Umbruchs, in der fast jedes Ziel auf unserem Erdball Reisenden zugänglich ist, in der es kaum noch geographisch weiße Flecken gibt, kann Reisen jedoch einen neuen Sinn gewinnen. Die Faszination der Begegnung mit anderen Ländern, Menschen und Kulturen liegt nicht mehr nur im vordergründigen Erleben der Exotik des Andersseins, sondern darin, was wir über uns selbst und über unser gemeinsames menschliches, kulturelles, religiöses Erbe erfahren. **MAGISCH REISEN** ist die Aufforderung zum Reisen in fremde Länder, als blicke man in einen Spiegel der eigenen Seele.

Die Idee für die Reihe **MAGISCH REISEN** stammt vom bekannten Fachbuchautor, Astrologen, Mythenforscher, Journalisten und Dramaturgen Bernd A. Mertz. Er, der Goldmann Verlag und der Herausgeber legen eine in sich geschlossene Reihe vor, die allerdings der Einzigartigkeit von Land, Themenkreis und Autor/in immer individuellen Spielraum öffnet.

MAGISCH REISEN, das heißt anders reisen: Orte der Kraft und heilige Stätten erleben, Göttern und Heiligen, Urgestalten und Heroen begegnen und die Welt der Mythen und Märchen, der Sagen und Fabeln betreten.

MAGISCH REISEN heißt auch anders lesen: mit Verstand und Herz, mit Gefühl und Seele in Geschichte und Geschichten, in Stimmungen und Landschaften, in geistige Botschaften und heilige Energien eintauchen, äußere Reisen zu inneren Erfahrungen machen, im Geiste in ferne Gefilde entschweben, ohne den Fuß vor die Türe zu setzen.

MAGISCH REISEN möchte die Leser/innen dazu inspirieren, das Leben als die magische Reise zum eigenen Sinn zu erfahren, auf deren Wegstrecke die äußeren Reisen in immer wieder neue Winkel unserer alten Mutter Erde auch immer wieder neue Anstöße zur bewußten Lebensreise sind.

Der Herausgeber

ANNE TAPPE

MEXIKO
Ein Land, das seine Seele sucht

Goldmann Verlag

Herausgegeben von Wulfing von Rohr
Originalausgabe

Der Goldmann Verlag
ist ein Unternehmen der Verlagsgruppe Bertelsmann

Made in Germany · 3/93 · 1. Auflage
© 1993 by Wilhelm Goldmann Verlag, München
Umschlaggestaltung: Design Team München
Umschlagphoto (vorne): TIB, München
Umschlagphoto (hinten): Anne Tappe
Kartographie: Astrid Fischer, München
Belichtung: Compusatz, München
Druck: Presse-Druck Augsburg
Verlagsnummer: 12293
Redaktion: Brigitte Leierseder
Ba · Herstellung: Sebastian Strohmeier
ISBN 3-442-12293-7

Inhaltsverzeichnis

Statt einer Einleitung: Für J. F. E. 7

Der mythologische Weg nach Mexiko 15

Die Rache des Montezuma 37

Teotihuacán – Und niemand weiß,
woher sie kamen 89

Tula – Stadt des sagenhaften Priesterkönigs
Quetzalcoátl 103

Rosen, Revolten, Ruinen –
Vom Kuhhorn zu den Silberminen 117

Cholula – Kirchen kontra Götterburgen . . . 129

Unterwegs zu den Vanille-Indianern 151

Olmeken – Die Leute aus dem Gummiland . 165

Chiapas – Bauchnabel der Erde 181

Land der Mythen – Land der Maya 199

Yukatán – Denkmäler aus versteinerter Zeit 225

Oaxaca – Totenkult und Lebensfreude 253

Meine Lieblingslektüre zum Thema Mexiko 279

Register 281

*Möge dein Verstand durch die Glut der Wahrheit leuchten
und dein Geist ihren heiligen Grund schützen.
Möge dein Geist ewig funkeln wie ein Stern,
dein Herz so rein bleiben wie frisch gefallener Schnee
und deine Seele ewig das Staunen eines Kindes spüren.*
                      Indianisches Sprichwort

Statt einer Einleitung: Für J. F. E.

Wir sind nur gekommen, ein Traumbild zu sehen,
wir sind nur gekommen, zu träumen,
nicht wirklich, nicht wirklich sind wir gekommen,
auf der Erde zu leben.

                Tochihuitzin Coyolchiuhqui,
                aztekischer Dichter, um 1419

Nachts kommen die Erinnerungen. In der Stille breiten sie sich aus und füllen den Raum mit farbigen Bildern und Musik. Mit Sentimentalität und Melodramatik. Menschen, fremd, mit indianischen Gesichtszügen. Männer vor allem, deren Gesichter sich halb unter riesigen Sombreros verstecken. Sie singen voller Inbrunst und Rührseligkeit. »Ay, Ay, Ay, Ay! Cánta no llores... Singe, aber weine doch nicht...« Und dann weinen sie doch, diese Macho-Männer mit dem Tequila im Blut und der Einsamkeit im Herzen.

Die Musik der Mariachis hat mich auf meinen Reisen durch Mexiko wie ein roter Faden begleitet. Ob auf den Plätzen der Städte, bei Hochzeitsfeiern, Familienausflügen oder nachts unter dem Fenster einer schönen Señora, überall tauchen sie auf: Männer in silberbetreßten Galahosen, bestickten Jacken und breitrandigen Hüten. Wenn sie ihre Geigen, Gitarren und Trompeten ansetzen und ihre vollen, dunklen Stimmen ertönen lassen, dann klingt aus ihnen die Stimme Mexikos. Keine andere Musik hat Mexiko bekannter gemacht als ihre. Sie sind zu einem Symbol geworden, dessen sich vor allem die Tourismusindustrie bedient.

Mariachi – die Stimme Mexikos

»Una canción, señora? Möchten Sie ein Lied kaufen?« Und dann singen sie für 30 000 Pesos »La cucaracha« und »México lindo«. Schmettern es laut oder schmelzen sehnsuchtsvoll dahin. Der Fremde, der gekommen ist, um sich zu amüsieren, sieht sein Bild vom heiteren, stolzen Mexikaner bestätigt; er strahlt, zahlt und geht.

Ich habe die Lieder der Mariachis immer noch im Ohr. Klingen sie nicht herrlich unbeschwert und lebensfroh? Warum breiten sich dann undefinierbare Traurigkeit und Sehnsucht in mir aus?

Musik voller Melancholie

Weil meine Ohren etwas anderes hören als mein Herz. Ich spüre zwischen den auf- und abschwellenden Tönen tiefe Melancholie, Selbstzweifel und Fragen, die auch mir vertraut sind: »Wer bin ich? Wo komme ich her? Wo gehöre ich hin?« Viele der Menschen, die sich in Mexikos Hauptstadt auf der Plaza Garibaldi Nacht für Nacht um die Mariachimusiker scharen und mit ihnen singen, tragen in sich die gleichen Fragen und wünschen sich, wie ich, nichts mehr, als eine Antwort darauf zu finden.

Ich habe ihre Stimmen gehört und dahinter ihre Stimmung erfühlt: Alegria und Trauer, Lebensgier und Todessehnsucht, Leidenschaft und Apathie, Exaltiertheit, Verzweiflung und qualvolle Spannung. Hinter ihrer Tarnung von Sorglosigkeit und Fröhlichkeit stehen Menschen, steht ein Volk, das sein ganzes Vermächtnis verloren hat: seine Sprache, seine Religion, seine Überzeugungen und seine Sitten. Sie leben, wie Octavio Paz in seiner umfassenden philosophischen Betrachtung über das Wesen des Mexikanertums sagt, in einem Labyrinth der Einsamkeit, in dem sie auf einer scheinbar ausweglosen Suche nach ihrer

Identität sind. Der Schlüssel liegt in der Vergangenheit, eine lange unterbewußte Vergangenheit, die auch heute noch überall in Mexiko vorhanden ist. Aus ihr müssen die Mexikaner Unvereinbares miteinander in Einklang bringen: Sie sind Sieger und Besiegte. Sie tragen viele rassische und charakterliche Merkmale der Indianer in sich. Sie verherrlichen ihr vorspanisches Erbe, während sie gleichzeitig spanisch sprechen, dem Katholizismus angehören und Spanien als ihr Vaterland betrachten.

Carlos Fuentes, Mexikos wichtigster Autor der Gegenwart, hat den Grund für die Melancholie seines Volkes in einem Interview so erklärt: »Diese Traurigkeit resultiert aus einem vielschichtigen, vielgesichtigen Gefühl des Verlustes. Schließlich ist das alte Toltekenreich schon zweihundert Jahre vor Ankunft der Spanier von den Azteken vernichtet worden, die einen absolut faschistischen Staat errichteten: eine usurpatorische Theokratie, welche die Prophezeiungen Quetzalcoátls, der Gefiederten Schlange des alten Reiches, zerstörte. Schon vor der spanischen Conquista findet man in den lyrischen Gesängen der Náhuatl-Indio-Dichter dieses Gefühl einer immensen Traurigkeit. Und wenn man noch das furchtbare Gefühl der Niederlage unter den Spaniern hinzufügt und die darauffolgenden Mißerfolge Mexikos, ja die totale Pleite der Utopie einer Neuen Welt, dann hat man den Grund für diese profunde Traurigkeit.«

»**La vida no vale nada**«

»La vida no vale nada«, schmettern die Mariachis heute nacht bereits zum fünften Mal. »*Das Leben ist nichts wert. Nichts ist, was das Leben wert ist. Es beginnt immer mit Tränen. Und mit Tränen endet es. Deshalb ist in dieser Welt das Leben nichts wert.«*

Trauerarbeit, die verpackt ist in populäre Serenaden. Lieder, die von Liebe, Romantik, Krieg, Revolution, von Männlichkeit, Freiheit und Gleichheit erzählen. Über die Musik löst sich das innere Schweigen der sonst so verschlossenen Mexikaner. Alkohol und Rauschmittel dienen ihnen als Befreiungsdrogen und zur Seelensuche. Ein Land, riesig und von extremen Gegensätzen gezeichnet, ist auf der Suche nach seiner Seele. »Unsere Einsamkeit«, schreibt Octavio Paz, »hat dieselben Wurzeln wie unsere Religion. Sie ist Verwaisung, dunkles Bewußtsein, dem Ganzen entrissen worden zu sein, glühendes Suchen, Flucht, Rückkehr, Versuch, die Bindungen wiederherzustellen, die uns mit dem Schöpfer verbanden.«

Heute, in dieser Nacht, in der sich meine schönen und schmerzhaften Reisen durch Mexiko in meinem Zimmer ausbreiten, in der ich beginnen will, das vielschichtige Hologramm der Bilder und Erfahrungen in Worte zu kleiden, bist auch du, geliebter Freund und Mitreisender, anwesend. Wie wichtig du als Begleiter warst, ist mir erst viel später klargeworden. Das Gesehene, Erfahrene, Erfühlte, Visionierte teilen und mitteilen zu können ist ein großes Geschenk für eine Wandernde durch die inneren und äußeren Welten. Du, der Sehende, der jedes Detail an den großen Kunstdenkmälern Mexikos wahrnahm; der Belesene, der zu erklären und deuten wußte und mir die großen Zusammenhänge herstellte. Ich, die Fühlende, die die Kraft und Magie erspürte, die viele

Die Mariachis sind die Stimme Mexikos

Orte dieses Landes innehaben; die Suchende und Fragende auch, die verstehen wollte, was sich hinter der freundlich-zurückhaltenden Maske der Mexikaner verbirgt.

Wir waren ein großartiges Team in der Ergänzung unserer Fähigkeiten. Und wir teilten alles: die Nässe bis auf die Haut bei einem überraschenden Regenguß im Dschungel, die glühende Hitze, wenn wir die Treppen der Pyramiden emporstiegen zu den Göttern, das Schweigen in den steinernen Nächten der Berge, die große Vergangenheit, die chaotische Gegenwart, den Lärm der Städte, das Staunen, die Verwirrung, die Erschöpfung, die Freude und die Trauer.

Aber da war auch etwas anderes, das mir die Subjektivität der menschlichen Wahrnehmung vor Augen führte. Wir blickten in die gleichen Landschaften, besuchten die gleichen Fiestas, lauschten denselben Stimmen und sahen und hörten doch jeder ganz verschiedene Dinge. Wir tauschten uns aus. Oft konnte ich deine Ansichten nicht nachvollziehen. Damals, auf unserer Reise, fand ich das spannend, bereichernd, heute verwirrt es mich eher. Denn nun sitze ich hier und schreibe über Mexiko. Wird dieses Buch der Wahrheit entsprechen, der Wirklichkeit des Landes gerecht? Ich fürchte, die Maya hatten recht, als sie in ihre Stammeschronik »Chilam Balam« schrieben: »Es findet sich keine Wahrheit in den Worten Fremder.«

Ein Land, das unter die Haut geht

So werde ich mit Ihnen nur »meine« Wahrheit über Mexiko teilen können. Ein Buch, das für Sie vielleicht eine genauso große Herausforderung ist wie für mich. Weil dieses Land extrem ist und von atemloser Dichte. Weil Mexiko tief unter die Haut geht. Weil man das Physische nur begreifen kann, wenn man bereit ist, sich auf das Metaphysische einzulassen. Weil man dem Tod ins Auge blicken muß, um das Leben zu verstehen. Weil jeder scheinbar gesicherte Standpunkt schon im nächsten Augenblick ins Wanken gerät. Weil man Einsamkeit erfährt. Überall auf der Welt gibt es einsame Menschen. Doch die Einsamkeit des Mexikaners ist eine kollektive. Schmerzvoll und herzzerreißend.

Erinnerst du dich noch, mein Freund, an jenen Abend in Mexico City auf der Plaza Garibaldi? Wir hatten den Tag in Teotihuacán verbracht, der größten archäologischen Fundstätte Mittelamerikas mit den gewaltigsten Pyramiden des Kontinents. Der Platz, wie die Azteken sagten, »an dem man zu Gott wird«. Oben, auf dem Gipfel der Sonnenpyramide, dem Himmel näher als der Erde, saßen wir viele Stunden. Es war eine bewegende Stille, die ganz von der Vergangenheit dieses Ortes ausgefüllt war. Wir waren aufgewühlt von dem Nachhall des weitgehend unbekannten Volkes, das hier einst gelebt hatte. Jenes priesterlichen Ethos auch, der sich zwischen Sonnenkult, Götteranbetung und Menschenopferung bewegte. Wieder einmal glaubte ich, im Durchstreifen alter Ruinenstätten, in der Stille und im Hineinfühlen in Vergangenes, am ehesten die Seele eines Volkes begreifen zu können. Doch die Extreme von Todesverachtung und Totenkult, die hier auftauchten, machten mir nur angst. Angst aber ist der schlechteste Lehrmeister für Verstehen.

Wir wollten uns an jenem Tag nicht mit dem Tod auseinandersetzen. So stürzten wir uns hinein in das farbige, laute Leben auf der Plaza Garibaldi. Du engagiertest die erstbeste Mariachi-Kapelle und schenktest mir ihre Lieder: »Las mañanitas«, die Revolutionshymne »El Rey« und »Adelita«. Du strahltest, summtest ausgelassen mit. Hier war das Leben und alles, was dein Herz höher schlagen ließ: Sentimentalität, Ausgelassenheit, Vitalität, Männerstolz und Machismo – viel Machismo. »México tipico«, sagtest du immer wieder voller Begeisterung. »Das ist das wirkliche Mexiko!«

Du hattest wohl recht mit deinen Worten, du, der Sehende. Hatte ich, die Fühlende, deswegen weniger recht? Denn ich konnte nichts wirklich Lebensfrohes in dieser Mariachi-Musik erkennen. Ich hörte Lieder, die von unerwiderter Liebe und Vergänglichkeit sprachen und von der Bitterkeit des gewaltsamen Todes. Ich sah Männer, die hierher gekommen waren, um ihr Herz auszuschütten und über sich selbst zu weinen. Ich spürte ihre

Geringschätzung des Lebens, die sich aus der Geringschätzung des Todes nährt.

Typisch mexikanisch, ja, das war es. Und wenn es einen Moment gab, an dem mich die Einsamkeit der Mexikaner mit ihrer ganzen Wucht ansprang und ich sie mit jeder Faser meines Seins spürte, dann in dieser Nacht auf der Plaza Garibaldi. Ich suchte deine Hand und stellte die Frage, die jeder Mexikaner am Tag hundertmal stellt und die er auch zweifelnd ans Ende jeder seiner Erklärungen anhängt: »Me entiendes – verstehst du mich?« Ich sah dein Erstaunen über meine Traurigkeit, las Verständnislosigkeit in deinem Gesicht.

Das Gefühl von Einsamkeit trifft uns immer dort, wo wir nicht verstanden werden. Das ist wohl das Urmenschliche und Unmenschliche, daß wir uns im Spiegel des anderen erkennen wollen, um zu spüren, daß wir leben.

»Me entiendes?« Heute nacht ist diese Frage da. Ich stelle sie an den Anfang meines Buches. Sie, meine Leser, werden der Spiegel sein, auf den sie auftrifft. Wie viele, bin ich eine ewige Suchende, die, wie die Mexikaner, sich immer wieder die Frage stellt: »Wer bin ich, wo komme ich her, wo gehöre ich hin?«

Mexiko ist ein Land, das seine Seele sucht. Ich bin ein Mensch, eine Frau, die über das Reisen und Schreiben sich selbst und nach Antworten sucht.

Der mythologische Weg nach Mexiko

> *Was gestern war, ist heute nicht mehr,*
> *und was heute lebt,*
> *kann nicht hoffen, morgen zu sein.*
> Nezahualcoyotl,
> aztekischer Dichterkönig

Nein, ich will nicht höher hinauf, in diese eiskalte Zone mit dem Fünftausender des Popocatépetl. Der Wind fegt mir mit wütender Heftigkeit ins Gesicht. Die dünne Luft in viertausend Meter Höhe preßt mir die Lungen zusammen. Kälte kriecht durch den Anorak bis unter die Haut. Mir ist übel und schwindlig. Mein Atem geht stoßweise. In meinem Kopf rauscht es wie in einer ausgehöhlten Muschelschale. Dumpf und hohl fließt dieses Rauschen meine ausgetrocknete Kehle hinunter, füllt den ganzen Brustkorb und schwemmt mich hinweg. Angst und Panik steigen in mir auf. Ohnmacht. Ohne Macht über den Körper.

Deine Stimme holt mich zurück. »Hey, du willst Mexiko erobern und machst schon beim ersten Anlauf schlapp?«

Du hast recht. Gestern, da wollte ich Mexiko erobern, egal unter welchen Bedingungen. Vom Flugzeug aus schien mir der wattewolkenumspielte Schneekrater des Popocatépetl so leicht erreichbar. Ein aufgehender Hefeteig, der jeden Moment den Himmel berühren würde. Götterspeise. Doch heute morgen liegt sie mir wie Blei im Magen. Die erkaltete Lava mit dem Rauhreif darüber klebt an den Füßen. Keinen Schritt weiter! Warum habe ich auch immer die gleiche verrückte Idee, jedes Land zuallererst vom höchsten Punkt aus betrachten zu müssen? Es vom Überblick aus zu orten und zu ordnen, um dann vom Ganzen zum Detail hinabzusteigen? Die Euphorie der Gipfelerfahrung, Magie und Manie wirken mit der gleichen Zugkraft. Aber diesmal scheitere ich an meinen eigenen Begrenzungen. Und Mexiko erteilt mir eine erste Lektion:

Die erste Lektion Du glaubst, den Gipfel so leicht zu erklimmen. Mit jedem Schritt, den du auf ihn zu machst, entfernt er sich weiter von dir. Du meinst, das Land begreifen zu können. Je tiefer du eindringst, desto deutlicher wird dir, daß du nichts wirklich weißt. Du kannst die gewaltigen Dimensionen, die mystischen Höhen und mythischen Tiefen, den Zusammenprall von alter und neuer Kultur, die Vielfalt der Natur, Farben, Stimmen, Gerüche zwar fassen, aber nicht festhalten. Jeder Augenblick in diesem ebenso physischen wie metaphysischen Spannungsfeld schafft eine neue Wirklichkeit, die alle vorangegangenen Erfahrungen wieder in Frage stellt. Dieser Moment der Atemlosigkeit auf dem Vulkanriesen und das Gefühl der Ohnmacht werden von nun an meine häufigsten Reisebegleiter durch Mexiko sein.

Es ist sieben Uhr morgens. Die aufgehende Sonne wirft ihre Strahlen auf die über 5000 Meter hohen Schneegipfel des Popocatépetl und des benachbarten Iztaccíhuatl. Zwischen den schlafenden Vulkanen liegt der Paso de Cortés, die Paßstraße, die Mexikos Schicksal entschieden hat. Die rauchenden Berge sind inzwischen erloschen. Als der Spanier Hernán Cortés ám 3. November 1519 mit seinen Truppen über die Paßstraße dort unten einmarschierte, spien die Vulkane heiße Dämpfe und glühende Asche. Aus Protest sagen die einen; um die Spanier zu begrüßen, die anderen. Nun hüllen sich die Berge mit den ewigen Schneekappen in Schweigen.

Feiner Dunstschleier weht vor den Augen. Der Wind macht mir heftig zu schaffen. Und doch bin ich froh, daß er da ist. Denn er zerrt nicht nur an meiner Kleidung, sondern mit der gleichen Kraft auch an der dichten Wolkendecke. Endlich zerreißt sie, und wir haben wieder eine Verbindung zur Erde. In der stillen Landschaft unter den Vulkanen tauchen spielzeuggroß Hügel, Täler und Ortschaften auf. Vor knapp 500 Jahren stand an einem ähnlich übersichtlichen Platz Hernán Cortés. In der Ferne erblickte er eine überirdisch schöne weiße Stadt inmitten eines Sees: Tenochtitlán, die 300 000 Einwohner zählende Hauptstadt des Aztekenreiches.

»Sie ist so groß und schön«, schrieb er an seinen Kaiser Karl V., »daß ich über sie kaum die Hälfte von dem sagen werde, was ich sagen könnte, und selbst dieses Wenige ist fast unglaublich, ist sie doch schöner als Granada.« Am 8. November 1519 nahmen die spanischen Eroberer Tenochtitlán ein. Am 13. August 1521 gab es die Lagunenstadt nicht mehr. Sie war zerstört, gebrandschatzt, niedergemetzelt. Gefallen auch durch den Verrat von Malinche, der indianischen Dolmetscherin und Geliebten von Cortés. Ihr werden wir später noch begegnen.

»Schöner als Granada«

Die Indianer haben Malinche verflucht und ihrem Namen dennoch ein Denkmal gesetzt.

Nordöstlich des Popocatépetl schwebt an diesem Morgen in der Ferne der Vulkangipfel mit dem Namen der Indianerin über Nebelfeldern und Fichtenwäldern. Wo die Sonne in einer schwefelgelben Smogglocke versinkt, liegt unsichtbar das aztekische Tenochtitlán, das heute Mexico City heißt. Und weit vor mir, im Schatten des schlafenden Feuerberges, erhebt sich der Hügel von Cholula. Unter ihm verbirgt sich Tepanapa, die größte Tempelpyramide der Welt, einst dem höchsten aller Götter, Quetzalcoátl, geweiht. Als die Indianer von ihrem Gott nicht lassen wollten, zerstörten die Spanier das herrliche Heiligtum und errichteten darauf die Kirche »Unserer Jungfrau von der Immerwährenden Hilfe«. Und sie hat geholfen, den Christengott an die Stelle des Indianergottes zu setzen. Vergessen, verloren sind seitdem die alten Mythen und Mysterien. Mexiko ist noch heute das Land, das seine Seele sucht.

»Die Religion meines Volkes ist tief, so tief wie sein unermeßliches Elend und seine Schutzlosigkeit«, schreibt Octavio Paz in seinem Roman »Labyrinth der Einsamkeit«. Und so führt auch die Suche der Mexikaner nach ihrer eigenen Identität über die Religion. Nirgendwo auf der Welt habe ich Menschen so inbrünstig und flehentlich beten gehört wie in den Kirchen Mexikos. Doch zu wem beten sie? Wer ist ihr wahrer Gott? Christus, die Jungfrau Maria oder Quetzalcoátl und die alten Erdgottheiten? Eine indianische Anrufung, die trotz gewisser magischer Elemente ein echtes Gebet ist, gibt auf diese Frage eine eindeutige Antwort:

»Heilige Erde, Heiliger Himmel, Herrgott, Gottessohn, Heilige Ehre! Habe Verständnis für mich, sprich

für mich, sieh meine Arbeit, meine Mühe, mein Leid! Großer Herr, Großer Vater, Großer Petome, Großer Geist der Frau, hilf mir! In deine Hände lege ich meine Opfergabe, hier erstatte ich dir dein Chulel. Bei diesem Weihrauch, diesen Kerzen, Geist des Mondes, Jungfräuliche Mutter des Himmels, Heilige Rosa, bei deinem ersten Sohn, deinem ersten Ruhm, sieh deinen im Geiste und in seinem Chulel gequälten Sohn!«

Nein, Quetzalcoátl und die unglaubliche Vielfalt von Himmels- und Erdgottheiten des alten Mexiko sind nicht verschwunden. Im farbenprächtigen Gewebe des religiösen Synkretismus und in Umarmung mit der indianischen Geschichte und Mythologie leben sie weiter Schulter an Schulter mit dem Christengott und den Heiligen der katholischen Kirche. Aber sie sind nur sichtbar für jene, die bereit sind, die Schleier der alten Mythen und Mysterien zu lüften. Denn in ihnen werden Wahrheiten offenbar, die dem Verstand häufig verschlossen bleiben. Mythen sind wie Landkarten, die den Menschen auf den Weg der inneren Erfahrungen leiten. Jede mythische Erzählung – von Weltentstehung und Weltuntergang, vom Kampf des Guten gegen das Böse, von der Auseinandersetzung der Menschen mit den Göttern – ist ein Sehnen und Suchen und ein Stück kollektiver Seelengeschichte zugleich.

Eine riesige steinerne Schlange windet sich die Stufen der Kukulcán-Pyramide in Chichén Itzá hinunter. In Teotihuacán blickt mir ihr Kopf, gekrönt von einem schön gemeißelten Vogelgefieder, an den Tempelmauern entgegen. Als Schlange, die sich selbst in den Schwanz beißt, rollt sie sich zur Plattform zusammen und trägt so zeitlos

Alptraum und Traum

Phantastische Tierwesen, die eine fremde und schreckliche Schönheit ausstrahlen, schmücken den Quetzalcoátl-Tempel in Teotihuacán

das Hauptheiligtum von Tenochtitlán. Quetzalcoátl, die Gefiederte Schlange – unzählige Male ist sie mir in Mexiko begegnet. Und obwohl sie häufig fremd und bedrohlich wirkt, schien sie mir gleichzeitig eigenartig vertraut. Ich suchte das dazugehörige Bild in mir und fand es. Die Schlange und der Adler. Die Schlange am Boden gefesselt, der Adler königlich und frei. Alptraum und Traum des Menschen. Er sieht sich in seinem Körper gefesselt. Nur seine Seele kann frei wie der Vogel fliegen. Der Mensch ist herausgefallen aus der Einheit und hat sich von Gott getrennt. Er hat sich schuldig gemacht und wurde aus dem Paradies vertrieben. Nun wünscht er sich nichts sehnlicher, als diesen Konflikt zu lösen, wieder eins zu werden mit allem.

Diese Ursehnsucht war und ist seit Menschengedenken ein Thema aller Kulturen der Erde. Die Verschmelzung von Schlange und Adler zu einem göttlichen Wesen ist in der Symbolsprache vieler Völker zu finden und drückt sich in der Bildersprache Ägyptens ebenso aus wie in der von Indien, Indonesien, Afrika oder Griechenland. In Mexiko sind es die in Stein gemeißelten Beschwörungen der Urgottheit des indianischen Universums. Ihr Name ist Quetzalcoátl, die Gefiederte Schlange. Dieser Gott ist Träger und Lenker der weltlichen Schöpfung. Er ist zugleich Erdengott, Sternengott und inkarnierter Priesterkönig. Sein Name ist verbunden mit Werden und Vergehen, Blühen und Verfall, mit dem Erscheinen und Verschwinden von Himmelsgestirnen. In seiner Hand liegen die Geburt neuer Zeitalter und Weltuntergangskatastrophen. In allem hat Quetzalcoátl seinen Platz, überall wirkt sein Wesen. Sein Name steht für den Anfang und das Ende Altmexikos. Aus seiner göttlichen Willenskraft gebar es sich, durch ihn ging es unter.

Erdengott, Sternengott und Priesterkönig

Dieser Gott mit dem Körper einer Schlange und dem kostbaren Gefieder des farbenfrohen Quetzalvogels, der uns in den steinernen Kunstwerken feuchtheißer Dschungelstätten und in der kühlen Distanziertheit vieler Museen begegnete, hat mich fast zur Verzweiflung getrieben. Und nicht nur er, sondern der gesamte mexikanische Pantheon, dessen Komplexität, Widersprüchlichkeit und Wandlungsfähigkeit den griechischen Olymp bei weitem in den Schatten stellt. Wir versuchten, mit Hilfe deiner logisch-analytischen

Fähigkeiten, den Götterhimmel zu ordnen und die symbolische Sprache der Mythen wissenschaftlich und rational zu entschlüsseln. Doch wir mußten rasch erkennen, daß Rationalität nicht jenen Geist besitzt, der die Mythen geschaffen hat und aus dem heraus sie zeit- und raumlos wirken. Im Dunkel des Nicht-Verstehens bot uns die Intuition mehr Aussicht, den Pfad zu finden, der uns auf die Sinnspuren der präkolumbianischen Naturreligionen leitete. Denn aus der Glaubens- und Visionskraft, die dem Herzen und nicht dem Kopf entspringt, entstehen die Mythen aller Völker. Wer könnte also besser als das Herz die spirituelle Geschichte jener uns so fremden mesoamerikanischen Hochkulturen entschlüsseln?

Auf dem Popocatépetl

So will ich mit dir noch eine Weile auf unserem mühsam erstiegenen Berg sitzen bleiben. Räumlich losgelöst von der Erdgebundenheit ist der Schleier, der das Unsichtbare verhüllt, nur dünn. Wir fühlen auf unserer Haut die Wärme der Sonne, unsere Augen sehen Natur von Horizont zu Horizont. Unsere Körper spüren das Feuer aus der Tiefe des Berges, und unser Denken findet in dem unendlichen Blau des Himmels keinen Anhaltspunkt mehr. Hörst du, wie ich, das vielstimmige Raunen? Ein Wort nur: »heilig«. Es entströmt der Erde, züngelt als Flamme aus dem Feuer, fällt herunter von der Sonne, tönt von der Himmelsschale, bricht aus dem Berg. »Heilig, heilig, heilig ...« Dieses Wort durchdringt alle Schichten meines Wesens, und sein Klang schwingt in meine Seele. Für Momente nur, doch lange genug, um das innere Sehen und Fühlen als Erfahrung erinnern zu können, bin ich eins mit

allem, bin Berg und Erde, bin Himmel, Sonne und Feuer.

Für die Indianer sind Berge auch heute noch heilig

»Wußtest du, daß den Indianern die Erde und das Feuer heilig waren? Und die Berge galten als Wohnsitze der Götter. Auf den Gipfeln bauten die Menschen Altäre und weihten sie mit ihren Opfergaben. Du sitzt gerade auf so einem heiligen Platz. Viel später erst, als die nomadisierenden Urvölker seßhaft wurden, bauten sie künstliche Berge: Pyramiden, auf denen sie ihre Götter verehrten.«

Kommt die Stimme, die da zu mir spricht, aus mir oder von dir? Träume ich? Der Mann, der ein Stück entfernt von mir sitzt, bist nicht du. Es ist die Erscheinung des vielbeschriebenen Gottes Quetzalcoátl. Weißhäutig, rotblond und mit zerzaustem Bart schwebt er, von einem strahlenden Lichtkranz umgeben, auf einer Wolke. Doch kann ein Gott so menschlich unheilig und unbändig lachen? Schlagartig wird mir die Skurrilität unserer Situation bewußt. Der Popocatépetl hat mittlerweile einen dichten Wolkenmantel um sich gezogen und einen Teil unserer Körper darin eingehüllt. Wesen ohne Unterleib. Losgelöst von der Erde, die sich unseren Blicken entzogen hat. Wir sind mitten im Himmel. Blauschimmernde Unendlichkeit. Stäubende Funken, von der Sonne entzündet, stürzen herab, verlangsamen ihren Flug, quirlen umeinander und schnellen, von unsichtbaren Kräften bewegt, wieder empor. Zauberspiel. Lichtertanz. Kosmisches Ritual und Ritual der Menschheit. Zeitlos und zeitgebunden. Alles ist enthalten in diesem Augenblick: die brennende, nährende, aber auch vernichtende Kraft des himmlischen Feuerballs. Die geistige Energie, die sich über Jahrtausende aus der glühenden Verehrung vieler Völker für die Sonne gespeist hat. Angebetet als Quelle allen Lebens, stand sie im Zentrum tiefer indianischer Religiosität und Spiritualität. Der Sonne opferten die Menschen den eigenen Lebenssaft, ihr Blut und ihre lebendigen Herzen, um sie zu nähren. Ihr waren die rituellen Ballspiele geweiht. Und sie stand im Mittelpunkt der Kalendersysteme indianischer Hochkulturen. Ihr Lauf am Himmel oder ihr Sturz auf die Erde bestimmten Weltengang und Weltuntergang.

Ritual des Kosmos und der Menschheit

Angezogen von all den sichtbar und unsichtbar wirkenden Kräften um mich herum, möchte ich aufsteigen zum Sonnenball, in dem Wunsch, mit ihm gänzlich zu verschmelzen. Wie ein Magnet zieht mich die Sehnsucht hinauf, endlich diesen ewigen Kreislauf von Leben und Sterben, von Ursache und Wirkung, von Schuld und Sühne zu beenden und aufzugehen im Licht. Dann aber sehe ich auf dich, den ich liebe als den anderen Teil meiner selbst. Du, der Bodenständige, der jetzt sorgenvoll nach unten schaut. Der nicht auf einer Wolke schweben möchte und nicht ins Licht will, sondern Erde unter seinen Füßen braucht. Du willst hinunter von dem Berg auf eine gradlinige Straße, die dir Sicherheit gewährt.

Wir beide selbst sind es, die in ihrer Gegensätzlichkeit großartiges Anschauungsmaterial liefern für das Prinzip der Dualität, das der spirituellen und weltlichen Auffassung der Indianer Mesoamerikas zugrunde lag. Mann und Frau, Erde und Himmel, Tag und Nacht, Sonne und Mond, Leben und Tod, zeitlich und überzeitlich. Diese Gegensätze sind jedoch nur scheinbare. Sie bedingen und ergänzen einander, leben und lernen voneinander, zeigen zwar unterschiedliche Wege auf und führen doch alle zu dem einen Ziel: der Verschmelzung in der göttlichen Einheit.

Die Azteken – und vor ihnen schon andere altindianische Kulturen – anerkannten einen Zeugergott, der als Urwille und in gleichzeitig ungetrennter Doppelhaftigkeit (»Herr und Herrin der Zweiheit«) seinen Sitz im dreizehnten, dem höchsten Himmel hatte. Er war der Wille, das erste Sein, die Präsenz des Gestaltenden Bewußtseins. Er war gleichsam die Eins, die allem Seienden den Anfang gibt, und das Prinzip der Einheit war nur in ihm erhalten. Alle von ihm gezeugten Götter, denen er seine Gedanken eingab und die nun schicksalhaft das Weltgeschehen lenkten, verkörperten die kosmischen Polaritäten. Quetzalcoátl, der wichtigste aller Götter, trat als Paar gemeinsam mit Tezcatlipoca auf. Quetzalcoátl war der Lichtbringer, der Welterneuerer und am Himmelsgestirn der Morgenstern. Tezcatlipoca, der »Rauchende Spiegel«, versinnbildlichte die dunkle Seite, den Zerstörer und Abendstern. Eine indianische Allegorie bezieht sich auf die magischen Kräfte Tezcatlipocas. Wem er nämlich den »rauchenden Spiegel« vorhielt, dessen Verborgenstes wurde offenbar.

Eine Version des mythischen Urzeitgeschehens berichtet, daß Quetzalcoátl und sein Bruder Huitzilopochtli vom kosmischen Urwillen beauftragt wurden, die Weltenschöpfung vorzunehmen und den Dingen Ordnung zu geben. Als dieses geschehen war, sollte Quetzalcoátl den Menschen erschaffen. Dazu mußte er zur Herrin des Erdinneren hinabsteigen, um ihr den kostbaren Edelsteinknochen zu entwenden. Auf diesem Weg hatte er viele Beschwernisse zu überwinden und Abenteuer zu bestehen. Er meisterte jedoch alle. Wieder in der Oberwelt angelangt, zerrieb er den wohlbehüteten Knochen (er wurde demnach zum uns vertrauten Lehm!) und bespritzte diese Substanz mit seinem Kasteiungsblut. Das entnahm er durch Einstiche mit einem Agavendorn aus seinem Zeugungsglied. Auf diese Weise hatte er seine eigene himmlische Abstammung mit der Substanz aus der Erdentiefe zusammengeschmolzen. So entstand der Mensch im Auftrag des Zweieinigen Gottes durch Quetzalcoátl.

Es ist kein Wunder, daß allen alten indianischen Volksstämmen der Gott, der als Gefiederte Schlange die Insignien von Himmel und Erde trug, am nächsten stand. Galt er doch gemeinsam mit seinem Antagonisten Tezcatlipoca als Lebensbaum und Träger der Weltachse. Aber diese Achse war nicht von dauerhaftem Halt und brach durch Naturkatastrophen mehrmals entzwei. Vier Weltzeitalter waren dem fünften, in dem wir nach Zeitrechnung der Maya und Azteken heute noch leben, vorausgegangen. So steht es auch im »Popol Vuh« – dem Buch des Rates. Das große Schöpfungsepos des Maya-Qiché-Volkes gehört zu den wenigen Überlieferungen, die uns aus der Geschichte Altmexikos verblieben sind. Aber auch in den Kulturen, die vor den Maya den mesoamerikanischen Raum besiedelt hatten, lebten Vorstellungen von weit zurückliegenden Weltzuständen und Weltveränderungen, die in ihren Mythen, Sagen und Märchen für das Volksgedächtnis aufrechterhalten wurden. In diesen magischen Erzählungen zeigt sich ihre für das Metaphysische empfängliche Phantasie. Mit einer schier unbegrenzten Kombinationsfähigkeit verflochten die Naturmenschen Ereignisse, die sich um sie herum abspielten, mit Handlungsweisen der Götter. Wenn die Vulkane fauchten und Feuer spien, hörten sie darin die Stimme eines zornigen Gottes. Tauchte am Himmel ein vorher nie gesehener Stern auf, sahen sie darin die Geburt eines neuen Gottes. Stürme, Dürre, Überschwemmungen und Fruchtbarkeit waren für sie Ereignisse, denen sie mit Ehrfurcht und Furcht begegneten und die in ihnen das Bewußtsein für außer- und überpersönliche Kräfte wachhielten. Denn für die Menschen damals war das Erdengeschehen Niederschlag kosmischer Vorgänge und somit untrennbar miteinander verbunden.

Magische Erzählungen

Ich habe die Mythen und Legenden Altmexikos immer wieder mit großer Begeisterung gelesen. Wenn mir auch die Welten, in denen sie spielen, fremd erscheinen und all die unaussprechlichen Namen mein Gehirn reichlich strapazieren, so bin ich doch stets erneut verblüfft über die Parallelen, die sich zur griechischen Mythologie zeigen. In einem Gewirr von Handlungen, das jedem großen Drama alle Ehre machen würde, kämpfen Götter gegen Götter, Menschen gegen Menschen, während oben im Kosmos der Krieg der Sterne tobt. Die Weisheit des Hermes Trismegistos: »Wie oben, so unten«, scheint sich in ihrer gesetzmäßigen Wirkungsweise keineswegs allein auf abendländische Sichtweise beschränkt zu haben. Häufig kommt in mir das Gefühl auf, die immer gleiche, unendliche Geschichte zu lesen. Es ist, als ob dasselbe Stück von einem Ort zum anderen getragen würde, und an jedem Ort zögen die Spieler ihre heimischen Kostüme an und führten mit neuen Namen dasselbe alte Stück auf.

Nur der Himmel war da . . . Der Vorhang geht auf. Die Bühne ist dunkel und leer. Denn am Anfang war das Nichts.

Das ist die Kunde.
Da war das ruhende All. Kein Hauch. Kein Laut.
Reglos und schweigend die Welt. Und des Himmels Raum war leer.
Dies ist die erste Kunde, das erste Wort. Noch war kein Mensch da, kein Tier, Vögel, Fische, Schalentiere, Bäume, Steine, Höhlen, Schluchten gab es nicht.
Kein Gras, kein Wald. Nur der Himmel war da . . .

Mit diesen Worten beginnt die Schöpfungsgeschichte im Popol Vuh. Es zu lesen gleicht einer

Reise durch einen blumenreichen, fremdartigen Planeten. Ein Buch voller Mystik und Metaphern, in dem wir einen vollständigen Einblick erhalten in das, was für die Maya die Welt als Wille und Vorstellung war. Wir ziehen mit den göttlichen Zwillingen Hunahpú und Ixbalanqué, die ihre kosmische Entsprechung in Quetzalcoátl und Tezcatlipoca haben, über Flüsse und Berge, wenn sie wie Herakles und Theseus das Angesicht der Erde von Ungeheuern reinigen. Wir erleben den Kampf der Heroen mit den Herren der Unterwelt, ihren freiwilligen Opfertod, ihre Fischverwandlung, das Maiswunder und ihre hermaphroditische Himmelfahrt, die letzte Metamorphose in Sonne und Mond. Und wir erleben das große Drama einer mehrfachen Weltschöpfung und Weltzerstörung.

Das Popol-Vuh-Epos der Maya

Die Zeit war gekommen, da der Urwille seinen Göttern die Gedanken eingab, die Welt zu erschaffen. Vier Götter, die die vier Weltenden und Himmelsrichtungen symbolisierten, waren an diesem Schöpfungsakt beteiligt und dazu die Grünfederschlange Kukumátz. Tzakól war der Planer; Bitól der Former; Tepeu der Erfolgsbringer; und als Zweiheit in der Einheit die Erzeuger Alóm und Caholóm. In der Federschlange, der großmächtigen Gebärerin, erkennen wir Quetzalcoátl wieder, der in der Maya-Spätzeit auch Kukulcán genannt wurde. Diesen Göttern gelang bei ihrem Schöpfungsakt alles auf wunderbare Weise: Licht und Leben entstanden in einer vielfältigen Natur, dazu Landschaften von einmaliger Schönheit und eine reiche Tierwelt. Doch mit den Menschen hatten sie es schwer. Dreimal mißlang der Versuch.

Das erste Mal wurde der Mensch aus Lehm

geformt. Aber er war ohne Kraft. Er hatte zwar Sprache, doch keine Vernunft, und die Götter versenkten ihn in dem Schlamm, aus dem er gekommen war.

Das zweite Mal wurde der Mensch aus Holz geformt. Diese Wesen konnten reden, sie waren fruchtbar und vermehrten sich. Aber sie hatten keine Seele und keinen Geist. Sie erinnerten sich nicht ihrer Schöpfer und riefen sie auch nicht an, nicht die Gefiederte Schlange und auch nicht das »Herz des Himmels«. Also wurden auch sie zum Untergang bestimmt. Die Tiere fielen über sie her, Regenmassen überschwemmten die Erde, und keiner von ihnen überlebte die Flut.

Danach machten sich die Schöpfer ein drittes Mal an die Arbeit. Das Fleisch des Mannes formten sie aus Bohnen, das der Frau aus dem Mark des Schilfes. Jedoch auch diese Geschöpfe konnten nicht jene erkennen, die sie geschaffen hatten, sondern trachteten nur danach, sich die Welt untertan zu machen. Die Tiere und Pflanzen klagten sie bei den Göttern an, das »Herz des Himmels« ließ Feuer regnen. Die Erde erbebte und brach zusammen.

In dem Gedächtnis der alten Weisen lebte noch die Überlieferung jenes Weltuntergangs, »als die Sonne auf die Erde gestürzt war und alles Leben vernichtet hatte«. Hierzu sagt ein aztekischer Mythos: Da wollte der Urwille, daß der herabfallende Himmel wieder aufgerichtet werde. Und er beauftragte damit Quetzalcoátl und Tezcatlipoca. Vier Helfer wurden ihnen beigegeben. Sie trugen alle den gleichen Namen: »Bacab«. Quetzalcoátl und Tezcatlipoca verwandelten sich nun in zwei starke Bäume und stellten sich in die Erdmitte.

Auf ihren Schultern, den Kronenzweigen des Doppelbaumes, hoben sie, die in der Achse standen, den herabgestürzten Himmelsbogen wieder hoch. Die vier Bacab unterstützten sie, indem sie an den vier Weltenden stemmten. So wölbte sich denn der Himmel mit all seinen Sternen wieder über der befreiten Erde, und alles Leben begann wieder von neuem.

Zum Lohn und Gedächtnis für ihre gelungene Tat hat der Urwille Quetzalcoátl in den Morgenstern und Tezcatlipoca in den Abendstern verwandelt. Die vier Bacab wurden in die vier Ausrichtungen der Welt entsandt, »wo sie die neue Menschheit zu gründen beauftragt waren«. Die Menschen, die sie schufen, waren von verschiedener Hautfarbe: rot, weiß, gelb und schwarz.

Im Popol Vuh erfahren wir dazu, aus welchem Stoff diese neue Menschheit des fünften und heutigen Zeitalters beschaffen war. Aus ihren Verstecken brachten die Tiere den Göttern weißen und gelben Mais. Daraus schufen sie des neuen Menschen Fleisch. Wasser wandelten sie zu seinem Blut. Diese Maismenschen waren vollkommene Geschöpfe. Sie sahen und erkannten alles, selbst die fernverborgenen Dinge bis ans Ende der vier Richtungen der Winde und des Himmels. Kein Wissen war ihnen geheim, keine Bewußtseinsebene verschlossen. Solcher Vollkommenheit mußten die Götter Einhalt gebieten. Also blies Huracán, der Gebieter der Winde, den Menschen einen Nebel in die Augen, damit sie künftig nur noch sehen konnten, was ihnen nah vor Augen steht. Doch zur Erinnerung ihrer eigenen Göttlichkeit blieben ihnen die Fähigkeit und der Wille, diesen Nebel bisweilen mit der Weitsicht

Wie der Jetztmensch entstand

der Weisheit zu durchdringen, die sie auf den Weg der Erkenntnis führen kann.

Eine Welt voller Mythen. Wer das alte Mexiko und die Neue Welt verstehen will, sollte sich mit ihnen beschäftigen und versuchen, ihre Symbolik zu durchdringen. Sonst bleibt jede Pyramide nur ein aufgetürmter Steinhaufen, jeder Kultplatz nur ein blutiges Schlachtfeld von Menschenopfern, jedes poetische steinerne Dokument ein zufälliges Stück in der Landschaft. Weltauffassung und Religion der Völker Mexikos sind mehr in steinernen Bildern überliefert als in Texten. Die meisten wurden von den spanischen Eroberern mutwillig zerstört. Sie verbrannten die Aufzeichnungen der alten Kulturen und rotteten die schriftkundige Elite aus. Von Tausenden von Maya-Schriften blieben nur drei erhalten, je ein Kodex in Madrid, Paris und Dresden. Niemand kann sie entziffern, man kennt nur die Zeichen für die Zahlen und Daten, die sich jener Bischof von Yukatán, Diego de Landa, der glaubte, heidnischen Zauber vernichten zu müssen, in später Erkenntnis des Verlustes noch von den letzten Kundigen in der zweiten Hälfte des 16. Jahrhunderts entschlüsseln ließ. Dann nahmen auch sie ihr Wissen mit ins Grab. Ihre Kinder waren christlich getauft, und das einfache Volk tat, was es immer getan hatte: Es bestellte seine Maisfelder.

Doch Erinnerung ist in jedem Geschlecht. Noch heute nennen sich die Tzotzil-Indianer im Hochland von Chiapas voller Stolz »hombres de maíz« – Maismenschen. Ihre kulturelle Identität beziehen sie aus dem Schöpfungsmythos. Jahrtausendelang drehte sich das Leben der Indianer

Sie nahmen ihr Wissen mit ins Grab

Rechte Seite:
Tlaloc. Er schenkte den Menschen Regen und Fruchtbarkeit

um diese Pflanze, die ihnen Lebensmittel, Werkzeug, Heilmittel und Religion war. Daran hat sich bis heute nichts geändert. In schamanistischen Ritualen und Danksagungsfesten wird der Mais als heilig verehrt. Die Götter schenkten ihn den Menschen, um sie zu nähren. Und die Menschen schenkten den Göttern ihr Blut, damit sie ihnen wohlgesonnen blieben. So schloß sich für sie der gegenseitig befruchtende Kreislauf von Geben und Nehmen.

Das Opfer Eine Vollmondnacht taucht aus der Tiefe der Zeit auf. Rund um die Pyramide von Xaltócan steht dicht gedrängt die Menschenmenge. Musik dringt aus dem mit Fackeln erleuchteten Innenhof. Unter den markerschütternden Schlägen der großen Göttertrommel bahnt sich eine feierliche Prozession ihren Weg zum Tempel. Es sind Priester und Würdenträger mit grellen Lichtern und Weihrauchgefäßen. Ihnen voran tragen sechs weißgekleidete Männer eine offene Sänfte. In der Mitte sitzt ein junges Mädchen, bekränzt mit Blumen und Maiskolben. Auf dem Kopf trägt sie eine Mitra aus Maisrispen. Rings um sie herum winden sich in wundervoller Anordnung Gebinde von Früchten, Pfefferschoten, Kürbissen, Korn und Gemüse.

Langsam bewegt sich der Zug die Stufen des Tempels hinauf. Auf der obersten Plattform setzen die Männer die Sänfte schweißgebadet ab. Die Edelleute und Ältesten knien nacheinander an ihr nieder und stellen vor das Mädchen Schalen voll trockenem, geronnenem Blut, das sie sich während der siebentägigen Fastenzeit aus den Ohren entzogen hatten. Mit ihren feinen, schmalgliedrigen Händen kratzen sie die Blutkrusten aus den Schalen und werfen sie dem Mädchen zu Füßen als Opfer für die Wohltaten, die es ihnen als Verkörperung der Maisgöttin erwiesen hat. Die Ernte war reich ausgefallen, und der Regen hatte immer zur rechten Zeit eingesetzt.

Das Dröhnen der Göttertrommel nimmt zu, wird verstärkt von vielen kleinen »Trommeln-die-das-Herz-herausreißen«. Der oberste Priester tritt an die Sänfte. In seinen Händen blitzt ein Obsidianmesser auf. Er weist das Mädchen an, sich hinzulegen. Atemlose Stille. Dann ein vielstimmiger Aufschrei aus der Menge unten, der den gurgelnden Laut des Mädchens erstickt. Ihr abgetrennter Kopf fällt in eine Opferschale. Das helle Blut wird aufgefangen und über die Obst- und Fruchtgebinde verspritzt. Gebete steigen zum Himmel auf. »Göttin, nimm das Opfer gnädig an, schenke uns reiche Fruchtbarkeit....«

»Grausam«, sagst du zu mir. »Kaltblütiger Mord. Heidnisch, barbarisch. Schrecklich, all die von Menschenblut triefenden Altäre.« Damit zeigst du das gleiche Entsetzen, das den Eroberern im Gesicht geschrieben stand, als sie mit den religiösen Ritualen der Azteken konfrontiert wurden. Doch was *sie* taten, war nicht weniger gewalttätig. Mit Kreuz und Peitsche prügelten sie den Indianern ihren Christus ein. Völkermord. Kulturmord. Unverstandene indianische Religiosität, vergewaltigt von christlichen Symbolen. Darauf sind die katholischen Priester stolz bis in die Gegenwart. Ich sah bei den Feierlichkeiten zum Kolumbusjahr mexikanische Kardinäle auf die Knie fallen und ihrem Gott danken, daß er ihnen vor 500 Jahren den Weg gewiesen hat, die

Barbaren von ihren heidnischen Riten und Götzenanbetungen zu befreien.

Welch eine Vermessenheit! Können die heutigen katholischen Padres in den alten Liturgien der Indianer immer noch nicht ihre eigenen hohen Mythen und heiligen Messen des Opfers und der Auferstehung erkennen? Würden sie das Popol Vuh lesen, müßte es auch für sie ein leichtes sein, in dem großartigen Maya-Schöpfungsepos endlose Analogien zu ihren eigenen Christuslegenden zu finden. Christus hat sich zur Erlösung der Menschheit ans Kreuz schlagen lassen. Quetzalcoátl, Schöpfer der indianischen Welt, opferte sich selbst im Feuer, um in den Seelen und Herzen seines Volkes die Erinnerung einzubrennen, daß selbst der Tod eines Gottes niemals die Hoffnung auf eine Wiedergeburt zerstören und neues Leben aus der Asche entstehen kann.

Die Rache des Montezuma

*Die ganze Erde ist ein Grab, und nichts
entgeht ihr; nichts ist so vollkommen, daß
es nicht fällt und verschwindet.*
                    Nezahualcoyotl

Die Straße führt uns dem Problem näher, von dem wir schon so viel gelesen haben. »Die Hölle, in der wir leben«, schreibt ein mexikanischer Journalist und meint damit Mexico City.

»Der Moloch ist dabei, sich selbst zu vernichten«, lesen wir an anderer Stelle. Auf Mexico City lasten nicht nur bleischwer Smog und Giftgase, sondern Horrormeldungen ohne Ende. Die Landesmetropole ist zugleich die größte Stadt der Welt. Ein 24-Millionen-Megagigant, der wie eine Hydra wächst. Täglich kommen 2000 Menschen dazu. »Paracaidistas« – Fallschirmspringer – heißen die Zuwanderer, die illegal Land besetzen, in der Hoffnung auf bessere Lebensbedingungen. Doch was sie finden, ist die Bilanz eines Chaos:

Mehr als drei Millionen leben in Wellblechhütten und Pappkartons, ohne Kanalisation, Strom- und Wasseranschluß. 12000 Tonnen Müll fallen täglich an, von denen kaum die Hälfte verarbeitet werden kann. 80 000 Ratten bevölkern die Stadt laut Statistik, wer immer sie gezählt haben mag!

Die Abgase von mehr als drei Millionen Autos und über achttausend Diesellastwagen verpesten die Luft. Den Rest besorgen die unzähligen Indu-

Obdachlos, hungrig, nicht einmal einen Pappkarton über dem Kopf zum Wohnen, das ist bittere Realität in Mexiko

striebetriebe, die im Hochtal von Mexico City vor sich hin stinken. 12 000 Tonnen hochgiftiger Schadstoffe werden täglich von ihnen in die Luft geschleudert. 30 000 Kinder sterben jährlich an Erkrankungen der Atmungsorgane. Es heißt, daß die Luftverschmutzung in jedem Jahr 100 000 Tote fordere.

»Was wird mein Sohn einatmen?« fragt der Protagonist in dem neuesten Roman von Carlos Fuentes, »Christoph, Ungeboren«. Die Antwort: »Feingestampfte Scheiße, Kohlenmonoxyd, giftige Staubwolken – und das alles auf zweitausenddreihundert Meter Höhe, unter einer schweren Decke aus eisiger Luft und umgeben von den Gefängnismauern der umliegenden Berge.«

Eigentlich ist Mexico City längst unbewohnbar. Glaubt man den apokalyptischen Zukunftsprognosen, so ist es nur eine Frage der Zeit, bis die älteste Stadt der Neuen Welt an sich selbst erstickt, auf ihren trockengelegten Seen verdurstet, im eigenen Unrat ertrinkt, an Epidemien zugrunde geht, im ständig nachgebenden Boden versinkt oder – nach neueren Erfahrungen – in sich selbst zusammenstürzt.

Ist dies die späte Rache des Montezuma, jenes Aztekenkaisers, der die Spanier in gutem Glauben als Retter willkommen hieß und hernach zusehen mußte, wie sie sein Reich in Schutt und Asche legten? Dieser Gedanke kommt mir, als wir auf der Insurgentes Norte, der längsten Straße Mexico Citys, in die Stadt einfahren. Die Wirklichkeit ist noch trostloser als jede Statistik. Rechts und links der zehnspurigen Straße ziehen sich an den Hängen die »Villas perdidas« hoch. Die Elendsviertel erinnern mich an die Favelas von Rio, die sich wie bunte Ameisenkolonien über die Hügel ausbreiten. Doch hier versteckt sich die Armut nicht hinter rot-blau-grün getupfter Scheinfröhlichkeit. Sie springt mich an, dumpf und grau. Die Flucht vor ihr ist unmöglich, denn wir stecken fest in einer endlosen Blechlawine. Stoßstange an Stoßstange schieben sich die Autokolonnen vorwärts. Ihr Röcheln und Röhren gleicht einem sterbenden Ungeheuer. Du schimpfst und hustest; der Schweiß läuft dir von der Stirn. Immer wieder versuchst du, den Lastwagen zu überholen, hinter dem wir bereits seit zwei Stunden hängen und der uns dunkle Abgaswolken ins Gesicht bläst. »Tranquilo, Geliebter, immer mit der Ruhe. Wir können es nicht ändern. Laß uns die Zeit nutzen. Ich will mit dir in Gedanken eine Reise in die Vergangenheit machen; in eine Zeit, als hier Natur, Schönheit und reine Luft waren.«

Armut, der man nicht entkommt

Im Jahre 1111, es war eine Zeit großer Wanderung, verließ ein Volksstamm seine Heimat Atzlán im Nordwesten Mexikos. Nach ihr nannten sie sich Azteken »die aus dem Lande Atzlán Stammenden«. Lange wanderten sie kämpfend kreuz und quer und suchten unter Führung ihres Priesterhäuptlings Tenoch den Ort, den ihnen ein Orakel verheißen hatte. Danach sollten sie sich dort niederlassen, wo sie einen Stein (tetl) mit einem Nopalkaktus (nochtli) fänden, auf dem ein Adler sitze, der eine Schlange fresse. Im Jahre 1325 fanden sie endlich das Gelobte Land. Kein Zweifel konnte sich regen, das Ziel war genau so markiert, wie in der Prophezeiung angegeben: Ein dreigliedriger Kaktus entsproß dem vom Wasser umspülten Felsen, und darauf horstete ein Königsadler mit einer Schlange in den Fängen. Hier, im Hochtal von Mexiko, auf einer Insel im Texcoco-See, ließen sich die Wandermüden nieder und nannten den Standplatz »Tenochtitlán – Kaktus auf einem Stein«. Sich selbst aber gaben sie fortan den Namen »Mexica«. Hatte ihnen doch der Sage nach ihr Schutzgott Huitzilopochtli, als sie sich am Ende ihrer Wanderung von anderen Stämmen trennten, zugerufen: »Von nun an sollt ihr nicht mehr Azteken, sondern Mexica heißen.« Ohne mich an die Weisung des aztekischen Gottes zu halten, nenne ich sie – um keine Verwirrung zu stiften – weiter mit dem bei uns bekannten Namen Azteken.

Nun war es aber keineswegs so, daß die Azteken, als sie 1345 ihre Hauptstadt Tenochtitlán gründeten, dies auf geschichtslosem und menschenleerem Land taten. Das Hochtal von Mexiko war bereits Jahrhunderte vorher von hochstehen-

Das Gelobte Land der Atzteken

den Kulturen besiedelt. Davon zeugt der Tempelkomplex von Teotihuacán nahe Mexico City. Er gehört zu den größten und beeindruckendsten der Erde. Teotihuacán soll seinerzeit mit 200 000 Bewohnern die größte Stadt der Welt gewesen sein. Nach allem, was die archäologische Forschung heute weiß, wurde sie von ihrem Volk Ende des 6. Jahrhunderts verlassen. Doch welche Kultur hinter Teotihuacán stand und warum sie unterging, liegt im ungewissen Grau einer frühen Vergangenheit.

Das Erbe Teotihuacáns traten die Tolteken an. Ihre sagenumwobene Hauptstadt Tula liegt knapp 100 Kilometer nördlich Mexico Citys. In ihr regierte einst der legendäre Priesterkönig Quetzalcoátl, der als göttliches Wesen verehrt wurde. Um ihn ranken sich unzählige Mythen. In einer von ihnen wird erzählt, daß Quetzalcoátl sich selbst verbrannte und zur Sonne wurde. In einer anderen Legende heißt es, der milde, hellhäutige, bärtige König sei gestürzt worden und über das Meer gen Osten entflohen mit der tröstlichen Prophezeiung, eines Tages zurückzukehren. Diese überlieferte Weissagung erleichterte den Spaniern 500 Jahre später die Eroberung des Landes. Denn die Azteken sahen zunächst im bärtigen, weißhäutigen Cortés den heimgekehrten Gottkönig Quetzalcoátl.

Etwa um das Jahr 1200 wurde das toltekische Reich von wilden umherziehenden Stämmen überrannt. Man nannte sie Chichimeken, was soviel bedeutet wie Barbaren. Zu den bedeutendsten der Chichimeken-Stämme gehörten die Tepanaken und Acohula. Sie ließen sich am Rande des Texcoco-Sees nieder und bauten dort ihre Hauptstädte. So fanden die Azteken, als sie als letzter Nomadenstamm das Seengebiet im Hochland erreichten, bereits reichbesiedeltes Land vor. Zunächst machten sich die Neuankömmlinge durch ihr kriegerisches und einnehmendes Wesen bei den Nachbarn reichlich unbeliebt. Doch durch kluge Bündnisschlüsse, Eroberungszüge und Einheirat in andere Stämme dehnten die Azteken innerhalb eines Jahrhunderts ihre Macht gewaltig aus. Sie unterwarfen sich riesige Gebiete zwischen dem Golf von Mexiko und dem Pazifik und machten sie sich tributpflichtig.

Blut für die Götter Ebenso wie die vorangegangenen Reiche der Tolteken, Tepanaken und andere läßt sich das aztekische Imperium nicht als politische Einheit betrachten. Viele der eroberten Gebiete blieben politisch, verwaltungsmäßig und kulturell autonom. Aber sie unterlagen einer strengen Militärkontrolle, die vor allem die Zahlung der festgesetzten Tribute zu überwachen hatte. Immer wieder gab es deswegen blutige Auseinandersetzungen zwischen den Azteken und den eigenständigen kleinen Fürstentümern. Aber diese Kriege bezweckten nicht nur Beute und Unterwerfung. Es ging vor allem auch darum, so viele Gefangene wie möglich zu machen, um sie den Göttern opfern zu können. Um das Jahr 1450 kam einer der merkwürdigsten Staatsverträge der Welt zustande, der Sinn und Art aztekischer Kriege deutlich macht. Er wurde zwischen dem aztekischen Herrscher Moctezuma I. und dem kleinen, selbständigen Staat Tlaxcala geschlossen. Dabei handelte es sich um die gegenseitige Verpflichtung zum sogenannten »Blumenkrieg«, den man sich jeweils feierlich erklärte und auf einem vereinbarten Gelände austrug. Der Blumenkrieg übte an Stelle friedlicher Manöver die Heere beider Parteien im Kriegshandwerk. Sein Hauptzweck aber war die Versorgung der Opferpriester mit der Anzahl von Kriegsgefangenen, die sie für den Dienst an ihren blutdürstigen Göttern benötigten. Bei der Einweihung des Haupttempels von Tenochtitlán zu Ehren Huitzilopochtlis sollen in einem dreitägigen Fest mehr als 16000 Kriegsgefangene geopfert und etliche anschließend verspeist worden sein.

Aus deinem angewiderten Gesichtsausdruck läßt sich unschwer ablesen, was du im Augenblick denkst. »Das ist ekelhaft«, sagst du dann auch. »Wie konnte ein so barbarisches, grobschlächtiges Volk eine so großartige, hochentwickelte Kultur erschaffen?«

Es war ihr Glaube an die Allmacht der Götter. Wie in allen früheren Kulturen Mesoamerikas war die Religion das Zentrum des aztekischen Lebens. Eingebunden in die heilige Zeit und den heiligen Raum, regierten die Götter, und die Menschen standen in ihrem Dienst. Um die Opferrituale verstehen zu können, müssen wir uns von unseren eigenen Wertvorstellungen lösen und noch einmal eintauchen in die Welt der Mythen und Überlieferungen.

Auch bei den Azteken gab es eine tiefverwurzelte Lehre von der Entstehung und dem Untergang verschiedener aufeinanderfolgender »Sonnen« oder kosmischer Zeitalter. Jede neue Weltschöpfung war nicht einfach nur ein Urknall, sondern eine mühselige Arbeit der Götter, in der sie durch Kasteiung, Fasten und Erwerb von Verdiensten Sonne, Mond, Erde und Menschen erschufen. In Náhuatl, der Sprache der Azteken, heißt das Wort Menschen *macehualtin* und bedeutet soviel wie »durch Verdienste der Götter Erlangte«. So empfanden die Azteken eine tiefe ethische Verpflichtung, es den Göttern gleichzutun, um sich ihr Dasein zu verdienen. Sie folgten damit einem Glauben, der längst vor ihnen in anderen mesoamerikanischen Völkern verwurzelt war. Indem die Menschen in gleicher Weise wie die Götter handelten, sich kasteiten und ihr Blut gaben, näherten sie sich ihnen. So verbanden sie Göttliches und Menschliches in allen Bereichen des Daseins.

Sich das Dasein verdienen

Nichts ist endgültig. In jedem neuen Anfang ist das Ende bereits enthalten. Dieses Prinzip war auch Grundlage der aztekischen Religion. Ihr Zeitalter der fünften Sonne war geprägt von jenem Schöpfungsmythos, in dem es heißt, Quetzalcoátl habe sich durch Selbstverbrennung geopfert, um eine neue Welt entstehen zu lassen und die Sonne in Bewegung zu bringen. Daß die Sonne aufhören könnte, sich zu bewegen, war eine tiefe Angst der Azteken. Alle 52 Jahre, am Ende eines aztekischen Jahrhunderts, rechneten die Priester mit einem Weltuntergang. Und nur mit Blut, dem kostbarsten Gut der Sterblichen, konnten der Umlauf der Sonne, der Fortbestand der Welt und der aztekischen Herrschaft immer aufs neue gesichert werden.

Groß und unglaublich kompliziert war der Götterhimmel der Azteken. Indem sie ihr weltliches Reich durch Eroberung und Zerstörung immer weiter ausdehnten, schufen sie auch eine synkretistische Religion, die die Kulte der unterworfenen Stämme großzügig mit ihrer eigenen Tradition verband. In dem von Priestern ausgeklügelten System religiöser Lehren und Zeremonien verwischten sich die Züge der einzelnen Götter und flossen im Bewußtsein des weniger gelehrten Volkes unbewußt ineinander oder differenzierten sich in den verschiedenen Beinamen jedes einzelnen Gottes noch weiter, ähnlich wie es mit den Heiligen der Kirche geschieht, deren Legenden und Bilder an den einzelnen Orten ihrer Verehrung variieren.

Zwei Götter sind aus dem aztekischen Pantheon nicht wegzudenken: Tlaloc und Huitzilopochtli. Sie verkörperten die doppelte ökonomische Basis des aztekischen Imperiums, nämlich Landwirtschaft und kriegerische Eroberungen. Tlaloc, »der, welcher keimen und sprießen läßt«, war der Gott des Regens und der Fruchtbarkeit. Der mit der Sonne identifizierte Stammes- und Kriegsgott Huitzilopochtli war für militärische Erfolge zuständig. Er war die Sonne, der junge Krieger, der alle Morgen neu aus dem Leib der alten Erdgöttin geboren wurde und alle Abende starb, um mit seinem erloschenen Licht die Welt der Toten zu beleuchten. Bei seiner täglichen Geburt, so glaubten die Azteken, mußte Huitzilopochtli mit seinen Brüdern, den Sternen, und seiner Schwester, der Mondin, um sein Überleben kämpfen. Bewaffnet mit der Schlange des Feuers, dem Strahl der Sonne, schlug er sie jeden Tag aufs neue in die Flucht, und sein Sieg bedeutete einen weiteren Tag des Lebens für die Menschen. Um diesen Kampf gewinnen zu können, bedurfte der Gott immer wieder neuer Kraft und Stärke. Mit

Die Garanten des Imperiums

der einzigen Nahrung, die ihm dazu verhelfen konnte, mußten die Menschen ihn versorgen. Was konnte es Kostbareres geben als ihr Blut? Die Azteken, das auserwählte Volk Huitzilopochtlis, dünkten sich zu dieser Aufgabe der Gottesernährung ausersehen. Nur so ist die Sitte des erwähnten Blumenkrieges zu verstehen.

»Hast du einmal darüber nachgedacht, was all die Opfer dieses Heiligen Krieges, die Geköpften, Geschlachteten, denen man das Herz bei lebendigem Leib herausriß und die Haut abzog, dabei wohl empfunden haben?« fragst du mich mit aggressivem Unterton in der Stimme.

Wahrscheinlich hatten sie Angst, wie Menschen nur Angst haben können, wenn sie Schmerz und Tod gegenüberstehen. Aber gleichzeitig müssen sie stolz gewesen sein, denn sie waren Auserwählte. Im Blumenkrieg zu sterben oder auf einem Altar den Göttern geopfert zu werden galt als die größte Auszeichnung überhaupt. Das Leben nach dem Tod unterlag nicht dem Gesetz des Karma, sondern hing einzig und allein von der Todesart ab. Die gefallenen Krieger und die dem Sonnengott Geopferten gingen in dessen Reich ein. Sie begleiteten die Sonne auf ihrem Himmelslauf bis zum Zenit. Um die Mittagsstunde schwebten sie als Kolibris und Schmetterlinge um die Blüten und Blumen der Erde. Nachts funkelten sie als Sterne vom Himmel. Die als Auserwählte des Regengottes Tlaloc Verstorbenen, die Ertrunkenen oder vom Blitz Erschlagenen, auch die ihm geopferten Kinder gelangten ins Tlalocan. Dieser Ort lag in der Vorstellung der Azteken auf wolkenumhüllten Bergen, eine Art Paradies, in dem alles grünte und blühte.

Jetzt beginnt der Verkehr endlich zügig zu fließen. Dicke Regentropfen ziehen tiefe Spuren in die staubverschmierte Autoscheibe. Der Platzregen bringt kurzfristig Erlösung von der smoggeschwängerten Luft. Du hast das Radio eingeschaltet, summst fröhlich mit. Da ist er wieder, dieser Ohrwurm, den wir jeden Tag irgendwo hören: »La vida no vale nada«. Die Nationalhymne der Volksmusik. Der Refrain wiederholt es immer und immer wieder: »Das Leben ist nichts wert . . .« Es klingt etwas Endgültiges, Unabänderliches aus diesem Refrain. Wie ein Mantra, das, nur häufig genug wiederholt, sich zwangsläufig erfüllen muß. Aber muß der Beweis für das Un-Lebenswerte überhaupt noch erbracht werden? Haben nicht Geschichte und Vorgeschichte der Mexikaner längst den Beweis angetreten?

Die Fragwürdigkeit der Existenz

Durch alle Kulturen Altmexikos zieht sich wie ein roter Faden das klare Bewußtsein von der Fragwürdigkeit der Existenz und der Zerbrechlichkeit jeder Lebensordnung. Tiefer Pessimismus klang aus den Worten, mit denen die Azteken ein neugeborenes Kind zu begrüßen pflegten: »Du wirst Leid, Mißgeschick und Ekel sehen, kennen und kosten lernen. An die Stätte fortwährender Trauer und Trübsal bist du gekommen, wo sich der Schmerz erhebt, wo es zum Erbarmen ist.«

Im Grunde ihres Herzens hatten die Azteken, in denen sich das dreitausendjährige Kulturerbe des alten Mexiko vereinte, wenig Vertrauen in die Zukunft. Aber ihr Pessimismus äußerte sich nicht in Mutlosigkeit und Trägheit, sondern in dem glühenden Willen zum Heiligen Krieg, zum Götterkult, zum Städtebau und Ausbau des Reiches.

Das Leben war auch ihnen nichts wert, außer zum Dienst an den Göttern.

Manche Historiker haben die Azteken beinahe als »Nazis« der mexikanischen Geschichte beschrieben. Doch ich glaube, dieser Vergleich ist ein Irrtum des vordergründigen Augenscheins. Niemals hat es bei den Azteken jenen Wahn und Rausch der Vernichtung gegeben, der in Auschwitz zum schauerlichen Symbol geronnen ist. Für die Azteken war der Krieg eine Art Gottesdienst, und die Menschenherzen waren Hostien für die Götter. Ihr Glaube war geprägt von einer finsteren Strenge und der fanatischen, unbedingten Hingabe an die Götter. In dieser Religion gab es nichts Warmes, Tröstliches. Und so war die letzte große Hochkultur Mexikos eine, die nicht in Blüten, sondern in Blut ertrank.

Niemand vermag zu sagen, wie sich ohne die spanische Eroberung die von grausamen Göttern diktierte Geschichte Mexikos weiterentwickelt hätte. Wurde die indianische Kultur nun wirklich »in voller Pracht ihrer Entfaltung wie eine Sonnenblume, der ein Vorübergehender den Kopf abschlägt«, von den Konquistadoren gemordet? – Viele haben diesen Satz, den einmal Oswald Spengler sagte, nachgeplappert, ohne ihn wirklich zu Ende zu denken.

Die Azteken, das einst unkultivierte Barbarenvolk, waren dank ihrer unverbrauchten Lebenskraft zu Macht und Reichtum gelangt. Von längst seßhaften Nachbarn hatten sie gelernt, wie man sumpfigen Boden in blühendes Gartenland verwandelt und Städte baut. Von kleinen, tributpflichtigen Vasallen waren sie im Lauf von nur

Links:
Wo das Geld regiert – auf der Plaza de la Reforma in Mexico City

zwei Jahrhunderten zu den mächtigsten Tributherren des ethnisch und geographisch reichgegliederten Mesoamerika aufgestiegen. Nach Art begabter Parvenüs hatten sie sich in verhältnismäßig kurzer Zeit Teile der verfeinerten Kultur älterer, ihnen an Vitalität unterlegener Völker angeeignet. Allzu schnell erworbener Reichtum und maßloser Machtanspruch führten zu Dekadenz. Als die Spanier kamen, barg das aztekische Reich mit seinem Prunk und Pomp liebenden Herrscher Moctezuma II. wohl schon längst den Keim des Verfalls in sich.

Wir müssen gar nicht unsere Phantasie bemühen. Am Abend in unserem Hotelbett lesen wir miteinander die Geschichte der Eroberung Mexikos. Ein Bericht sozusagen aus erster Hand, die Aufzeichnungen von Hernán Cortés und seinem Mitkämpfer Bernal Diaz de Castillo. Wie ein Film im Zeitraffer laufen jene Jahre zwischen 1519 und 1521 ab, in denen aus Altmexiko Neuspanien wurde.

Es ist acht Uhr abends. Unter unserem Fenster brandet achtspurig der Verkehr. Das ständige Hupen schiebt sich wie ein Fremdkörper zwischen die Seiten des Buches. Gerade landet Cortés von Kuba kommend auf der kleinen Insel Cozumel, nahe der Küste Yukatáns. Dort trifft er auf einen Landsmann, den schiffbrüchigen Priester Aguilar, der sieben Jahre lang mit den dort ansässigen Maya gelebt hat und deren Sprache spricht. Er wird für Cortés ein unersetzbarer Begleiter und Übersetzer. Eine Woche später, am 12. März 1519, läuft die spanische Flotte in die Mündung von Tabasco ein. Es kommt zu Auseinandersetzungen zwischen der Schiffsbesatzung und den Indianern. Cortés siegt und bekommt vom Verliererstamm die Tochter des Häuptlings geschenkt. Malinche ist ihr Name, und ihre Vorzüge sind wertvoller als die übrigen Friedensgeschenke aus Gold. Sie spricht sowohl Maya als auch das Náhuatl der Azteken. Es dauert nicht lange, da weiß Cortés auch ihre Qualitäten als Bettgefährtin zu schätzen. Malinche wird seine Geliebte, Vertraute, Beraterin und zuletzt auch Mutter seines Kindes.

Noch ahnt Cortés nicht, daß den Aztekenkaiser Moctezuma II. in seiner märchenhaften Hauptstadt seit Wochen düstere Vorahnungen plagen. Schon längst waren von den Gestaden Yukatáns Gerüchte in die Hauptstadt Tenochtitlán gedrungen von den großen »Wasserhäusern«, auf denen bärtige Fremde das Meer befuhren. Als dann schließlich Cortés mit seinen Schiffen im Gebiet der Totonaken am mexikanischen Golf landet und Moctezuma von dem Einvernehmen seiner tributpflichtigen Vasallen mit den verdächtigen Fremden hört, erschrickt er und läßt seine Wahrsager und Zauberer zu sich kommen. Ja, er versucht sogar Verbindung mit der Unterwelt aufzunehmen, um zu erfahren, ob die Weißen vielleicht Götter seien. Ist doch in dem sich alle 52 Jahre wiederholenden heiligen Zyklus des Kalenders ein Jahr mit dem Namen »1 Rohr« wiedergekehrt. Wird nicht auch der in einem Jahr gleichen Namens geborene vergöttlichte Toltekenfürst Quetzalcoátl wiederkehren, der in einem anderen Jahr »1 Rohr« im Osten verschwunden war? Alles deutet darauf hin, daß dieser weiße Mann Cortés nur Quetzalcoátl sein kann.

Rückkehr der Götter?

Um die Gunst des vermeintlichen Gottes zu

erwerben, schickt Moctezuma in seiner abergläubischen Furcht durch priesterliche Gesandte vier Göttertrachten aus seiner Schatzkammer an Cortés: die Tracht Tezcatlipocas mit der Sternhimmelfederkrone und dem Schmuck aus Gold und Türkis, die Tracht des Regengottes Tlaloc mit dem aus Türkisen gefertigten Schlangenstab und zwei Kostüme Quetzalcóatls. Nachdem die Gesandten zum Zeichen ihrer Ehrfurcht Erde gegessen haben, läßt Cortés es geschehen, daß sie ihm das Ornat des Gottes, für den sie ihn halten, anlegen. Es ist eine sehr komplizierte Tracht, von der Türkisschlangenmaske angefangen bis zum Schild mit dem Goldstreifen und dem Wadenschmuck aus Edelsteinen und goldenen Schellen. Der Spanier begreift noch nicht recht die ihm zugedachte Rolle. Aber er beherrscht die Situation und spielt mit.

Irdische Gier Viel wichtiger sind Cortés die übrigen Gastgeschenke Moctezumas, dessen Namen er nicht richtig aussprechen kann und der von nun an in die Geschichtsbücher als *Montezuma* eingehen wird. Die Berge von Gold, Perlen, Silber, Edelsteinen und kostbaren Stoffen waren eigentlich dazu gedacht, die Eroberer zur Umkehr zu bewegen, doch sie stacheln statt dessen ihre Habgier an und bewirken genau das Gegenteil dessen, was der Aztekenherrscher erreichen wollte. Die spanische Truppe setzt sich Richtung Landesinneres in Bewegung, marschiert gen Tenochtitlán, wo sie hofft, reiche Beute zu machen.

Unser Hotelzimmer füllt sich mit den Bildern zweier gänzlich unterschiedlicher Welten. In die alte indianische Welt mit ihren heidnischen Göttern dringt das Dröhnen des anbrechenden Zeitalters der Technik. Cortés marschiert unerbittlich vorwärts. Er trifft auf Widerstand, setzt Kanonen und Kavallerie gegen Pfeil und Bogen ein. Aber er findet auch Verbündete, die ihn als Befreier vom aztekischen Joch begrüßen. In Cholula kommt es während einer religiösen Feier zu einem entsetzlichen Blutbad. Malinche hat Cortés verraten, daß die Einwohner im Bündnis mit Moctezuma einen Hinterhalt gegen ihn planen. Er kommt ihnen zuvor und metzelt in einer Nacht mehr als 3000 Indianer nieder. Dann überquert er den unwegsamen Paß zwischen den beiden Vulkanen Popocatépetl und Iztaccíhuatl und zieht am 8. November 1519 in Tenochtitlán ein.

Mexico City scheint niemals zu schlafen. Es ist bereits zwei Uhr morgens, und immer noch dringen zu uns Stimmen und Autolärm empor. Quiet-

Der Kontrast von unglaublichem Reichtum und bitterer Armut in Mexico City

schende Reifen auf Beton. Das Scharren vieler Füße auf Asphalt. Ich schaue hinunter auf das Lichtermeer. Hochhäuser zeichnen ihre Silhouetten vor dem dunklen Nachthimmel. Grellbunte Leuchtreklamen weisen den Weg zum »beautiful American way of life«. Wie anders sind die Bilder, die uns Cortés von dieser Stadt vor 474 Jahren zeichnet. Schön, riesig, kostbar ist sie und mit nichts auf der Welt zu vergleichen. Eine Stadt aus Licht und Wasser inmitten eines Sees, mit dem Festland durch vier Dämme verbunden. Kanäle voller schwimmender Märkte, weiße Paläste, riesige Götterstatuen, unzählige Tempel und Pyramiden, »höher als die Kathedrale von Sevilla«. Da sind Gärten mit duftenden Blumen, seltenen Bäumen, farbenprächtigen Vögeln und Süßwasserteichen. In Raubtierhäusern umkreisen Füchse und Jaguare Bilder böser Geister. Die Märkte quellen über von fremden, exotischen Waren. An Kaiser Karl V. im fernen Spanien schreibt Cortés: »*Die Azteken haben artigere Sitten und besseres Aussehen als die Einwohner anderer Städte. Dieweil Herr Montezuma und alle Edelleute des Landes ständig in der Hauptstadt wohnen, herrscht strenge Zucht. Und wenn man bedenkt, daß die Azteken Barbaren sind, nichts von Gott und dem Christenglauben wissen und fern der gebildeten Welt hausen, so ist es wunderbarlich, daß sie in allen Dingen so trefflich Ordnung halten . . .*«

Tenochtitlán

Seite um Seite blättern wir zwischen zwei und sechs Uhr morgens um. Der Untergang Tenochtitláns wird zu einem Drama, das sich zwischen zwei sich gänzlich fremden Kulturen abspielt und in dem auch die Götter ihren Platz haben. Obwohl die Spanier nach ihrem Einzug in der Hauptstadt die Regierungsgewalt übernehmen, leistet Moctezuma keinen Widerstand. Im Gegenteil. Er bewirtet sie fürstlich und überreicht ihnen kostbare Geschenke aus seiner Schatzkammer. Glaubt er doch immer noch an die Göttlichkeit von Cortés. Krieg gegen einen vergöttlichten Menschen zu führen hieße aber einen Krieg der kosmischen Götter zu provozieren und damit das Ende des fünften Zeitalters herbeizuführen. Um dies zu verhindern, versucht Moctezuma sich Cortés und durch weitere Menschenopfer den Kriegsgott Huitzilopochtli geneigt zu halten. Die Spanier sind entsetzt und wollen den Aztekenkaiser zum Christentum bekehren. Als nichts fruchtet, läßt Cortés auf dem Haupttempel Huitzilopochtlis einen Marienschrein errichten. Die gesamte Priesterschaft ist empört und fordert den Tod der Spanier.

Es ist fünf Uhr. Die Nacht weicht einem gelbtrüben Licht. Mühsam schiebt sich der Tag in die Dunstglocke Mexico Citys hinein. Wir sind beim Lesen gerade in jener Nacht des 1. Juli 1520 angelangt, die als »la noche triste« in die Geschichte eingehen sollte. Regenmassen stürzen hernieder, und die Berge, die das Tal von Tenochtitlán umschließen, spielen Fangball mit den Blitzen und Donnerschlägen. Es scheint, als ob die Götter das ihrige dazutun, um die Spanier aus der Hauptstadt zu vertreiben. Das Heer von Cortés flieht vor den Angriffen der Azteken, die mittlerweile den unentschlossenen Moctezuma liquidiert und Cuauhtémoc zum neuen Herrscher eingesetzt haben. Noch bevor sich die kastilischen Soldaten zur Flucht entschließen, stopfen sie sich Taschen, Stiefel, Wams und Helm mit Gold und Juwelen aus

»La noche triste« und die Rache der Konquisatdoren

der Schatzkammer Moctezumas voll. Doch die Beute, die ihnen ihr zukünftiges Leben vergolden soll, wird ihr Verhängnis. Unbeweglich, wie sie mit der schweren Last sind, werden sie von Pfeilen, Lanzen und Felsstücken der Gegner getroffen. Viele werden getötet. Andere stürzen sich in den See und erreichen schwimmend das rettende Festland. Zuvor aber müssen sie sich der Juwelen entledigen, um nicht von ihnen in die Tiefe gezogen zu werden.

So verläuft die triste Nacht, die Flucht der Spanier aus Tenochtitlán, von den Lagunen und Inseln nach Nordwesten. Der Schatz des Moctezuma aber war für immer verloren. Die Legende erzählt, immer wieder hätten Fischer versucht, das Gold und die Juwelen aus dem See zu heben. Doch eine Nixe saß auf dem Grund und zog jeden in den Tod. Ihr Name war Malinche, die Geliebte Cortés'. Weil sie ihr Volk verriet, durfte sie nicht bei den Sternengöttern weilen, sondern mußte auf ewig im trüben Wasser fischen. Irgendwann einmal, als der See zu verlanden begann und austrocknete, ist Malinche wohl darin erstickt.

Du schlägst das letzte Kapitel auf. Denn immer noch sind die Spanier nicht endgültig besiegt. Cortés sammelt sein geschlagenes Häufchen zusammen und holt sich zur Verstärkung indianische Truppen aus anderen Provinzen. Im Mai 1521 beginnt der Konquistador, unterstützt von Tausenden von Tlaxalteken und Küstenindianern, mit der Eroberung Tenochtitláns. In drei konzentrischen Kreisen zerstören sie monatelang Häuser, Paläste und Tempel. Deren Schutt wird zur Auffüllung der Kanäle verwendet. Der Gürtel um die Eingeschlossenen zieht sich immer enger.

Bald haben sie kein Trinkwasser mehr, nichts zu essen und werden von einer Pockenepidemie dahingerafft. Am 13. August 1521 endet die Belagerung durch die Gefangennahme des letzten Aztekenkaisers Cuauhtémoc mit der fast vollständigen Zerstörung Tenochtitláns.

Es ist sechs Uhr. Du klappst das Buch zu. Deine Augen sind rot gerändert. Du siehst aus, als hättest du die Schlacht selbst mitgeschlagen. Dabei stehen wir noch ganz am Anfang. Mehr als 300 Jahre spanischer Herrschaft auf mexikanischem Boden liegen noch vor uns. Aber die werden wir unterwegs aufarbeiten. Ich bestelle uns ein Frühstück: Taco de pollo, Hühnchen-Tacos mit schwarzem Bohnenmus und huevos á la ranchero. Muy picante, bitte! Ich liebe es, wenn mir die Schärfe die Tränen in die Augen treibt. Während du unter die Dusche gehst, beobachte ich vom Fenster aus die erwachende Stadt. Natürlich staut sich der Verkehr wieder zu endlosen Schlangen. Direkt unter mir kriechen die Autos wie Schnekken um einen Kreisverkehr. Seine Mitte wird von einem weithin sichtbaren Denkmal beherrscht. Dort steht er, bronzefarben, wie er auch im Leben war: Cuauhtémoc, der letzte Kaiser des alten mexikanischen Reiches.

Mitten im Lärm und den Abgasen von Mexico City liegt ein riesiger Platz, wo das moderne Gebäude des Außenministeriums und eine spanische Kolonialkirche aus dem 16. Jahrhundert düster und bedrohlich über die vorspanischen Pyramiden von Tlatelolco hinwegblicken. Die Regierung hat ihm den Namen *Platz der Drei Kulturen* gegeben, um das gemischtblütige Erbe, das »mestizaje«, Mexikos zu ehren. Bewegt übersetzt du mir die Worte, die auf einer hellen Steintafel vor der Kirche eingraviert sind: »Am 13. August 1521 fiel Tlatelolco, heldenhaft verteidigt von Cuauhtémoc, in die Hände von Hernán Cortés. Es war weder ein Triumph noch eine Niederlage – es war die schmerzhafte Geburt der Mestizen-Nation, die das heutige Mexiko darstellt.«

Der Platz der Tragödien

Ich muß nur in das Gesicht der alten Frau schauen, die in ein buntes Tuch gehüllt am Fuße der Gedenktafel hockt, um zu wissen, daß die Söhne und Töchter von Cortés und Malinche ihre Geburtswehen auch 470 Jahre nach der Eroberung noch nicht überwunden haben. Ihre schwarzen Augen blicken uns scheu und unsicher an. Eine knöcherne braune Hand streckt sich uns entgegen: »Ayúdeme, por favor – bitte helfen Sie mir!« Die Pesos, die du ihr gibst, zaubern ein winziges Lächeln um ihre Mundwinkel. Aber dann verschließt sich ihr dunkles indianisches Gesicht augenblicklich wieder. Die Runzeln darin sehen aus wie ein tief eingegrabener verbrauchter Pfad. Lebensspuren von Schmerz und Verlorenheit.

Auch der menschenleere Platz, über den wir gehen, trägt diese Spuren. Eigentlich müßte er nicht Platz der Drei Kulturen, sondern Platz der Drei Tragödien heißen. Jenem letzten Massaker des 13. August 1521, bei dem Tenochtitlán endgültig fiel und mehr als 15000 Indianer ihr Leben lassen mußten, folgte am 2. Oktober 1968 ein weiteres Drama. Die Wochen zuvor war die Hauptstadt erfüllt von Studentenunruhen und Demonstrationen. Der Unmut der Menschen richtet sich gegen das Regime Diaz Ordaz, dem Korruption, Repression und soziale Ungerechtig-

Die Rache des Montezuma

keit vorgeworfen werden. Auslöser der Proteste sind die Olympischen Spiele, die im Sommer in Mexico City ausgetragen werden sollen. Die Farce, Millionen für eine Prestigeveranstaltung auszugeben, während gleichzeitig breite Bevölkerungsschichten im Elend leben, gibt den Anstoß für die Kundgebung am 2. Oktober auf dem Platz der Drei Kulturen. 10 000 Menschen haben sich friedlich versammelt, als plötzlich Polizeitruppen mit Schlagstöcken und Eisenketten auf die Teilnehmer einprügeln. Aus ihren Verstecken in den aztekischen Ruinen eröffnen Militäreinheiten Maschinengewehrfeuer. Das Blutbad, bei dem über 500 Menschen sterben, dauert genau eine halbe Stunde. Zehn Tage später wird das olympische Feuer entzündet, und Scharen weißer Friedens-

Mexiko lebt von und mit drei Kulturen. Zeugnis davon gibt die Plaza de tres Culturas in der Hauptstadt

tauben steigen über den Platz der Drei Kulturen zum Himmel auf.

»Erdbeben werden das Land aufwühlen, Feuer und Asche werden es unter ihrer Last begraben«, prophezeiten die Azteken den spanischen Siegern in der Stunde der endgültigen Niederlage. Das große Beben findet in der Nacht des 19. September 1985 statt. Mehrere Erdstöße bringen reihenweise Betonriesen zum Einsturz und legen ganze Teile der Hauptstadt in Schutt und Asche. Auch der monströse Hochhauskomplex rund um den Platz der Drei Kulturen, in dem 250 000 Menschen leben, gerät ins Wanken. Das vierzehnstöckige Gebäude Nuevo Leon bricht wie ein Kartenhaus in sich zusammen. Tausende sterben, Zehntausende werden obdachlos. »México sigue en pie – Mexiko steht aufrecht«, verkündet am selben Tag Präsident Miguel de la Madrid der Weltpresse. Doch die Häuser, die wir hier fünf Jahre nach dem Beben vor Augen haben, stehen keineswegs aufrecht. Schief und rissig, sind sie ein Symbol der Mißwirtschaft und Korruption im modernen Städtebau Mexikos. Sie erscheinen mir wie eine Mahnung, daß die Geister der Vergangenheit vielleicht einzementiert, aber deshalb noch lange nicht gebannt sind.

Megalopolis zwischen zwei Extremen Mexico City lebt, Mexico City stirbt. Zwischen diesen beiden Extremen erleben wir die Stadt. Ich finde sie schön, faszinierend, unglaublich lebendig und dann wieder trostlos, erdrückend und häßlich. Da ist die unsagbare Armut. Menschen, die auf Müllbergen hausen und sich unter Lebensgefahr ihr Geld verdienen. Als Feuerschlucker blasen sie auf den belebtesten Verkehrskreuzungen für ein paar Pesos Flammen in den Himmel. Ihre Haut ist vernarbt und zerstört von Verbrennungen. Sie putzen Autoscheiben in Verkehrsstaus, verkaufen Blumen, Haarschleifen, Kaugummi. Und wenn sie nichts zu verkaufen haben, strecken sie bettelnd ihre leeren Hände aus. Gesichter, die gezeichnet sind von Hunger, Krankheit, Alkoholismus und Drogen.

Kaum einen Steinwurf entfernt zeigt sich die krasse Gegensätzlichkeit dieser Stadt. Teure Geschäfte, Luxus und Glitzerwelt. Hinter abweisenden Mauern versteckt und von privaten Sicherheitsdiensten bewacht, liegen Paläste und Luxusvillen mit Swimmingpools und Tennisplätzen. Man gibt sich klassenbewußt und achtet auf strikte Trennung zwischen Arm und Reich. Da ist auch dieser seltsame, immer wiederkehrende Hang zu Monumentalität und übersteigerter Verherrlichung. In keiner Stadt auf der Welt sah ich so viele Denkmäler für Präsidenten, Revolutionäre, Helden, Heilige, Bösewichte, für Retter und Rächer wie in Mexico City. Überall an den Pulsadern der Stadt erhebt sich die Vergangenheit vergoldet, bronziert oder in Stein gemeißelt, freilich ohne damit einen Anspruch auf Kunst erheben zu können.

Da ist die Neue Welt im Gewand des alten Europa, von wo aus Renaissance und Jugendstil, Barock und Neoklassizismus importiert und mit dem Glanz des mexikanischen Silbers und Aztekengoldes unsagbar überhöht wurden. Vor allem in den Kirchen mit ihrem verschwenderischen profanen Prunk zeigt sich ungebrochen das Erbe der Conquista. Ansonsten aber hat sich der Wertewandel Richtung amerikanischer Industriegesellschaft sichtbar vollzogen. In den Glaspalästen der Banken und Ölkonzerne an der Paseo de la Reforma spiegeln sich nur noch vereinzelt die bröckelnden Fassaden der Kolonialzeit. Diese Prachtstraße der Stadt ließ Kaiser Maximilian mit einem Seitenblick auf die Champs-Élysées während seiner kurzen Herrschaft anlegen, um eine direkte Verbindung zwischen dem Schloß Chapultepec und dem kaiserlichen Palast zu schaffen. Den Paseo entlang bauten die frankophilen Aristokraten vor der Jahrhundertwende ihre vornehmen Wohnsitze. Jetzt regiert hier der mexikanische Geldadel in Wolkenkratzern aus Stahl, Beton und schwarzem Opakglas.

Der Zócalo von Mexico City ist der größte Stadtplatz der Welt. Auf den Resten der indianischen Metropole errichtet, ist er ein Symbol mexikanischer Identität. Einst lag hier das religiöse und politische Zentrum Tenochtitláns mit herrlichen Tempeln, Palästen und Pyramiden. Heute gruppieren sich rund um den zubetonierten Platz Parlamentsgebäude, Stadtverwaltung, Pfandleihe und die Kathedrale Metropolitana. Sie ist die größte Kirche des Landes und zugleich des amerikanischen Kontinents. Machtdemonstration von Kirche und Staat im prunkvollen kolonialen Stil. Hier erlebten die Mexikaner nationalen Triumph und durchlitten dramatische Stunden gemeinsamer Not. Hier ist immer noch der Schauplatz von Festen, Feierlichkeiten und Demonstrationen.

Es ist die Stunde des Sonnenuntergangs, wenn die Händler ihre ambulanten Stände zusammenpacken und die Nacht auf Samtpfoten über die Riesenstadt kommt. Das ist auch die Stunde des

Militärs, das auf dem Zócalo allabendlich einen vaterländischen Gottesdienst zelebriert. Trompetenstöße durchschneiden die Stille, schnelle Trommelwirbel fallen ein, und eine scharfe Kommandostimme bellt Befehle in die Reihen der Soldaten mit ihren Paradeuniformen. Langsam senkt sich am Fahnenmast die Reliquie der Vereinigten Staaten von Mexiko herab. Das rot-grün-weiße Banner, auf dem ein Adler zu sehen ist, der seine Schwingen über einem Stein und einem Kaktus ausbreitet und in seinem Schnabel eine Schlange hält. Ergriffen legen viele der Zuschauer ihre rechte Hand auf ihr Herz, dort, wo die Liebe zum schwierigen Vaterland Mexiko schlummert.

Von der Kathedrale läuten hoheitsvoll die Glocken zum Abendgottesdienst. Wir gehen hinüber zu diesem mächtigen Gotteshaus. Christliche Mauern auf heidnischem Urgrund – wo alte Kräfte ihre besondere Magie verbreiten, wußten die Spanier dem Gewaltiges entgegenzusetzen. Dreihundert Jahre lang wurde an dem ältesten und größten Sakralbau der westlichen Hemisphäre gebaut. Zwangsarbeit für Indianer, die aus Lavastein und den Überresten der heidnischen Tempel diese heilige Enzyklopädie der kolonialen Kunst Mexikos errichteten. An der riesigen Fassade zeigt sich der Wandel von der Renaissance über Manierismus und Barock zum Klassizismus. Anmutig war die Metropolitana wohl nie – mehr drohender Gott, als sanfter Christus –, jetzt aber sieht sie eher mitleiderregend aus. Eine kranke, alte Frau, von unzähligen Balken gestützt und von einem hohen Bretterzaun umgeben. Tiefe Risse durchziehen ihre Fassade. Auch die kleinere,

La Catedral Metropolitana

Auf den Tempeln der Azteken erbaut – die größte Kathedrale Lateinamerikas steht in Mexico City

angrenzende Sagrario-Kirche zeigt solche Risse und neigt sich schief, so als wäre sie von Müdigkeit befallen. Es scheint, als sei sie in einem ewigen Zwiespalt verfangen; einerseits gehalten von dem Glauben vieler Menschen und andererseits in die Tiefe gezogen von dem ständig nachgebenden, schlammigen Untergrund.

Das Innere der Kathedrale liegt in ernstes Halbdunkel gehüllt. Das verleiht ihr eine Intimität, die sie in Wirklichkeit gar nicht besitzt. Erst als unsere Augen sich allmählich an das mystische Licht gewöhnt haben, offenbaren sich die imposanten Proportionen. Übermächtig dominiert die sakrale Kunst das dreischiffige Gotteshaus. Ornamentenreich, goldüberladen, maßlos. »Im mexikanischen Barock«, so sagt der Historiker Manuel Touissant, »hat die Imagination ihre Fesseln abgeworfen und sich in den Wahnsinn gestürzt.« Aber in diesem Wahn lag wohl auch gleichzeitig der

Sinn, denn es galt, die Allmacht des Christengottes gegenüber den alten Göttern der Azteken zu demonstrieren: Christus am Kreuz gegen Huitzilopochtli und Tlaloc. Der Sieg scheint vollkommen. Ich schaue auf die vielen gläubig verschlungenen Hände, blicke in verzückte Gesichter. Die Orgel braust auf: »Großer Gott, wir loben dich...« Irgend etwas zieht mich magisch hinaus aus diesem »Zuviel«. Ich fühle mich erpreßt und überschüttet von etwas, das ich nicht genau definieren kann. Als ich über den langen Mittelgang endlich das Ausgangsportal erreicht habe, betet die Gemeinde gerade das Vaterunser. »... Herr, dein Wille geschehe...« Und plötzlich löst sich bei mir der Druck auf dem Herzen. Ja, das ist es. »Herr, dein Wille geschehe und nicht der Wille der Kirche, des Papstes, des Priesters oder sonst irgend jemandes...«

Wir gehen hinaus in die Nacht und über den Zócalo, der in seiner Menschenleere jetzt noch größer wirkt. Ohne daß wir darüber sprechen, was mich in der Kathedrale bewegt hat, sagst du plötzlich in das lange Schweigen hinein: »Nein, da drinnen ist kein Raum für ein stilles Zwiegespräch mit Gott.« Und dann beginnst du zu erzählen von all den Ereignissen, über die du im Zusammenhang mit diesem Platz hier gelesen hast. Das Pflaster unter uns ist nicht mehr nur toter Stein. Ich höre das Hämmern und Klopfen der Maurer und Zimmerleute, die auf dem Zentrum der zerstörten Aztekenstadt ein neues Stück Geschichte bauen. Zwischen Palmen und versumpften Kanälen wachsen die Symbole der spanischen Kolonialmacht. Erst sind es festungsartige, düstere Bauten, ganz auf Verteidigung ausgerichtet.

Wo das Herz Mexikos schlägt

Der neue Staat, die neue Kirche haben noch kein sicheres Fundament. Als die Spanier des 17. Jahrhunderts ihre Macht ausgebaut haben, wandelt sich das Bild. Reichtum und Eitelkeit finden ihren Niederschlag in neuen Bauten: im Palast des Vizekönigs, in Rathaus, Kirche, Kathedrale, Kloster, Pfandleihhaus, Musikpavillons. Im Laufe der Zeit wird der Zócalo immer wieder umgestaltet und umbenannt. Aber stets bleibt er zentraler Standort des Volkslebens und der nationalen Geschichte, die jahrhundertelang in dem Spannungsfeld von Chaos und Ordnung lebt.

Du zeichnest Bilder in die Nacht von einer geruhsamen Pferdekutschenzeit und farbenfrohem Marktleben, aber auch von Umbruch und Revolten. Zigtausend hungernde indianische Feldarbeiter belagern 1692 den Zócalo. Hier entlädt sich ihr jahrelang angestauter Zorn gegen die Ausbeutung durch die reichen Hazienda-Besitzer. Bei den Tumulten kommen viele ums Leben. Der Palast geht in Flammen auf. 1913 liegt er, neu erbaut, unter einem zehntägigen Beschuß der mexikanischen Revolutionäre, deren legendäre Helden Pancho Villa und Emiliano Zapata sind. Doch bereits 100 Jahre vor ihnen hatten andere den Aufstand geprobt.

»Nieder mit der schlechten Regierung! Tod den Spaniern!« Mit diesem Aufruf des Pfarrers Miguel Hidalgo aus dem kleinen Dorf Dolores beginnt am 15. September 1810 die Revolte gegen die in Spanien geborenen weißen Herren. Der Ruf, der als »Grito de Dolores« in die Geschichte eingehen wird, eilt durch das ganze Land, hallt auch wider auf dem Zócalo. Ein elf Jahre dauernder blutiger Krieg, in dessen Verlauf 600 000 Mestizen und

Indianer ihr Leben lassen, führt endlich zur Unabhängigkeit. Aus Neuspanien wird offiziell Mexiko. Alle Jahre wieder, in der Nacht des 15. September, des höchsten Nationalfeiertags Mexikos, ist der Zócalo Schauplatz des »Grito de Dolores«. Um 23 Uhr betritt der amtierende Präsident den Hauptbalkon des Nationalpalastes und läutet dieselbe Glocke, mit der einst Pater Hidalgo seine Gemeinde zusammenrief. Dann verkündet er in kurzen, bewegenden Worten erneut die Unabhängigkeit Mexikos. Dicht an dicht drängt sich unten auf dem Zócalo die Menschenmenge. Ein vielstimmiger Schrei erhebt sich und findet zur gleichen Sekunde auf allen Stadt- und Dorfplätzen Mexikos sein Echo: »Viva la independencia! Que viva México!«

Hand in Hand schlendern wir Richtung Fußgängerzone und lassen uns am Rande eines Brunnens nieder. In seiner Mitte schwimmt, von Wasser umgeben, ein Kupfermodell der Inselstadt Tenochtitlán. Die Allgewaltigkeit des aztekischen Reiches, zusammengeschmolzen auf ein paar Quadratmeter Metall – ist das alles, was geblieben ist? »Nein«, verkündete am Nachmittag an dieser Stelle Xokonoxtetl, ein Mann aus dem Stamm der Náhua. »Die indianische Spiritualität ist auch heute noch ungebrochen. Nur wer seine Wurzeln nicht kennt, hat keinen Halt.« Mit flammender Rede forderte er die Umstehenden auf, sich des alten Wissens und alter Werte zu erinnern. Und plötzlich erinnerte auch ich mich. Ich war Xokonoxtetl, dessen Name in Náhuatl soviel bedeutet wie »Der sich aus den Wurzeln nährt«, schon einmal begegnet. 1988 hatten wir zur Sommersonnenwende gemeinsam eine Nacht an den Externsteinen im Teutoburger Wald verbracht. Xokonoxtetl hatte damals mit sieben Männern seines Stammes ein Tanzritual zur Reinigung der Erde vollzogen. Anschließend war die Gruppe nach Wien gefahren, um die im Museum für Völkerkunde aufbewahrte mythische Federkrone Moctezumas nach Mexiko zurückzuholen. Doch er kehrte mit leeren Händen heim. »Nur durch sie«, sagt der aztekische Nachfahre, »kann die vor 400 Jahren verlorengegangene Energie meinem Volk zurückgegeben werden.«

Eine Sternstunde für die Archäologie

Daß nie wirklich etwas stirbt, nichts endgültig verlorengeht, erlebten die Mexikaner am 24. Februar 1978. An diesem Tag entdeckten Bauarbeiter des staatlichen Elektrizitätswerkes, nur wenige Meter von der Kathedrale entfernt, einen acht Tonnen schweren behauenen Steinblock mit einem kunstvollen, gut erhaltenen Relief. Die Archäologen datierten seine Entstehungszeit auf das Jahr 1480 und stellten fest, daß es sich bei der abgebildeten Figur mit abgetrenntem Kopf um die aztekische Mondgöttin Coyolxauqui, die Schwester des Kriegsgottes Huitzilopochtli, handelt. Sie bewerteten diesen Fund als ebenso bedeutend wie den in aller Welt bekannten aztekischen Kalenderstein. Außerdem fanden sie heraus, daß der ovale Monolith mit einem Durchmesser von 3,25 Metern jene Stelle markiert, auf die die geköpften Menschenopfer von der Höhe des großen Tempels herabfielen. Hier mußte also der Gran Teocalli, der Haupttempel der alten aztekischen Metropole, liegen. Es war eine große Stunde der Archäologie. Die Regierung gab grünes Licht, und nun lief die Zeit fünf Jahre lang rückwärts. Ganze Wohnblocks und historische Gebäude wurden abgerissen, und die Götter, die in ihrem unterirdischen Exil schlummerten, erwachten zu neuem Leben. Bei den Ausgrabungen kamen die Ruinen der Tempel für Tlaloc und Huitzilopochtli zum Vorschein, ein Schädelaltar, dessen Wände mit 240 steinernen Totenschädeln dekoriert sind, Skulpturen in Adlergestalt und Standartenträger aus Stein. Die roten Chac-Mol-Figuren, jene Götterboten in ihrer zeitlosen Henry-Moore-Pose, starrten aus der Erde und mit ihnen all die Brandopfer der letzten Tage des Reiches: vertrocknete Blüten in Terrakottavasen, Masken und eine Vielzahl von Opfergaben.

Heute nacht, in der der Himmel erstmals nicht von einer dicken Wolkenschicht verhüllt ist und der Mond eine schmale Sichel in das von Sternen übersäte Firmament zeichnet, sind die alten Götter gegenwärtig. Direkt über den Ruinen des Templo Mayor leuchtet hell die Venus. Sie, deren Licht am Abend als erstes aufleuchtet und als letztes in der Morgendämmerung erlischt, war auch der Stern, der die heilige Welt der Azteken lenkte. Hier war, nein *ist* ihr Mittelpunkt. Die zerbrochenen Steine, über die wir gehen, sind nicht der Friedhof einer Zivilisation, sondern das Mysterium einer Kultur. Wie von unsichtbaren Kräften emporgezogen, wächst vor meinem inneren Auge aus den Ruinen die herrliche aztekische Kultstätte, eine riesige Pyramide, siebenfach umbaut. 364 Jahre in weißen und blauen Stein gebannt. Eine gemauerte Welt aus Zeit und Raum. Als versteinerte Zeit stellen die vier schlangengeschmückten Pyramidenseiten die vier Sonnen oder Zeitalter der Welt dar, und ihre Stufen bedeuten die Tage, Monate, Jahre, Jahrhunderte. Weit oben laufen die vier Seiten auf einem Plattform-Heiligtum zusammen. Dort, am konzentrischen Punkt von Anfang und Ende, von Kosmos und Erde, der Ort der Opferstätte und Epiphanie, schneiden und scheiden sich die Welten der Götter und Menschen. Lebenskult und Totenkult. Blumenopfer und Blutopfer. Zeremonialplatz der Priester und Spielplatz der Götter. Aber welches Spiel spielen sie? Sie spielen mit der Zeit, und ihr Spiel ist die Erschaffung und Zerstörung der Welt. Damals, vor 400 Jahren, und auch jetzt, hier. Ich kann sie fühlen, greifen, so nah wie ich auch deine Nähe spüre.

Wer siegte, wer verlor?

Von irgendwoher schlägt eine Turmuhr. Es ist spät. Die Venus ist weitergewandert, steht jetzt über der Kathedrale. Wer, frage ich mich, hat hier nun eigentlich gesiegt oder verloren? Der Christengott, die indianischen Götter? Die Kathedrale wirft zwar einen mächtigen Schatten auf die alte, aztekische Welt, aber ganz überdecken kann er sie nicht. Mein Blick wandert noch einmal über die sichtbar-unsichtbaren Stufen der Pyramide, bis hinauf zum Plattform-Heiligtum. Die steinerne Bühne ist leer. Aber irgend etwas bewegt sich – in mir, außerhalb von mir. Und plötzlich sehe ich, wie die Pyramide sich auszudehnen beginnt. Sie löst sich aus den Fesseln ihrer Erbauer. Stein wird zu Licht, Materie zu Geist und wächst, losgelöst von Zeit und Raum, hinauf in die Un-Endlichkeit, dort, wo alles in dem einen *Namenlosen* verschmilzt.

Der Sternenhimmel letzte Nacht hatte es schon angekündigt. Und heute ist das Wunder, das statistisch nur zweimal im Jahr in Mexico City passiert, geschehen. Vom Fenster im 20. Stock unseres Hotels fällt mein Blick über das endlose Häusermeer auf die schneebedeckten Vulkanberge des Popocatépetl und Iztaccíhuatl. Schön und geheimnisvoll stehen sie vor einem strahlend blauen Himmel. Ich genieße den Anblick und nehme stillschweigend in Anspruch, was jedem Mexikaner bei dieser Gelegenheit zusteht: drei freie Wünsche.

Die drei Wunder

Ich wünsche mir, daß meine Halsschmerzen aufhören und das entsetzliche Brennen in den Augen.

Ich wünsche mir, daß du mich sofort wegbringst aus dieser vergifteten, grauenvollen Stadt.

Ich wünsche mir, daß wir niemals fortgehen. Denn hier ist der aufregendste, phantastischste Platz auf Erden.

Das ist absurd. Ich weiß nicht mehr, was ich will. Im einen Augenblick fühle ich mich genauso krank und entleert wie der sterbende Stadtgigant zu meinen Füßen. Im nächsten Moment zieht es mich magisch hinunter in dieses bunte, rastlose Karussell. Bin ich noch zu retten? Ist mein geliebt-verhaßtes Mexico City noch zu retten? Seine und meine Seelenzustände scheinen sich wie eineiige Zwillinge zu gleichen. Jetzt heiter, licht und hoffnungsvoll; wenig später apathisch, trübe, resigniert. Alles passiert so schnell und ist von unglaublichen Extremen gekennzeichnet.

Ich frage mich, wie du das machst. Du hustest nicht, hast weder Kopfschmerzen noch tränende Augen und scheinst auch innerlich vollkommen ausgeglichen. »Bleib auf Distanz«, sagst du. »Sei Beobachter. Du steigst immer zu tief ein. Du gehst nicht achtsam genug mit dir um, läßt alles viel zu nah an dich heran und bist dadurch leicht verletzbar. Erinnere dich an gestern, wie dir in der Zona Rosa derselbe Junge, dem du aus Mitgefühl 2000 Pesos in die Hand drücktest, wenig später von hinten deine Halskette abriß. Für ihn hat sie kaum einen Wert, aber für dich war sie ein unersetzlicher Talisman.«

Ich höre deine Worte. Ich sehe, daß es dir gutgeht und mir nicht. Und trotzdem kann ich dir im Innersten nicht zustimmen. Ich muß hinaus aus der Distanz dieses sterilen, klimatisierten Hotelzimmers, in dem sich kein Fenster öffnen läßt und ich mich fühle wie in einem Luxussarg. Ich will lebendig sein, nah an den Menschen; gleichgültig, ob es im Kopf oder Herzen schmerzt.

Das Telefon schrillt mitten in meine Entscheidung hinein. Enrique, ein mexikanischer Freund, wartet unten. »Bueno«, strahlt er, »heute ist ein Glückstag. Der Popo ist zu sehen.« An diesem Tag ist das zweite Wunder der fließende Verkehr. Wir fahren in wenigen Minuten zum Chapultepec, dem vier Quadratkilometer großen Park im Herzen der Stadt. Für mich ist er das dritte Wunder des Tages, und an keinem anderen Ort habe ich die Metropole so geliebt und innig umarmt. Hier auch ist mir klargeworden, warum dieser Moloch, dem schon hundertmal der Untergang vorausgesagt wurde, noch immer voller Lebenskraft steckt. Die ungebrochene Vitalität der Menschen und ihrer Seelen finden in Chapultepec ihren Ausdruck. An jedem Wochenende tummeln sich in den Grünanlagen zwischen See, Zoo, Schloß und Museen mehr als anderthalb Millionen Besucher. Viele davon kommen aus den Slums, um hier etwas Erleichterung ihres armseligen Daseins zu finden. Sie sind beladen mit Taschen und Körben voller Lebensmittel, mit Decken, Kinderwagen und Plastikstühlen. In wenigen Minuten wird zwischen den alten Bäumen mit bunten Luftballons ein kleines Areal abgesteckt. Landnahme für einen einzigen Tag, für ein paar glückliche Stunden, für das Familienleben.

Die Betreuung von Haushalt und Kindern lehnt der mexikanische Mann radikal ab. Sechs Tage in der Woche läßt er sich zu Hause kaum blicken, bleibt unter seinesgleichen. Der Sonntag aber, das ist ungeschriebenes Gesetz, gehört der Familie. Hier, im Chapultepec, werden die Machos selbst wieder zu Kindern, wenn sie mit ihren Sprößlingen Fußball spielen, auf dem See rudern, an Automaten flippern, Eiscreme lutschen und Geisterbahn fahren. Die Stimmung ist heiter und gelöst zwischen Verkaufsständen, Freilufttheater und Musikveranstaltungen. Kunsthandwerker und Maler bieten für ein paar Pesos Unterricht im Zeichnen, Weben, Blumenbinden und Korbflechten an. Selbst Kurse für zukünftige Toreros gibt es. Da ist viel Lärm, Lachen und Verzauberung. Unter den alten Bäumen lagern eng umschlungen die Liebespaare. Junge Männer gehen gruppenweise auf Brautschau. Auch sie geben sich schon ganz »mucho macho«. Wir schlendern vorbei an indianischen Frauen, die Obst und Pastetchen verkaufen, an Schuhputzern, Zauberkünstlern, Luftballonverkäufern und an unzähligen Denkmälern. Überragt wird der Park vom monumentalen Säulendenkmal »A los Niños Heroes« – gewidmet den jungen Helden, die fast noch Kinder waren, als sie 1847 das Schloß bis zum letzten

Wo Machos zu Kindern werden

Mann gegen einen amerikanischen Invasionstrupp verteidigten. Vergeblich. So wie das Bemühen des tragischen Helden Maximilian von Habsburg, der oben im Schloß hoch über der Stadt als Herrscher ohne Land residierte und im Auftrag von Napoleon III. das Kaiserreich Mexiko proklamierte und dafür 1867 füsiliert wurde. »Viva México!« soll er noch gerufen haben. Ein Wahnwitz der Geschichte. In die tauchen auch wir nun wieder ein.

In einem der schönsten Museen der Welt

Im Nordteil des Chapultepec liegt das Nationalmuseum für Anthropologie, das zu den eindrucksvollsten und größten der Welt zählt. Licht, Luft, Wasser und Stein, die wichtigsten Elemente in der aztekischen Architektur, wurden beim Bau dieses Museums in Schönheit und Harmonie miteinander verbunden, die den dort ausgestellten Kulturen Mexikos würdig sind. Im Stil deutscher Bauhaustradition waren an der Planung und Umsetzung dieses Projektes Architekten, Ethnologen, Anthropologen, Künstler und Fotografen beteiligt. Verschiedene Expeditionen wurden in die entferntesten Ecken des Landes geschickt und kamen mit Bergen von Fotomaterial und Fundstücken zurück. Man rief die Häuptlinge der Stämme zusammen, um von ihnen in der Darstellung des Lebens heutiger Indianer beraten zu werden. In nur zwei Jahren wurde das Museum um die teilweise riesigen Objekte der untergegangenen Kulturen herumgebaut. Dann erst zogen Bauarbeiter die Wände hoch, die Künstler anschließend mit riesigen Wandbildern ausgestalteten.

Zu einem schier unlösbaren Problem wurde

dabei ein 170 Tonnen schwerer, unvollendeter Kopf des Regengottes Tlaloc, der seit Jahrhunderten in einem Flußbett des kleinen Dorfes Coatinchán, 50 Kilometer von der Hauptstadt entfernt, lag. Er sollte das gewichtigste Prachtstück des Museums werden. Doch als eine Kommission zur Begutachtung anrückte, probten die Einwohner den Aufstand. Sie befürchteten, wenn man ihnen Tlaloc nehme, würde es nie wieder regnen. Erst als die Regierung ihnen Elektrizität, einen neuen Dorfplatz und den Bau anderer öffentlicher Einrichtungen versprach, willigten sie ein. Es bedurfte noch wochenlanger Vorbereitungen, der Befestigung von Straßen und Brücken, des Baus eines Sonderfahrzeuges, bis der gewaltige Monolith abtransportiert werden konnte. Mitten in der Trokkenzeit, im Morgengrauen des 18. April 1964, war es dann soweit. Trotz der frühen Stunde säumten Menschenmengen die Straße nach Mexico City. Zwanzig Kilometer vor dem Ziel brach plötzlich ein sintflutartiges Unwetter los. Es sei, so erzählen die Menschen, eines der schlimmsten Gewitter aller Zeiten gewesen. Begleitet von Blitz und Donner, erreichte Tlaloc unbeschadet sein Ziel. Der gigantische Kopf des Regengottes bewacht heute den Eingang des Museums.

Das Durchwandern der Säle wird für uns eine spannende Reise durch die Geschichte und Mythologie der mesoamerikanischen Völker. Sie begann vor 35000 Jahren, als die Gletscher der letzten amerikanischen Eiszeit von Sommer zu Sommer weiter zurückgewichen waren und der Weg über die Beringstraße für die ersten Einwanderer aus Asien frei wurde. Denn aus Asien kamen sie, wie mongolische, oft durch europäische Einschläge überdeckte Gesichtszüge der Indianer verraten. Es waren kleinere Horden schweifender Jäger, Familienverbände, die immer weiter nach Süden, der wärmenden Sonne entgegenwanderten. An uns ziehen die Jahrtausende vorbei, in denen aus den anfänglichen Jäger- und Sammlerkulturen seßhafte Völker hervorgingen, die mit dem Pflanzstock die Erde bearbeiteten, Hütten bauten und sich ihre Götter aus den Naturereignissen schufen. Die Plätze ihres Götterkultes waren anfänglich Hügel, auf die sie Altäre unter freiem Himmel setzten. Im präklassischen Saal, der die Zeit zwischen 1400 und 300 vor Christus umfaßt, stehen wir vor dem Modell der ersten Pyramide: Cuicuilco, ein zweimal umbauter, künstlich aufgeschichteter Hügel aus Lehmerde, Sand und Rollsteinen. Dieses gewichtigste Denkmal der Götterverehrung am Schluß einer langen archaischen Periode zeigt, daß anders als in Ägypten die mesoamerikanischen Pyramiden nicht Grab- oder Einweihungsstätten, sondern fast immer »Kirchen« waren. Zugleich schufen sich die Menschen mit diesen gemauerten, gestuften Hügeln ein Abbild des Himmelsberges, auf dem, nach der Vorstellung der Alten, die großen Gestirne ihren Weg zum Zenit erklommen.

Das Museum wird zur Bühne, auf der die Völker auf- und abtreten. Fremd und großartig sind ihre Hinterlassenschaften für uns: die olmekischen Kolossalköpfe, die Atlanten von Tula, die Tempelmauern und Zeremonialobjekte der Tolteken, die kostbaren Grabfunde von Monte Albán als Zeugnisse der zapotekisch-mixtekischen Stämme. Wir sind hingerissen von den Werken der Maya, die zu Recht die »Griechen Amerikas«

genannt werden. Hier stehen wir vor der höchstentwickelten Kultur Mexikos, deren Volk als einziges ein voll ausgereiftes Schrift- und Zahlensystem besaß. Reliefs, Wandmalereien, Tempelrekonstruktionen, Stelen, Keramiken und die künstlerisch vollkommenen Grabbeigaben vermitteln uns einen ersten Eindruck von der friedlichen, theokratischen Blütezeit der Maya. Im Méxica- oder Aztekensaal liegt noch einmal das letzte Kapitel der alten Geschichte Mexikos vor uns. Eine Rekonstruktion des sagenhaften Marktes von Tlatelolco, ein Modell des Tempelbezirkes, Götterstatuen, Kodizes und der berühmte Stein der Fünften Sonne, der fälschlicherweise auch als »Kalenderstein« bezeichnet wird, sprechen beredt vom hohen Standard kulturellen, religiösen und politischen Lebens der Indios.

Wandbilder von Malern, die Magier sind. Die Muralisten, allen voran Diego Rivera, begründeten in Mexiko eine neue Kunstrichtung

56 verschiedene indianische Stämme leben heute noch in Mexiko. Insgesamt machen sie aber nur noch zehn Prozent der Bevölkerung aus. Die übrigen 90 Prozent sind Mestizen. Die Indianer gehören zu der ärmsten und ausgebeutetsten Schicht der mexikanischen Landbevölkerung. Ihnen stehen nur winzige Parzellen zumeist schlechten Bodens zur Verfügung. Aber diese indianischen Gemeinschaften, die in einer Selbstversorgungswirtschaft leben, sich durch religiöse und kulturelle Stammestraditionen sowie eine eigenständige Sprache auszeichnen, sind bei aller materieller Armut ein Garant für das Überleben einer eigenständigen Kultur. So wenig Beachtung dem indianischen Wesen im Alltag Mexikos auch geschenkt wird, hier im Anthropologischen Museum nimmt es einen breiten Raum ein. Das gesamte erste Stockwerk ist eine lebendige Welt der Sitten, Gebräuche, der Wohn- und Lebensformen heutiger Indianer. Hier kann man ihnen mitunter näher kommen als draußen im Land. Denn viele der Stämme leben in weit entfernten, schwer zugänglichen Berg- und Dschungelgebieten. Sie sind scheu und verhalten sich Fremden gegenüber teilweise feindlich. Zu häufig haben sie die Erfahrung gemacht, daß Eindringlinge zerstörerisch in ihre mühsam geschützte Welt einbrachen.

Die Galeria de Historica

Wenn die Mexikaner im Anthropologischen Museum ihre Vorfahren ehren, dann gibt im Historischen Museum im Schloß Chapultepec der glorreiche Kampf um die Unabhängigkeit das zentrale Thema an. In der Galeria de Historica sind in schöner Eintracht, ungeachtet ihrer irdischen Fehden, Emiliano Zapata, Pancho Villa, General Obregón, Venustiano Carranza und Francisco Madero im revolutionären Heldenhimmel vereint. Es gibt aber noch eine andere, einzigartige Chance, sich der alten und neuen Geschichte Mexikos zu nähern: nämlich über die Kunst. Beispielsweise in dem Museum der Modernen Kunst und im Museum Rufino Tamayo, die beide am Rande des Chapultepec-Parkes liegen.

Mexiko ist das Land der leuchtenden Farben. Eine Welt aus Erdbraun, Gelb, Kupfer, Rot und unendlichem Blau. Aus dieser expressionistisch wilden Farbenpracht und aus der Geschichte, die ja ähnliche Züge trägt, wurde in Mexiko eine Kunstrichtung geboren, die einzigartig auf der Welt ist: der Muralismus. Auf Hauswänden und Kinofassaden, in Schulen, Ministerien, Krankenhäusern und Bibliotheken entstanden nach der mexikanischen Revolution die »Murales«, riesige Wandbilder mit historisch-sozialkritischer Thematik, Bildgeschichten als Lesebücher für das Volk konzipiert. Der Revolutionsschlachtruf »Tierra y Libertad – Land und Freiheit« ist auf den Murales ebenso zu finden wie die Feststellung »Díos no existe – Gott existiert nicht«. Es sind Bilder von Malern, die Magier waren. Mit unglaublicher Suggestionskraft bannten sie Mexikos leidvolle Geschichte in Monumentalität und Farbe. Diego Rivera, der Begründer dieser Kunstrichtung, malte in den Jahren 1923 bis 1928 auf einer Fläche von 1600 Quadratmetern im Patio, Treppenhaus und auf drei Stockwerken des Erziehungsministeriums seine besten Wandbilder: Szenen vom Land, vom Volk, seinen Fiestas und Tänzen, seiner Farbenpracht, seiner indianischen Vergangenheit, von seinen Kämpfen, Träumen, Wünschen und Geistesströmungen.

Der Spiegel Mexikos: Muralismus

Das größte Wandbild der Welt überzieht die Bibliothek der Universität in Mexico City

Die Muralisten, zu denen außer Diego Rivera auch José Clemente Orozco und David Alfaro Siqueiros gehören, waren in allererster Linie Moralisten. Mit ihrer öffentlichen Kunst wollten sie dem Volk nicht nur ein neues Nationalgefühl geben, sie wollten einen neuen Menschen erziehen, wollten ihm den Glauben an ein neues Zeitalter vermitteln, in dem Mensch und Kosmos, Natur und Technik, die unterschiedlichen Klassen und Rassen miteinander versöhnt sind. Sie wollten nicht nur Maler sein, sondern mithelfen, eine Utopie zu verwirklichen.

Nirgendwo zeigt sich so öffentlich und überlebensgroß wie in der mexikanischen Wandmalerei die Suche und Selbstfindung eines innerlich zerrissenen Landes. Das größte Mural, das zugleich das größte Natursteinmosaik der Welt ist, befindet sich sinnigerweise im Universitätsgelände. Dort, wo Mexikos hoffnungsvolle Zukunft liegt, in seinen 300 000 Studenten. Wie eine zweite Haut überspannt das 4 × 1200 Quadratmeter große Mural die zehnstöckige, fensterlose Bibliothek. Die Kompositionen aus roten, violetten, grauen, lichtgrünen und schwarzen Mosaiksteinen symbolisieren die Götterwelt der Tolteken und Azteken, die Wiedergeburt Mexikos aus der Vereinigung indianischer und europäischer Kräfte und sein geistiges Streben im Atomzeitalter. Sie erklären das ptolemäische und kopernikanische Weltsystem und schildern schließlich das Entstehen der Alma mater aus lateinamerikanischen und europäischen Wurzeln. Wir stehen staunend vor diesen magischen, fast manischen Bildern. Für die vorbeieilenden Studenten hat sich offensichtlich dieser monumentale Anblick schon abgenutzt. Sie würdigen die Murales mit keinem Blick.

Wie eine Nation ihre Mutter fand

Wenn schon an ganz normalen Tagen Mexico City ein Tollhaus sein kann, dann ist es alle Jahre wieder am 12. Dezember ein Hexenkessel. Sämtliche Straßen und U-Bahnen sind hoffnungslos verstopft, allerdings nur in Richtung Norden. Millionen von Menschen haben dasselbe Ziel: die Basilika der Jungfrau von Guadelupe. Die dunkelhäutige Madonna ist die Mutter der Nation. Und heute ist ihr Geburtstag.

Es war am 9. Dezember 1531, als der getaufte Indianerjunge Juan Diego auf seinem Weg zur Morgenmesse plötzlich jemanden seinen Namen rufen hörte. Er ging gerade am Fuße des Felsens

Tepeyac vorbei. Hier hatten seine Vorfahren, seine Eltern und er selbst noch vor gar nicht langer Zeit aus dem heiligen Quell der aztekischen Fruchtbarkeitsgöttin getrunken und zu »Tonantzin – unsere Mutter« gebetet. Als er seinen Blick zur heidnischen Höhe erhob, stand dort im hellen Schein eine dunkle Señora. Sie rief ihm zu, sie sei die Jungfrau Maria, Mutter des wahren Gottes, und wünsche, daß ihr an dieser Stelle eine Kirche errichtet werde. Doch der Bischof Zumárraga schenkte dem Indiojungen keinen Glauben, und die Jungfrau mußte ein zweites Mal erscheinen. Was sie dem Juan Diego auftrug, steht wörtlich in den kanonischen Akten: »Und nun besteige diesen Felsen, pflücke die Blumen, die du am Gipfel finden wirst, lege sie in deinen Mantel und bringe sie mir.« Juan erklomm die Steinhöhe und fand dort, wo sonst nur Kakteen wucherten, blühende Rosen. Er brachte sie der Jungfrau. Sie drückte ihre Hände in den Blumenflor und befahl ihm, damit zum Bischof zu gehen. Der feierte gerade seine Ernennung, und so waren viele kirchliche Würdenträger anwesend, als der Indiojunge seinen schäbigen Umhang öffnete, unter dem er die Rosen trug. Die geheiligten Blumen fielen zu Boden, und auf der Innenseite des Umhangs zeigte sich das leuchtende Abbild einer dunkelhäutigen Jungfrau.

Maria, erschienen auf dem alten Heiligtum einer indianischen Göttin, das konnte den Priestern der Conquista nur recht sein. Denn die Bekehrung der Indios zum Christentum gestaltete sich nach überraschenden Anfangserfolgen mehr als schwierig. Die Indianer wandten sich wieder ihren alten Göttern zu, besuchten heimlich die Tempel und schenkten den Weissagungen der Priester mehr Glauben als den Predigten der spanischen Gottesmänner. Was Drohungen, Bestrafungen und das Niederreißen der letzten aztekischen Heiligtümer nicht bewirken konnten, schaffte die Erscheinung der schwarzen Madonna. Der Kult der Guadelupe-Tonantzin avancierte innerhalb kürzester Zeit zum mächtigsten im ganzen Land. Die Jungfrau wurde der Trost der Armen, der Schild der Schwachen, der Schutz der Unterdrückten. Die Heere trugen ihr Banner voraus. In dem Unabhängigkeitskrieg gegen die Spanier erhielt sie den Rang eines Generals, und als Ordensband schmückte sie die Brust vieler Helden. Der Diktator Porfirio Diaz krönte sie gar zur Königin. Längst war sie die Heilige Mutter aller Mexikaner geworden, als schließlich auch im Jahre 1754, mehr als 220 Jahre nach ihrem Erscheinen, der Päpstliche Stuhl das Wunder anerkannte. Eine Delegation brachte die Kopie des Marienbildes in den Vatikan. Als Papst Benedikt XIV. sie sah, sank er auf die Knie und sagte: »Non fecit taliter omni natione – Nicht jedem Volk ward solches getan.« Anschließend ernannte er in einer Bulle die Jungfrau von Guadelupe zur Hauptpatronin der neuspanischen Nation. Auf dem Heiligtum der alten Erdgöttin baute man ihr eine Wallfahrtskirche. Dann entstand im 18. Jahrhundert am Fuß des Felsens eine Basilika. Doch sie sackte im schlammigen Untergrund ab und mußte geschlossen werden. Die neue Basilika, ein gigantischer Stahlbetonbau aus den siebziger Jahren, der 20 000 Menschen faßt, ist heute wichtigstes Wallfahrtsziel der Mexikaner.

Als wir nach dreistündiger Fahrt zwischen Pil-

Trost der Armen und Schwachen

gerbussen und Fußgängerschlangen den großen Platz vor der Basilika erreichen, glaube ich zu träumen. Um uns herum wogt ein auf und ab tanzendes Meer bunter Federn, Fahnen und Standarten. Die Luft erzittert vom Getöse vieler Trommeln, dem Klacken von Hand- und Fußrasseln und dem Stampfen unzähliger Füße. Die Choncheros, indianische Tanzgruppen, haben den christlichen Vorplatz eingenommen. Mehr als 200 von ihnen gibt es im Land, alle mit eigenen Trachten. Und die meisten sind hier. Braune Gesichter, umweht von schulterlangen Haaren und grellbuntem Federschmuck. Schweißglänzende Oberkörper unter glitzernden Umhängen. Unzählige Hände, die Pfeil und Bogen und bemalte Schutzschilde auf und ab schwenken. Hunderte drehen

Für ihre schwarze Madonna rutschen die Menschen auf Knien von weit her

und schaukeln sich im magischen Ton der Trommeln. Ritual für Tonantzin. Rausch, Trance. Der eintönige Rhythmus vermischt sich mit den liturgischen Gesängen der Priester, per Lautsprecher aus der Basilika übertragen.

Unaufhörlich treffen neue Gläubige ein. Schon seit Tagen strömen sie in die Stadt. Manche pilgern den gesamten Weg von ihren Heimatdörfern zu Fuß und rutschen die letzten Kilometer mit letzten Kräften auf Knien. Wir zwängen uns zwischen Verkaufsbuden und Tanzenden zu dem Felsen, auf dem die dunkle Madonna Rosen wachsen ließ. Unterwegs müssen wir an einem Parkplatz vorbei. Dort stehen in Reih und Glied Autos, altersschwach, aber blankgeputzt und mit Blumen geschmückt. Plötzlich kommt von der Seite ein Priester in vollem Ornat. Weihrauchschwenkend zieht er von Auto zu Auto, besprengt die Motoren mit Weihwasser, murmelt ein Urbi et Orbi und läßt sich von den Besitzern ein paar Geldscheine in die Tasche schieben. Zur Wallfahrtskirche auf dem Felsen führt ein Weg, der heute kaum gangbar ist. Viele bewegen sich kniend die felsigen Stufen hinauf, in den Händen halten sie Rosensträuße, Kinderschuhe, abgeschnittene Zöpfe, Krücken. Lauter Bitt- und Dankgaben. »Göttin Tonantzin, Jungfrau Maria, helft!« Rund um den Felsenhügel lagern ganze Dörfer. Menschen schlafen oder beten. Kleine Holzkohleöfen glühen, auf denen Indiofrauen Tortillas backen. Überall werden an Verkaufsständen Bilder der heiligen Jungfrau verkauft. Hier blickt sie sanft aus Blumengebinden, ein Stück weiter klappt sie im Wackelrahmen die Glasaugen auf und zu. Dort wiederum blinken bunte Glühbirnchen aus ihrem

Die Jungfrau von Guadelupe ist die Nationalheilige von Mexiko. Zu ihr pilgern die Menschen in Scharen

Umhang. Und direkt vor mir schaut mich ihr durch eine breite Männerbrust verzerrtes Bildnis vom T-Shirt herab an. Aber die Virgen hat auch Konkurrenz von den Händlern und Kräuterfrauen, die alle möglichen Amulette und Zauberelixiere verkaufen. Doppelt hält besser. Man kann ja nie wissen!

Wir lassen uns von dem Menschenstrom, der Richtung Basilika drängt, mitziehen. Eine unbekannte Macht schiebt diese Masse vorwärts, trägt sie Woge für Woge unter das riesige Zeltdach der

Basilika bis zum Altar. Der kleine Indiojunge neben mir, der aus den Bergen kommt und außer ein paar armseligen Hütten nichts kennt, ist versteinert vor Ehrfurcht. Soviel Größe, solch mystisches Licht und himmlisches Orgelbrausen! Wenn er bisher nur an Wunder geglaubt hat, hier ist eines. Die Welle schiebt ihn und uns weiter hinter den Altar und in die Tiefe. Plötzlich befinden wir uns auf einem vierspurigen Rollband, das uns automatisch am Bildnis der Jungfrau von Guadelupe vorbeitransportiert. Verzückt schauen alle nach oben zu der Madonna hinter Glas. Aus einem hochgeschlossenen Kleid und der von Sternen übersäten Tunika blickt ihr Antlitz dunkel und unergründlich auf uns herab. Wie viele Wissenschaftler und Maler haben versucht, hinter das Geheimnis der prophetischen Kraft dieser Reliquie zu kommen. Im 17. Jahrhundert gaben Chemiker das Gutachten ab, das Gemälde sei nicht mit irdischen Farben gemalt, denn es hänge seit 100 Jahren ungeschützt an der Wand und werde von den Ammoniakdünsten des nahen Sees umhaucht, ohne Schaden zu erleiden. Dazu hat auch die moderne Wissenschaft keine neuen Erkenntnisse beitragen können.

Der Tag ist der Nacht gewichen, und die wiederum dem Tag. Die Priester haben einen liturgischen Marathon hinter sich. Die Menschen haben gebetet, geweint, gedankt, die Kommunion bekommen. Ihre Knie sind wund und ihre Herzen heiß. Alle haben die Litanei der »Mañanitas« angehört, die Hände sehnsuchtsvoll zum Bildnis der Madonna hochgereckt, sich in Trance getanzt und mit Pulque berauscht. Viele sind vorgedrungen zum Quell der Tonantzin, um einen Schluck von dem heidnisch-heiligen Wasser zu trinken. Die Basilika ist warm gebetet, und ihre Wände halten noch immer das Echo des vieltausendfachen, frenetischen Jubels fest: »Viva la Virgen!« Die Menschen tragen neue Heiligenbilder ihrer Virgencita nach Hause und fühlen sich in ihrem synkretistischen Glauben gestärkt. Doch fröhlich sind sie nicht, denn sie erhoffen im Diesseits nur ein Wunder aus dem Jenseits.

Teotihuacán – Und niemand weiß, woher sie kamen

Und sie nannten den Ort Teotihuacán, weil es der Begräbnisplatz der Könige war.
Die Alten sagten: Wer gestorben ist, ist zu Gott geworden. Wenn man sagte: Er ist zu Gott geworden, so hieß das, daß er gestorben ist.
Fray Bernardino de Sahagún

Seit Monaten strahlt die Sonne von einem wolkenlosen Himmel. Sie brennt nieder auf die von bewaldeten Hügeln und Bergen umgebene Ebene, auf die künstlich bewässerten Maisfelder, auf die Zigtausend Lehmhütten mit ihrer ärmlichen Bevölkerung. Alle warten sehnsüchtig auf Regen und blicken hoffnungsvoll und ehrfürchtig hinüber zu der glanzvollen Stadt, in der die Götter und Priester herrschen. Sie ist der religiöse und kulturelle Mittelpunkt des Landes, zugleich Handelszentrum und Wallfahrtsstätte. Diese Stadt ist riesig, prunkvoll und voll bunten Lebens. Auf dem großen Markt wimmelt es von Menschen. Händler von weither tauschen ihre mitgebrachten Waren gegen kunstvolle Obsidiangegenstände und zarte Gewebe, die in den Werkstätten der Stadt gefertigt werden. Fremde Gesandte aus den Maya-Ländern im Süden bringen feine Töpferwaren, Kakaobohnen und prächtige Gewänder als Gastgeschenke für die Priester.

In einem riesigen Geviert entlang der kilometerlangen Zeremonialstraße liegen unzählige niedrige Bauten, Paläste, Wohnhäuser, Schulen, Magazine und Vorratshäuser. Für die Pflege, Ver-

Szenario versunkener Pracht

waltung und Reinhaltung von Stadt und Tempeln braucht man auch eine große Priesterschaft. Ein Teil von ihnen hat den Tempeldienst in der Hand, andere sind Männer der Wissenschaft und erforschen die Bewegung der Himmelskörper und die geheimnisvollen Kräfte der Natur. Es gibt unzählige Künstler, die nicht nur in der Deutung heiliger Symbole bewandert sind, sondern sie auch in Tempel- und Palastwände, in Kult- und Opfergegenstände einmeißeln. Da sind die Medizinkundigen, die mit magischen Handlungen, Beschwörungen und Arzneien die Angriffe böser Geister auf die wehrlose Menschheit abwenden. In den Schulen und Internaten wächst der Priesternachwuchs heran, um die Kenntnisse der Alten zu übernehmen und weiterzuentwickeln. Diese Söhne adliger Familien dürfen auch teilnehmen an Opferhandlungen, am Ausschmücken der Tempel, an Tänzen, Pantomimen und Prozessionen. In den schmuckvolleren Gebäuden mit glänzendweißen Stuckfußböden und freskenbemalten Wänden wohnen Männer mit Organisationstalent, kühnen Gedanken und weitem Blick. Es sind die Priesterkönige, die an der Spitze der geheiligten Ordnung stehen. Ihre Fähigkeit, mit den Göttern in Verbindung zu treten und die geheimnisvollen Kräfte der Natur zu meistern, verschafft ihnen Macht, Ehre und Reichtum.

In der Stadt liegen unzählige Heiligtümer, deren Mauern und Aufgänge mit komplexen figürlichen Motiven, abstrakten Ornamenten und farbigen Kompositionen aus Stein geschmückt sind. Lauter Symbole einer metaphysischen Welt. Über allem erheben sich in überwältigender Majestät zwei Pyramiden, Sonne und Mond geweiht. Auf der obersten der fünf Terrassen des Sonnenheiligtums steht eine riesige steinerne Statue. Ihre Brust ziert eine feinpolierte Scheibe. Einige Kundige wollen wissen, daß dies der Sonnengott sei. Doch Sonne gibt es genug. Wasser wird viel notwendiger gebraucht. Wahrscheinlicher ist, daß dieser höchste Platz dem Regengott geweiht ist, dem Beschützer der Ernte. Wenn im Frühling die Sonne zum Zeitpunkt der Tagundnachtgleiche sinkt, spiegeln sich ihre letzten Strahlen in der polierten Scheibe und geben dem Gott neue Kraft, zum Segen der Menschen. Oft werden Götter von ihren Anbetern in dunkle Tempel gesperrt. Doch dieses Volkes Götter sind luftige Wesen, die mit dem Wind und den Regenwolken dahinziehen. Selbst unsichtbar, tun sie ihr Nahen kund, wenn sie dem Mais Kraft verleihen zu keimen, zu wachsen und zu reifen. Es liegt etwas Erhabenes in einer Religion, die das Glück der Menschen und der Götter mit Sternen und Sonne, mit Bergen und Seen verbindet. Dies ist wahrlich eine heilige Stätte.

Wahrlich eine heilige Stätte

Es dunkelt rasch, und unsere Wanderung in eine vergangene Welt ist beendet. Einzelheiten verwischen, das Licht erlischt, Stimmen und Hundegebell ersterben. Hoch über dem schlummernden Tal, über Pyramiden und Bergen wölbt sich der dunkle Nachthimmel mit funkelnden Sternen. Der Vollmond steigt über den Hügelrand, und die Male des Hasen, die ihm einer der Götter in grauer Vorzeit ins Angesicht warf, sind noch sichtbar. Aber im Süden, rings um den Gipfel des Schneeberges, beginnen sich Wolkenberge zu scharen und verdecken zunehmend mehr das glitzernde Firmament. Die Götter haben das Gebet des Volkes erhört und seine Opfer angenommen. Tlaloc hat begonnen, seine Regenwolken zu sammeln. Die Pyramiden werden noch größer im Dunkel. Sie wetteifern nicht mit den umliegenden Bergen, sondern bilden zusammen eine mächtige Einheit, eine zeitlose und erhabene Stille, die uns andächtig stimmt. Wir spüren die starken Kräfte der Natur, die Nähe der Götter über der schlafenden Stadt, die einstmals das größte und heiligste Zentrum aller vorkolumbianischen Kulturen war. Auch für uns ist Teotihuacán ein Wallfahrtsort geworden, der Platz, »an dem man zu Gott wird«.

Eine Welt voller Rätsel

Nicht immer war der Regengott so gnädig. Der Mond am Himmel und die Hügel um Teotihuacán sind die gleichen geblieben, und doch hat sich die Landschaft, in die uns die Vision geführt hat, verändert. Wahrscheinlich hüllte damals reicher Baumwuchs die heute nackten Hügel ein. Es ist sogar möglich, daß der Bedarf an Brennholz die Wälder verwüstete. Daß die Götter der Feuchtigkeit sich unwillig abwandten und Trockenheit und Hungersnöte die Folge waren, die zur Verödung der Metropole führten. Aber man fand auch Brandspuren in den Ruinen, was auf Gewalteinwirkung fremder Eindringlinge schließen lassen könnte. Doch dies sind alles Vermutungen. Die Wahrheit ist, daß man von dem Volk, das fast 1000 Jahre (ca. 200 v. – 800 n. Chr.) im Hochtal von Anáhuac lebte, kaum etwas weiß. Weder woher sie kamen, wie sie hießen, welche Sprache sie sprachen, noch wohin sie gingen.

Die Pyramidenstadt war in aztekischer Zeit schon lange verlassen. Schutt bedeckte die Hügel, auf denen Gras und Gestrüpp wuchsen. Die bemalten Wände der Priesterhäuser waren eingestürzt und von Erde verschüttet. Unter den Indianern des Hochlandes herrschte damals der Glaube, die Pyramiden seien von Riesen der Vorzeit aufgeschüttet worden, in einem Zeitalter, das sein Ende in einer Sintflut fand. Solche mit Riesen bevölkerten Vorzeiten kennen wir auch aus der Mythenwelt anderer Völker. Wir brauchen nur an die griechischen Giganten und die Riesen der Edda zu denken.

Als die Spanier kamen, legten ihnen die Azteken dafür sogar Beweise vor. Doch die riesigen Oberschenkelknochen stellten sich als Teile von Beinen einer ausgestorbenen Bisonart heraus. Der Name der Stadt leitet sich möglicherweise von einem weiteren Mythos ab. Er erzählt, daß Teotihuacán der Ort war, wo Sonne und Mond, durch den Opfertod zweier Götter bewogen, wieder zu kreisen begannen, nachdem ihr Stillstand den Gang der Welt und das Dasein von Menschen und Göttern eine Zeitlang bedroht hatte. Die Azteken sahen in Teotihuacán eine Begräbnisstätte für gottgleiche Priesterkönige.

Im Madrider Kodex finden wir dazu folgende aztekische Überlieferung:

Sehr langsam, sehr gemächlich gingen sie, kamen dorthin nach Teotihuacán, sich zu versammeln. Dort gaben sie sich Anweisungen, dort errichtete man die Herrschaft. Die, die sich zu Herren machten, waren die Weisen, die Kenner der geheimen Dinge, die Besitzer der Überlieferung. Dann ließen sich dort die Erstgeschaffenen nieder . . . Und alle errichteten dort Heiligtümer, der Sonne und dem Mond, dann errichteten sie viele kleine Heiligtümer für das Volk. So nannte man es Teotihuacán, weil dort die Herrscher begraben wurden, wenn sie starben. Dann errichtete man über ihnen

Pyramiden, die jetzt noch bestehen. Eine Pyramide ist wie ein kleiner Berg, nur daß er von Hand gemacht ist. Dort gab es Gruben, aus denen sie die Steine nahmen, mit denen sie die Pyramiden errichteten, und so machten sie sie sehr groß, die (Pyramiden) der Sonne und des Mondes. Sie sind die Berge, und es ist nicht unglaubwürdig, daß man sagt, daß sie von Hand gemacht wurden, weil es damals noch an vielen Orten Riesen gab . . .

Und sie nannten es Teotihuacán, weil es ein Ort war, wo sie die Herrscher begruben. Denn sie sagten: »Wenn wir sterben, sterben wir nicht wirklich, weil wir leben, auferstehen, weiterleben, erwachen. Das macht uns glücklich.«

Verloren im Dunkel des Archaikums

In einem irrten die Azteken. Teotihuacán war keine Totenstadt, sondern das mächtige religiöse Zentrum Lebender. Und die kilometerlange Straße, die den Zeremonialbezirk durchzog, war auch keine »Straße der Toten«, sondern eine Via Sacra, eine Heilige Straße, die ursprünglich mit Pyramiden, kleineren Heiligtümern und Altären gesäumt war. Ob die beiden größten Pyramiden tatsächlich Sonne und Mond geweiht waren, ist genauso zweifelhaft. Aber man hat die aztekischen Namen übernommen und auch die Träger dieser Kultur, die sich namenlos im Dunkel des Archaikums verlieren, der Einfachheit halber Teotihuacáner genannt. Anfang des 19. Jahrhunderts begannen Archäologen mit den Ausgrabungen der Stadt, deren Ruinen nur 70 Kilometer entfernt von Mexico City liegen. Stück für Stück begann sich wie bei einem Mosaik ein Bild zu formen, bei dem zwar unzählige Steine noch fehlen, das aber in den Umrissen Aufschluß gibt über eine alte Hochkultur, die für die Nachfolgenden in ähnlicher Weise zum Inbegriff vergangenen Glanzes wurde wie für uns das klassische Griechenland.

Staubiges Grün von Agavenfeldern und gelbe Maisäcker dehnen sich heute im Umkreis der vielen unter Schuttschichten und Unkraut verborgenen alten Stadt, die sich einstmals auf 25 Quadratkilometer ausbreitete und in ihrer Blütezeit 200000 Einwohner hatte. Aber bis jetzt wurden erst 50 Gebäude ganz oder teilweise ausgegraben und restauriert, also nur ein kleiner Teil des Baubestandes dieser Stadt, die zur Zeit ihrer größten Ausdehnung, etwa um das Jahr 650 nach Christus, größer war als das von den Aurelianischen Mauern umgrenzte Rom.

Teotihuacán gilt als früheste und größte vorindustrielle Stadt in der gesamten westlichen Hemisphäre. Vielleicht war die Kultur Milieu und Schöpfung mehrerer kleiner, durch gemeinsame Religion und Sitte miteinander verbundener Staatswesen. Mit Ausnahme des Inkareiches, das mit seiner Größe nur ein Jahrhundert, das 15., währte, wissen wir von keinem so großen indianischen Staatswesen. Anthropologen haben versucht, aufgrund der gefundenen Skelette ein Bild dieses halbmythischen Volkes zu zeichnen. Es war ein breitschädliger Menschenschlag, bei dem die künstliche Deformierung des Schädels im zarten Kindesalter üblich war. Beides, Eigenschaft und Brauch, teilen sie mit den geschichtlichen Totonaken und anderen Bewohnern der Küstenprovinzen am mexikanischen Golf. So scheint der Weg der Teotihuacáner von der Küste zum Hochland geführt zu haben. Wir wissen heute von ihren regen Handelsbeziehungen mit vielen Volksgruppen des mesoamerikanischen Raumes, von großartigen Bewässerungssystemen, von einer jahrhundertelang durchgehaltenen strukturierten Stadtplanung und von einer streng hierarchisch gegliederten Gesellschaft, die dem Aufbau einer Pyramide glich. Die untere Stufe bildete das Landvolk, das für die Nahrung zu sorgen hatte. Die zweite Stufe waren die zu Hilfsarbeitern ausgebildeten Bauern, die als Maurer, Schreiner und sonstige Handwerker die Häuser und Heiligtümer der Stadt bauten. Darüber standen all jene, deren Aufgabe die Administration und Organisation der Stadt war. Und ganz zuoberst regierten die Priester. Ihre Macht symbolisiert sich am deutlichsten in den beiden Pyramiden. Die Sonnenpyramide ist in ihrer Grundfläche (220 × 225 Meter) fast so groß wie die ägyptische Cheopspyramide, erreicht allerdings nicht ganz deren Höhe. Tunnel, die in ihr Inneres hineingetrieben wurden, zeigen, daß die Füllung aus einer kompakten Masse von Lehm und Erde besteht. Sie wurde also nicht wie die meisten mexikanischen Pyramiden alle 52 Jahre neu ummantelt und vergrößert, sondern in einem Stück erbaut. Dies geschah in einer Zeit, in der es weder Zugtiere noch Rad oder andere technische Hilfsmittel gab. Nur eine unvorstellbare Priestermacht konnte das Volk zu einer solchen Leistung anspornen.

Die Sonnenpyramide

Heute sind wir bereits zum dritten Mal in Teotihuacán. Längst haben wir alles gesehen, und doch zieht es uns immer wieder hierher. In diese strenge Stille, zu diesen erhabenen Bauten, in das helle Licht, das trotz seiner reinigenden Kraft nicht das

Opferblut aus den Steinen herausbrennen konnte. Wir stehen am Anfang der Heiligen Straße und gehen den Weg, den vor uns Tausende von Pilgern gegangen sind, als diese Stadt noch das Jerusalem oder Mekka der alten Völker war. Die eindrucksvolle rechteckige, von vier Plattformen begrenzte Anlage direkt vor uns ist menschenleer. Die Spanier gaben ihr wegen ihres wehrhaften Aussehens den Namen Zitadelle, doch mit Militär hatte dieser Platz nie etwas zu tun. Bilder ganz anderen Inhalts beginnen an diesem Morgen Gestalt anzunehmen.

Weit vor uns erhebt sich die Fassade einer reichgeschmückten Pyramide, deren Plattform von einem vielfarbigen Tempel gekrönt ist. Das Heiligtum ist von hohen Wällen umgeben, die in regelmäßigen Abständen fünfzehn kleinere Pyramiden tragen. Zwischen den Pyramiden liegen, immer wieder von Treppenauf- und -abgängen unterbrochen, die Wohnstätten der Priester. Es sind schlichte, fensterlose Adobehäuser. Ihre Architektur ist ganz und gar zweckbetont. Durch die Türöffnungen fällt der Blick auf die Innenräume. Außer geflochtenen Schlafmatten enthalten sie kein Mobiliar. Dafür sind die Malereien an den Wänden um so eindrucksvoller. Es sind Bilder voller mythischer Szenen, in denen Gottheiten durch paradiesische Landschaften wandeln. Flüsse durchströmen fruchtbare Täler. Zwischen Blüten tanzen Menschen und haschen nach Schmetterlingen. Da sind Figuren von Buckligen und Jaguare, die Federbüsche auf den Köpfen tragen und das Zeichen des Gesangs vor den fletschenden Mäulern haben.

Die Sonne steigt schon höher am wolkenlosen

Auch heute noch beten die Indios an ihren heiligen Stätten wie hier auf der Sonnenpyramide von Teotihuacán

Himmel. Der Handel auf dem nahen Markt beginnt zu stocken, und von überall her strömen die Menschen dem großen Festplatz zu, der in späterer Zeit mit dem irreführenden Namen »Zitadelle« bezeichnet wird. Die breiten Wälle und die langen Treppen sind zum Bersten mit einem andächtig wartenden Publikum erfüllt. Aus den Priesterwohnungen kommen junge und ältere Männer in prächtigen Gewändern. Sie schreiten die Stufen zum Platz hinunter. Und dann beginnt mit dem Einsetzen der Trommel eine Stunden andauernde Zeremonie. In reichem Kleiderschmuck, mit mächtigem Kopfputz aus bunten Federn oder in Tiermasken werden rituelle Pantomimen und symbolische Opferhandlungen von den geübten Tänzern der Tempelstadt aufgeführt.

Zum Klang von Trommeln, Klappern und Rasselstäben bewegen sie sich weich und anmutig oder würdig und feierlich . . .

Die Bilder verblassen. Der weite Platz vor uns hat nicht mehr seinen alten, weißschimmernden Glanz. Er ist grasüberwuchert, und die Wälle tragen auch keine Priesterhäuser, die Plattformen keine Heiligtümer mehr. Aber die große Pyramide ist noch da. Als Archäologen sie 1917 freilegten, ergab sich, daß eine zweite spätere Pyramide ihr vorgelagert war und den imposanten Fassadenschmuck der älteren vor dem Verfall bewahrt hat. Sie trägt den Namen Quetzalcoátl-Tempel. Ob die vielgestaltige Gottheit unter diesem Namen von den Teotihuacánern verehrt wurde, wissen wir nicht. Aber eine Fruchtbarkeitsgottheit, ein Regen- oder Windgott war es sicherlich. Denn die steinernen Schmetterlinge und Federschlangenhäupter an der Fassade sind Attribute des Regengottes. Aus den Wandgemälden der Priesterhäuser läßt sich eindeutig ablesen, daß Schmetterlinge neben Schlange, Eule, Jaguar und Quetzalvogel in Teotihuacán zu den Wesen gehörten, die der Gottheit des Regens und der Feuchtigkeit geheiligt waren.

Ein Tempel für den Regengott?

Lange stehen wir vor dem reichen Figurenschmuck der Pyramide, die ja, wie überall, nichts weiter als ein prunkvoller Sockel und Unterbau war, um das Heiligtum zu tragen und emporzuhalten, damit es den Göttern des Himmels näher war. Zwischen den dämonischen Schmetterlingen und Federschlangenhäuptern der Pyramidenfassade winden sich in Relief gemeißelte Schlangenleiber über Meeresmuscheln zu uns herunter. Diese Muscheln symbolisieren zum einen die absolute Reinheit und Vollkommenheit, zum anderen deuten sie das Nachtmeer an. Nach alter Vorstellung schwimmen auf ihnen Erde und Himmel. Die Augen in den mächtigen Häuptern der mythischen Tierwesen sind glänzende Scheiben dunklen vulkanischen Glases, von Ringen weißer Farbe umrandet. Über den Augen steht in Stirnhöhe jeweils ein zweites Paar. Sie geben den Hinweis auf das metaphysische »dritte« Auge. Von diesen phantastischen Tierhäuptern strahlt eine geheimnisvolle, fremde und schreckliche Schönheit aus, deren volle Bedeutung wir nicht wirklich erfassen können. Aber wir spüren durch sie die starken religiösen Kräfte eines uns unbekannten vergangenen Volkes, und wir können uns ihrer ans Magische grenzenden Wirkung nicht entziehen.

Auf der Heiligen Straße

Noch einmal wandern wir die Via Sacra entlang, besteigen im Schweiße unseres Angesichtes die Sonnenpyramide. Erst auf der Gipfelplattform, die einst mit einem imposanten Heiligtum gekrönt war, wird uns im weiten, offenen Blick über das Land deutlich, wie hoch sie ist. Die ganze archäologische Stätte liegt uns zu Füßen. Allein ihr Ausmaß ist riesig. Sie verliert sich zwischen Hügeln und Tälern, unter denen noch so unendlich viel mehr dieser großartigen Kultur verborgen liegt. Drüben, am Ende der Heiligen Straße, steigt die Mondpyramide vor der fernen Gebirgskulisse auf. Ihre Formenverwandtschaft mit den Bergen ist nicht zu übersehen. Du zeigst hinüber zu ihr und sagst schmunzelnd: »Die Alten dieses Landes waren schon sehr kluge Menschen. Sie wußten bereits sehr genau, daß zur Sonne der Mond gehört, zum Tag die Nacht und zum Mann die Frau. Aber sie wußten auch, daß der Lebenspender nur ein Mann sein kann. Darum setzten sie dem Wort Sonne auch ein männliches Adjektiv voraus und der Mond wurde zur Mondin. ›Den‹ Sonne liebten und verehrten sie, die Mondin aber fürchteten sie. Denn sie war die dunkle, unergründliche, zerstörerische Kraft. Noch heute versetzt eine Sonnenfinsternis die Indianer in Panik. Sie glauben, daß dann Sonne und Mond im Ehekrach miteinander liegen, und fürchten, die Mondin könne dabei gewinnen und die Welt auf ewig in Dunkelheit hüllen. Aus diesem Grunde machen sie bei ihren Sonnenfinsternis-Zeremonien entsetzlich viel Lärm. Weil sie wissen, daß Frauen vor Lärm Angst haben. Und so hoffen sie, daß sie die Mondin das Gruseln lehren können, damit sie ganz schnell wieder verschwindet.«

Nur einen Teil der Ruinenhügel, die an beiden Seiten die Heilige Straße säumen, haben Spaten geöffnet. Die Mauern vielzimmriger Häuser aus mörtelgebundenen Lavasteinen waren größtenteils eingestürzt. Doch die wenigen, die Archäologen bis heute freilegten, zeigen, daß die Teotihuacáner Meister der Wandmalerei waren. So wie die Maya-Völker des Klassikums als Form der Aufzeichnung von Aussagen eine Hieroglyphenschrift entwickelten, benutzten die Teotihuacáner ihre Wandbilder als ein solches Medium. Genau zu jener Zeit, als Konstantinopel das Zentrum der frühmittelalterlichen Welt war und dort die Hagia Sophia erbaut und mit Mosaiken ausgeschmückt wurde, malten die Künstler im Hochland von Mexiko ihre indianische Mythologie in großer Vollendung auf Palastwände und Sakralbauten.

Wir wandern an den bemalten Wänden des

Jaguarpalastes, des Palastes von Quetzalcoátl, dem von Tepantitla und dem Ackerbautempel entlang. Es sind Bilder, die von einer Menschenwelt und Götterwelt erzählen, in denen alles Bezug auf die Vegetation hat. Da gibt es auf Stuckgrund gesetzte farbenreiche Fresken von Opferszenen, bei denen den Göttern Feldfrüchte und Rauchopfer dargebracht werden. Ein anderes Gemälde zeigt über einem Streifen von Wassertieren rote und gelbe Maiskörner und mit Türkisscheiben inkrustierte Muscheltrompeten. Voluten, die ihren Klang versinnbildlichen, steigen von diesen auf. Darstellungen von Tieren mit Federschmuckkopf und von Menschen mit Tierattributen lassen auf totemistische Vorstellungen schließen. Und bei den Kriegsdarstellungen ist erkennbar, daß Teotihuacán keineswegs so unkriegerisch war, wie man früher annahm. So scheint denn dieser »Ort, an dem man zu Gott wird« ein ganz menschlicher gewesen zu sein. Bewohnt von einem Volk, das durch die Herrschaft von Priestern zusammengehalten und durch den Glauben an die Macht der Götter über den Alltag emporgehoben wurde.

Tula – Stadt des sagenhaften Priesterkönigs Quetzalcoátl

Nacxitl Topiltzin –
Niemals wird vergessen dein Name.
Immerdar wird dich beweinen dein Untertan.
Das Türkishaus, das Schlangenhaus,
du hattest es zuerst aufgebaut,
dort in Tollan, wo du zu herrschen gekommen warst.
  Überlieferung eines toltekischen Klagegesangs

Dieser Tag beginnt genauso verworren wie die Geschichte jener Stadt, zu der wir unterwegs sind: Tula, das alte Tollan, die Hauptstadt der Tolteken. »Immer Richtung Querétaro auf der Autobahn, dann kommen Sie nach anderthalb Stunden Fahrt zu dem Städtchen Tula de Allende. Dort liegt die Ruinenstätte«, hatte uns der Hotelportier in Mexico City erklärt. Erst müssen wir die Autobahn verlassen, weil uns das Benzin ausgeht. Dann finden wir die Auffahrt nicht mehr und schlagen uns durch mit Schlaglöchern gespickte Nebenstraßen. Kleine unbeschilderte Dörfer, letzte Ausuferungen der Hauptstadt, führen uns in ein Labyrinth, in dem wir uns immer mehr verirren. Der Zufall führt uns nach Tepotzotlán und zu der wehrhaften Klosteranlage, die sich im Zentrum des hübschen Kolonialortes erhebt. Jesuitische Strenge strahlen die grauen Mauern aus, hinter denen einst Söhne indianischer Adliger auf das Priesteramt vorbereitet wurden und spanische Geistliche die Sprachen Náhuatl und Otomí von den Indianern lernten. In einem seltsamen Kontrast zur Wehrhaftigkeit der Klosteranlage steht die dazugehörige Kirche San Francisco Xavier, die zu den kostbarsten Kirchen im churrigueresken Stil Mexikos gehört. Die sakrale Kunstrichtung wurde nach dem Spanier José Benito Churriguera benannt, der als Begründer dieses überschäumenden Barockjubels gilt. Hier in Tepotzotlán stehen wir vor einem beredten Zeugnis, in dem sich die Geschichte, die Macht und der Reichtum der Kirche Mexikos ausdrücken.

Steingewordenes Zeugnis kirchlicher Macht

Zugleich mit den spanischen Eroberern waren Mönche und Priester in die Kolonien gekommen, um die heidnischen Indianer zum Christentum zu bekehren. Allerdings wurden sie nicht immer friedfertig empfangen. Ihre Kirchen und Klöster mußten gleichzeitig Festungen sein, deren wuchtiges Mauerwerk ihnen Schutz bieten sollte gegen Indianerüberfälle. Innen wie außen diente die sachliche, strenge Bauweise der Verteidigung und zugleich einer asketischen Lebensführung. Doch den neuen Herren im Land genügten die schlichten Räumlichkeiten bald nicht mehr. Durch die Sklavenarbeit der Indianer und durch Ausbeutung der Minen reich und anspruchsvoll geworden, schenkten sie, um ihrem Gott für diesen Segen auf ihre Weise zu danken, der Kirche beträchtliche Summen. Nun wurde das Baumaterial für die neuen Gotteshäuser kostbarer, die Vergoldung der Innendekoration üppiger, der Stil immer prunkvoller. Das gipfelte im 17. und 18. Jahrhundert in dem churrigueresken Stil, der hier in der Kirche von Tepotzotlán seine höchste Vollendung findet.

Durch das Kloster betreten wir das Innere der Kirche und sind augenblicklich gebannt von der Pracht des mexikanischen Hochbarocks. Von sieben Altären, von Decken, Säulen und Wänden

fließt die in Holz geschnitzte und mit Blattgold überzogene Filigranarbeit auf uns herab. Blätter, Blumengirlanden, pausbäckige Cherubimgesichter, Sonne, Mond und Sterne, Muscheln und sogar das Nationalwappen drängen sich in eigensinniger, aufregender, plastischer Üppigkeit zusammen. Keine Fläche, kein Spalt ist von der verspielten Kunst ausgelassen worden. Sie umrahmt die Statuen und Freskenbilder der Klosterbegründer und Wohltäter und all die heiligen Señoras, die von Guadelupe und von Loreto, und natürlich die Jungfrau Maria. Zunächst geblendet von dieser Überladenheit, wird mein Blick gleichwohl gezwungen, den aufwärtsstrebenden Säulen bis zur Kuppel zu folgen, aus der ein matter Lichtstrahl durch die Alabasterfenster fällt und den goldüberzogenen Hauptaltar aufleuchten läßt.

Tepotzotlán gehört zu den schönsten Klöstern Mexikos. Heute ist es ein Museum

Die Überschwenglichkeit des Inneren scheint gleichsam nach außen überzuschäumen. So wird auch die Fassade der Kirche von fein behauenen Steinsäulen und Girlanden eingefaßt. Die symbo-

Mit den Konquistadoren kamen auch neue Heilige ins Land

lischen und phantasievollen Verschnörkelungen wurden aus dem warmgetönten Sandstein herausgemeißelt, als wäre er weiches Holz. Schön, großartig, bewundernswert ist diese sakrale Kunst. Aber sie verdeutlicht noch etwas anderes: Die katholische Kirche, durch den spanischen Kolonialismus unendlich reich geworden, scheute sich nicht, diesen Reichtum, der auch gleichzeitig Machtdemonstration war, in den äußerst prunkvollen Fassaden ihrer Kirchen und Klöster, im alles überströmenden Goldglanz der Altarwände zur Schau zu stellen. So beherrschte die Kirche Mensch und Kunst.

Wie einfach ist es doch, vor einem historischen Denkmal zu stehen, sei es ein religiöses oder weltliches Bauwerk, und einen Bezugsrahmen zu haben. Da gibt es Zahlen, Namen, Ereignisse, handfeste Beweise vor allem, die wichtige Größen für die Geschichtsschreibung sind. Da herrscht Ordnung, da muß man nicht denken, fühlen oder seiner Phantasie Flügel verleihen. Man braucht einfach nur in Büchern nachzulesen, kann sich an

Jahreszahlen entlanghangeln und weiß sich damit auf der sicheren Seite der »Wahrheit«.

»Wunderbar«, sagst du, dessen Lieblingslektüre Geschichtswerke sind und der ein phänomenales Zahlengedächtnis hat. Schrecklich, denke ich, die sich mit Vorliebe in der Welt der Mythen verliert und ein etwas gestörtes Verhältnis zu Zeitbezügen hat. Fängt Geschichte dort an, wo Mythen aufhören? Oder sind es nicht viel mehr die Mythen, die Geschichte erst begreifbar machen und als zeitloses Hintergrundbild die Geisteshaltung und Weltanschauung eines Volkes erhellen? Nicht selten ist es geschehen, daß aus der Legenden- und Sagenwelt Geschichte entstand. Tula ist ein klassisches Beispiel dafür. Jahrhunderte existierte es in den Köpfen der alten Völker Mexikos als eine Art Schlaraffenland, in der das Schöne und Gute wirkte. Als »Tollan-Sonnenstaat« wurde dieser Ort bezeichnet, und das Volk, das dort lebte, nannte man Tolteken. Es gab unzählige schriftliche Überlieferungen in den Kodizes der Azteken. Aber sie ergaben kein einheitliches Bild, widersprachen sich teilweise und wurden somit in die Mythenwelt verbannt.

Der »Tollan-Sonnenstaat«

Unter all den Historikern, die im 16. Jahrhundert die präspanische Ära erforschten, war auch der getaufte Indioprinz Alva Ixtli-Xochitl. Er schrieb über Tula, das Hofleben, die Regierung, das Volk, seine Lebensweise und Glaubensvorstellungen. Doch, so entschieden die Gelehrten, dies sei gänzlich unwissenschaftlich, und behaupteten weiterhin, es gäbe kein Tula, könnte nie eines gegeben haben. Immer mehr festigte sich die Ansicht, Tula wäre nur ein Sagenort wie die

Ultima Thule des Vergil oder wie der Sonnenstaat des Utopisten Campanella, weil das Wort Tula gleichfalls Sonnenstaat bedeutet. Manche Archäologen wollten wissen, Tula sei identisch mit Teotihuacán, das trotz seiner Größe in keinem Kodex erwähnt war. Andere glaubten, die Toltekenstadt sei das heutige Dorf Tule, in der Nähe der berühmten Pyramide von Mitla. Jener Historiker Alva Ixtli-Xochitl wurde aus dem Pantheon der Gelehrsamkeit ins Getto der Dichter verwiesen. Man warf ihm vor, er nehme aus nationaler Verblendung die Sage von Tula so wörtlich wie europäische Historiker die Sage von Troja, die doch nur der Phantasie Homers entsprungen sei. Dieser Vergleich verstummte erst mit der Ausgrabung Trojas durch Heinrich Schliemann.

Aus der Mythologie in die reale Welt

1940 traten die mexikanischen Altertumsforscher erneut mit der Theorie auf, Tula habe existiert und sei mit dem Städtchen Tula de Allende im Staat Hidalgo identisch, und schließlich bewilligte die Regierung auch Geld für die Ausgrabungen. Zunächst wurde der Spaten – vielleicht im Hinblick auf den vielversprechenden Namen Schatzhügel – auf dem »El Cerro del Tesoro« angesetzt. Es war jedoch nicht Gold, was die Ausgräber fanden, sondern Unmengen von Keramik. Gefäße, die Menschenköpfe oder ganze Gestalten nachbildeten, öfter noch Tierformen in gelbrötlichem oder bläulich-braunem Schimmer. Stück für Stück wurde Tula aus der Mythologie in die sichtbare Welt gehoben. Eine Pyramide, ein Palast, Steinreliefs und Wandmalereien, Friese mit schreitenden Jaguaren, Herzen schlingende Adler, liegende steinerne Monumentalfiguren und zwei Ballspielplätze wurden im Laufe vieler Jahre freigelegt. Die steinernen Atlanten fand man, in Stücke zerschlagen, im nahegelegenen See. Endlich hatte die Wissenschaft Beweise, konnte Tula in Zahlen und Fakten bannen, das Woher und Wohin der Tolteken verfolgen. Diesen Part der Historie will ich dir überlassen. Du wirst es nicht leicht damit haben, denn du stehst mit einem Fuß in der Mythenwelt. Die aber ist mein Revier.

Als König von Tula, Fürst und geistiger Führer regierte Topiltzin Ce Acatl, der auch gleichzeitig den Namen des bekannten Gottes Quetzalcoátl innehatte, die Tolteken. Unter ihm gab es keine Kriege und kein Blutvergießen. Anstelle der früheren und späteren Menschenopfer wurde den Göttern nur mit Blumen, Früchten, Schmetterlingen und Schlangen gehuldigt. Dieser Gottkönig Quetzalcoátl war es, der die priesterlichen Wissenschaften erfand, das Kalendersystem und die Bildhauerschrift. Unvergleichliche Weisheit, Beherrschung aller Künste und Wissenschaften lernten die Tolteken von ihrem Fürsten, so daß dieses Volk zum Inbegriff jeglicher Meisterschaft wurde. Es beherrschte die Malerei, Holzschnitzerei, Bildhauerei und webte in geistreichen Ornamenten. Man erzählte, daß die Baumwolle von Tula nicht gefärbt werden mußte, weil sie direkt vor der Haustür in den leuchtendsten Farben wuchs.

Ein begnadeter Herrscher und sein Mythos

Der Genius des vergötterten Monarchen war es, der sein Volk in allem unterwies. In einem Hymnus an Quetzalcoátl heißt es: »Du kannst auf ihnen wie auf einer Flöte spielen.« Und in der Tat, er hatte sie auch das Flötenspielen gelehrt. Nicht nur, weil in der Nähe der Hauptstadt das Schilf wuchs und ein prächtiges Flechtwerk abgab, »das sich verflocht wie die Zeiten«, wurde Tula »Die Binsenstadt« genannt, sondern weil das Rohr eine metaphysische Bedeutung hatte. Quetzalcoátls Geburtsdatum trug den Kalendernamen »Eins Rohr« (wahrscheinlich 947 n. Chr.), und mit diesem alle 52 Jahre wiederkehrenden Datum war sein Schicksal vorausbestimmt. Das Schilf ihrer Heimat war aus dem Erleben der Tolteken nicht wegzudenken. Heute noch wiegt es sich rund um die Ruinenstätte im harfenartigen Rauschen des ständigen Ostpassats. In den Volutenbändern der wiederaufgerichteten Säulen zeigen sich Halme in Bewegung. Aus dieser Bewegung entsteht ein Rad, dem wohl die Bedeutung des Zodiaks zugrunde liegt, als Hinweis auf Quetzalcoátls astrale Erscheinung.

Um den weiteren Verlauf des mythischen Geschehens verständlicher zu machen, will ich an dieser Stelle noch einmal auf das Kapitel »Der mythologische Weg nach Mexiko« zurückgreifen. Dort ist die Rede von der dualen Weltsicht der altmexikanischen Völker, die ihre Entsprechung auch in der Götterwelt hatte. Der Gott Quetzalcoátl versinnbildlicht Licht, Sonne und auch den Morgenstern, sein Gegenspieler Tezcatlipoca, der »Rauchende Spiegel«, das Dunkle, Abgründige und den Abendstern. Beide zusammen verschmelzen in der Einheit der Venus. So sind also Morgen- und Abendstern nur zwei Aspekte desselben Gestirns. Der eine Gott, der eine Mensch, trägt immer die dunkle und helle Seite in sich. Und wenn er in den »Rauchenden Spiegel« blickt, steht er seiner Schattenseite gegenüber.

So läßt sich auch der weitere Mythos um den Gottkönig Quetzalcoátl als eine Auseinandersetzung mit seinem Schatten deuten. Eines Tages kam Tezcatlipoca unangemeldet in die Residenz des Toltekenkönigs und erzwang sich Einlaß bei dem in hermetischer Kontemplation befindlichen Priester. Sein Zweck war, Quetzalcoátl den »Rauchenden Spiegel« vorzuhalten, um ihn zu verwirren und in die Sphäre des Fleischlichen zu ziehen. Der Fürst erblickte sich im Spiegel und war wie hypnotisiert. Im weiteren Verlauf gab Tezcatlipoca ihm von dem berauschenden Agavewein, Pulque, zu trinken. Quetzalcoátl erlag einem sinnverwirrenden Rausch. Als nun Tezcatlipoca sah, daß er den Priester unter seiner Kontrolle hatte, ließ er eine in strenger Zurückgezogenheit lebende Eremitin kommen – in einer Version der Legende war es die Schwester Quetzalcoátls – und gab auch ihr von dem Pulquewein zu trinken. Tezcatlipoca, in mephistophelischer Ironie, stachelte in den beiden Trunkenen die Begierde auf, und der Fürst beschlief seine Schwester.

Zum Bewußtsein zurückgekehrt, erkannte Quetzalcoátl, was vorgefallen war. Sein Entsetzen über sich selbst führte zur endgültigen Weltentsagung und Selbstaufgabe. Dazu gibt es bei den einzelnen Volksstämmen ganz unterschiedliche Darlegungen. Einmal geht Quetzalcoátl nun ins Gebirge – so »wie die Weisen und Alten auf den chinesischen Rollbildern in seidenen Gebirgen« verschwanden – unter Zurücklassung seiner Fußspur im Stein. Ein andermal entgleitet er »auf seinem Schlangenfloß gen Osten auf dem Meer, woher er gekommen war«. Dann wieder zieht er wandernd und lehrend nach dem »Land der roten Erde«, dem Maya-Land, wo er als »Kukulcán – Großerer Zauberer« verehrt wird. Im Sinne seines kosmisch gebundenen Auftrags führt ihn sein Weg nach Teotihuacán, dorthin, wo sich schon lange vor ihm zwei Götter verbrannt hatten, um aus dem Feuer ein neues Zeitalter entstehen zu lassen.

Hier also errichtete Quetzalcoátl eigenhändig seinen Scheiterhaufen. Bevor er sich verbrannte, legte er seinen Königsmantel und die Maske aus grünen Quetzalfedern an. Nachdem sein Körper ganz und gar verbrannt war, da sahen die, die zugegen waren, wie sein Herz zum Himmel aufflog! Und von der Höhe herab schwebten Vogelscharen nieder – Löffelreiher, Kotingas, Tzinitzca und Ayoquan, Papageien, Araras und Loros. Sie nahmen die Asche mit den Schnäbeln auf und trugen sie fort zu den Himmeln. Vier Tage blieb Quetzalcoátl bei den Toten; in weiteren vier Tagen sammelte er seine Lichtpfeile. Doch nach acht Tagen erschien er – durch das Feuer geläutert – bei Tagesanbruch am Himmel als Morgenstern.

Dies alles geschah, als der Priesterkönig 52 Jahre alt war. Wieder schrieb der Kalender ein Jahr »1 Rohr«. Wieder war ein Zeitalter zu Ende, und bangend fragten die Menschen, ob es ein »Morgen« geben werde. Die Priester forderten die Bevölkerung auf, während der letzten fünf »unnützen« Tage des Zeitalters ihr gesamtes Haushaltsgerät zu zerstören. Mit Fasten, Beten und Klagen erwarteten alle den Weltuntergang. Man mußte verhüten, daß die Kinder einschliefen, und schwangere Frauen durften sich nur in abgeschlossenen Räumen aufhalten. Alle Herdfeuer und besonders die ständig brennenden Feuer der Tempel wurden ausgelöscht. In feierlichen Prozessionen erstiegen die Priester eine Anhöhe, den sogenannten Sternenhügel, um die Stunde zu erwarten, an dem ein bestimmtes Sternbild emporstieg, zum Zeichen, daß der Weltlauf noch nicht zu Ende sei. Da, endlich, im Morgengrauen, zeigte sich der ersehnte Morgenstern. Die Metamorphose des Gottmenschen Quetzalcoátl hatte sich vollzogen.

Die Bewußtwerdung der eigenen Schatten, der luziferische Kampf, das Erliegen der Versuchung und die Hoffnung auf Erlösung sind archetypische Bilder, um die die Mythen aller Völker der Welt kreisen. Quetzalcoátl ist solch ein Archetyp, der genauso den Namen Christus und Buddha trägt. Was Quetzalcoátl den Indianern brachte, läßt sich für uns als Christusbewußtsein bezeichnen. Ich möchte an dieser Stelle ein paar Gedanken der Archäologin Laurette Séjounré wiedergeben, die zwanzig Jahre lang in Teotihuacán die Ausgrabungen geleitet hat und vielleicht wie keine andere in die geistige Materie dieser Stätte eingedrungen ist:

»**Archetyp für die Überwindung des Organischen**«

»Quetzalcoátl bringt den Menschen das Zeitalter der fünften Sonne. Das Wort Bewegung, welches dieses Zeitalter kennzeichnet, beinhaltet die tätige Überwindung, die aktive Spiritualität, welche allein imstande ist, die Trägheit der Materie zu überwinden. Das ist die Aufgabe, die der Ära des fünften Weltzeitalters gestellt ist, dem Erdzeitalter, in dem wir heute noch leben und das nach altmexikanischen Astrologen das letzte Weltzeitalter ist. Quetzalcoátl war der erste, der diese unabdingbare Geisteshaltung klargemacht hat und sie selbst durchführte. Es ist eine durchaus intellektuelle Aufgabe im Rahmen des Spirituellen und bedeutete für die damals lebenden Menschen die Fortdauer des schöpferischen Willens, der zum Sein notwendig ist. Demnach ist Quetzalcoátl in der letzten Phase seiner menschlichen Existenz, in der er sich als König von Tula durch seinen eigenen Willen und Ent-

schluß der Anstrengung seiner Selbstopferung unterzog, zum Archetyp für den Überwinder des Organischen geworden. Er ist bereit, den naturgegebenen Ablauf durch seine Denkfähigkeit zu verändern, womit er eine überwirkliche Wirklichkeit erlangt. Es ist die geistige Umwandlung innerhalb eines individuellen Lebens.«

Die Tolteken »Dein verklärtes Bild von den Tolteken scheint mir nicht ganz der Realität zu entsprechen«, belehrst du mich in Tula und zeigst auf die riesigen steinernen Atlanten, die mit ihren Speerschleudern und Krummsäbeln in der Tat recht kriegerisch aussehen. Auch die Friese an den Tempelwänden sind überzogen mit Jaguaren und Adlern, die menschliche Herzen verschlingen. Und während wir treppauf und treppab durch die Ruinenstätte laufen, erzählst du mir deine geschichtlich fundiertere Version von den Tolteken, die in den zeitlichen Rahmen zwischen dem 9. und 12. Jahrhundert eingebunden ist. Sie waren eine Gruppe der großen Familie der Náhua-Völker, die, aus dem Norden kommend, in das zentrale Mexiko einfielen und vielleicht die alte Macht Teotihuacáns zerstörten. Ihr Anführer, eine Art indianischer Dschingis-Khan, hieß Mixcoatl, »Wolkenschlange«. So wenig friedlich er sich gab, tauchte er jedoch später wieder als Gott auf. Sein Sohn war jener Fürst Topiltzin Ce Acatl, der den Titel Quetzalcoátl führte. Unter seiner friedlichen Herrschaft blühten in Tula die Künste. Der historische Kern seiner Verführung durch Tezcatlipoca war offensichtlich die Auseinandersetzung zwischen zwei Volksgruppen, den Tolteca-Chichimeca und den Nonoalca, die – wie es in Mesoamerika häufig der Fall war – gemeinsam eine Siedlung, in diesem Fall Tula, bewohnten. Quetzalcoátl wurde dabei mit seinen Gefolgsleuten aus der Stadt vertrieben. Wo er hinging, verliert sich im mythischen Gewirr. Aus dem beherrschenden Einfluß toltekischer Kultur bei den Maya in Yukatán, insbesondere in Chichén Itzá, schloß man, daß Quetzalcoátl dorthin gewandert war, um eine neue Herrschaft zu etablieren. Unter den kriegerischen Nachfolgern in Tula entwickelte sich ein militärisches Reich, das sich wahrscheinlich auf die Tributzahlungen anderer Stämme stützen konnte. Zur Beschwichtigung der Götter wurden in großem Stil Menschenopfer eingeführt. Um 1170 brach eine neue chichimekische Invasion über die Stadt herein, und sie fiel einer Feuersbrunst zum Opfer.

Hier in Tula ist es das erste Mal, daß wir eine Ruinenstätte gänzlich unterschiedlich aufnehmen. Für dich ist dieser Ort bluttriefend, düster, kriegerisch. Von den Mauern herunter blicken dich Dämonen, Skelette, Schlangen und aufgerissene Tiermäuler an, die dich zu verschlingen drohen. Auf mich hingegen übt Tula eine starke Faszination aus. Allein seine Lage zwischen auf- und abschwingenden Hügeln, die hohen Bergmassive ganz fern, der See unten im Tal, umsäumt von Schilf, die vielen Kandelaberkakteen in der stillen Landschaft strahlen auf mich eine große Ruhe und Sanftheit aus. Es ist ein Ort voller Götterzeichen und tiefer Symbolik, mehr Kultplatz als weltliche Wohnstätte. Wenn die riesigen Atlanten, die einst das Dach des Quetzalcoátl-Tempels trugen, Krieger sind, dann sind es Krieger des Herzens. Sie tragen im Stirnband die Federkrone und

Ein Ort tiefer Symbolik

versinnbildlichen damit die Verbindung von Himmel und Erde. Ihr Schild vor der Brust in der Form eines Schmetterlings ist das Symbol für Flamme und Licht, und die Scheibe auf dem unteren Rücken, dem *plexus sacralis*, verdeutlicht die untergehende Sonne. Das Relief an der Tempelmauer nimmt Bezug auf Quetzalcoátls Opfertod und seine Umwandlung in den Morgenstern. Die 40 Meter lange Schlangenmauer mit dem sich ständig wiederholenden Motiv des Totenschädels, der aus einem Schlangenkopf schaut, hat für mich nichts Grauenerregendes. Stellt es doch den Sieg der Federschlange Quetzalcoátl über den Nachtgott Tezcatlipoca dar. Und drüben, über die Wände des »Verbrannten Palastes«, schreiten auf einem Fries in heiliger Prozession Priester und Adlige.

»In Tollan, ach, stand der hölzerne Tempel.
Noch jetzt stehen dort die Schlangenpfeiler.
Fortgegangen, in die Ferne gezogen ist Nacxitl
 Topoltzin.
Dort ist Tollan, wo du zu herrschen gekommen warst.«

Ich sitze am Fuß eines Schlangenpfeilers und lese in den überlieferten toltekischen Klagegesängen. Dieses Volk hat seinen Gottkönig geliebt, verehrt und beweint. Ohne ihn fühlte es sich verwaist. Er hatte ihnen das Licht-Bewußtsein gebracht. Als er gegangen war, erzählt die Legende, »ließ der große Hagelschlag das Feuer ausgehen«. So nahmen die Tolteken weinend Abschied von ihrer Stadt, zogen fort und verstreuten sich. In dem Bündel auf dem Rücken aber nahmen sie ihren Gott mit sich.

Rosen, Revolten, Ruinen – Vom Kuhhorn zu den Silberminen

Alle Monde, alle Jahre, alle Tage, alle Winde ziehen ihre Bahn und gehen dahin. Und desgleichen gelangt alles Blut an den Ort seiner Ruhe, wie es zu seiner Macht und seinem Thron gelangt.
Chilam-Balam von Chumayel

Seit einer halben Stunde fahren wir durch eine Landschaft voller Rosen. Tiefrot, gelb, rosa, Feld für Feld fein säuberlich abgesteckt. Die Luft ist schwer von ihrem intensiven Duft. »Ich liebe dich«, sagst du. »Ist Mexiko nicht wunderbar?« Du hältst den Wagen an, willst mich in die Arme nehmen. Da schiebt sich eine dunkle Kinderhand durch das Seitenfenster und legt dir einen dicken Rosenstrauß in den Schoß. »Cinco mil Pesos, Señor!« Es klingt mehr wie ein Befehl als eine Frage. Du schaust zu mir. Ich schüttele den Kopf. Wo sollen wir mit den Rosen hin? Bei der Wärme sind sie in kürzester Zeit verwelkt. Aber ich ahne schon, daß du gegen das indianische Rosenresli keine Chance hast. Diese Augen, immer sind es diese schwarzen, großen Augen, die so herzerweichend bitten, strahlen, trauern, daß wir mittlerweile einen ganzen Kofferraum voller Dinge haben, die wir niemals kaufen wollten. Wenige Minuten später sind wir in Cuernavaca. Auf dem Rücksitz liegen zwei riesige Rosensträuße und lassen traurig die Köpfe hängen.

Cuernavaca ist die Rosenstadt, überhaupt die Blumenstadt. In den Gärten und Parks der wohlbetuchten Mexikaner, die hier ihre Sommer- und Wochenendresidenzen haben, fließen die Blüten in herrlichster Farbenpracht über die hermetisch abgeriegelten Schutzmauern. Es hat Tradition, hinauf in die »Stadt des ewigen Frühlings« am Fuße des Popocatépetl zu ziehen. Der Aztekenkaiser Moctezuma schätzte schon das milde, subtropische Klima und hielt sich einige Monate im Jahr in seinem Sommerpalast auf. Kaiser Maximilian baute seiner Charlotte hier ein Palais, und Hernán Cortés tat es bereits vor ihm. Damals hieß die Hauptstadt des Bundesstaates Morelos – nur 75 Kilometer von Mexico City entfernt – »Cuauhnáhuac«. Für die Spanier klang das Náhuatl-Wort wie »Cuerno de Vaca – Kuhhorn«. Dabei ist es geblieben, wenngleich die Stadt einen charmanteren Namen verdient hätte.

Nährboden für Revolutionäre

Wenn Cuernavaca der Blumenkorb Mexikos ist, dann ist Morelos seine Zuckerschüssel. Cortés führte hier, zusammen mit schwarzen Sklavenarbeitern, das Zuckerrohr ein. Die Sklaven, jahrelang ausgebeutet, rebellierten und pflanzten anstelle des Zuckers die Saat der Bauernbewegung in Morelos. Hier wurde die Flamme der mexikanischen Revolution entzündet. Und der Flammenwerfer war jener Emiliano Zapata aus Morelos, der den Aufständischen mit dem Schlachtruf »Tierra y Libertad« voranmarschierte und als Nationalheld in die Geschichte Mexikos einging. Diego Rivera hat ihm mit seinen eindrucksvollen Murales, die die Seiten- und Deckenwände des Cortés-Palastes in Cuernavaca bedecken, ein unübersehbares Denkmal gesetzt. Und natürlich ist er auch am Hauptplatz als steinerne Reiterstatue verewigt. So, wie man den Revolutionär überall

Die wehrhafte Kathedrale der Gartenstadt Cuernavaca

kennt: der Mann im Bauernkittel mit dem riesigen Sombrero, dem großen gezwirbelten Bart und dem unergründlich traurigen Blick.

Cuernavaca ist wie sein Klima, eine milde, heitere Stadt mit altkolonialem Charme, in der die Mariachikapellen genauso ihren festen Platz haben wie der Indianermarkt mit seinen fröhlichbunten Keramiken. Cuernavaca hat auch Geschichte, die längst vor den Spaniern begann. Doch die muß man vor den Stadttoren suchen. Die zweifach ummantelte Pyramide von Teopanzolco beispielsweise trägt zwar aztekische Züge, wurde aber bereits um 800 nach Christus von Chichimeken oder Tolteken errichtet. Daß sie so gut erhalten ist, verdankt sie ihrer späten Entdeckung. Nicht wissend, daß sie dies auf einer heiligen Kultstätte taten, brachten die Truppen von Emiliano Zapata auf einem großen Erdhügel ihre Kanonen in Stellung und beschossen von ihm aus die Regierungstruppen. Bei diesen Gefechten schlugen einige feindliche Granaten in den Hügel ein und legten Mauerreste frei. Es waren die Seitenwände der vollständig zugewachsenen Pyramide. Mittlerweile ist sie ausgegraben und zeigt sich in ihrer mächtigen Größe.

Rätselhaftes »Haus der Blumen«

Eine der ältesten Götterburgen Mexikos ist Xochicalco, zweiunddreißig Kilometer südwestlich von Cuernavaca. Ob ihr Name »Im Haus der Blumen« sich auf das Heiligtum bezieht oder auf den Zauber der Landschaft ringsum, läßt sich nicht mehr feststellen. Die festungsartige Ruinenstätte, auf den bergigen Endausläufern des Ajusco-Vulkans gelegen, gehört zu den großen Rätseln in der Archäologie Mesoamerikas. Hier, am Schnittpunkt nördlicher und südlicher Hochkulturen, finden sich Einflüsse von Teotihuácan sowie aus den Kulturkreisen der Maya, Zapoteken, Mixteken und Tolteken. Seit dem 5. Jahrhundert besiedelt, wurde Xochicalco später ein wichtiges Lehrzentrum, in dem der Gottkönig Quetzalcoátl

Xochicalco ist eine der ältesten Götterburgen Mexikos

seine Erziehung erhalten haben soll. Die einstige religiöse und militärische Metropole erstreckt sich über zwölf Quadratkilometer und liegt auf einem abgeflachten Hügel, umrahmt von Bergen, Ebenen und Seen. Das Grün ringsum schimmert wie weiche Haut, weit sich dehnend zwischen den Gebirgen, die ihre eigene Dunkelheit ausströmen, einen transparenten dunkelblauen Dunst, der sich von den buckligen Graten abwärts verdüstert. Die vielgefältelten, schweigenden Gebirge Mexikos. In dieser zauberhaften Stille, auf der die Hitze brütet, taumeln große Schmetterlinge von Blüte zu Blüte, und Riesenechsen sonnen sich auf den alten Steinen. Selten nur kommen Besucher hierher.

Zwischen all den Heiligtümern, Ballspielplätzen, Stelen und dem unterirdischen Observatorium ist das schönste Bauwerk die Pyramide der Gefiederten Schlange. Aus der unteren Böschung des Heiligtums winden sich acht züngelnde Schlangen empor und schmiegen sich um Hieroglyphen und hockende Gestalten. Offensichtlich sind es ranghohe Persönlichkeiten, deren Gesichtszüge stark den Maya ähneln. Ursprünglich waren sie weiß, rot, schwarz, blau und gelb gefärbt. Zuletzt wurden sie ganz mit Rot, der Farbe des Todes, übermalt, wahrscheinlich als Zeichen des kommenden Weltuntergangs. Archäologen haben dieses Relief als Neufeuerzeremonie interpretiert, jenem alle 52 Jahre wiederkehrenden Datum, in dem die Priester die Götter beschworen, den Lauf der Welt und der Gestirne weiterhin zu erhalten. Die Götter haben ihre Gebete erhört. Die Sonne lebt. Die Erde atmet Fruchtbarkeit. Und der Wind kräuselt die Wellen der Seen.

Das schönste Bauwerk in Xochicalco ist der Tempel der Gefiederten Schlange

Vor zwei Jahren brauchte man für die Strecke von Mexico City hinunter zum Pazifik nach Acapulco acht bis zehn Stunden, hing fast 500 Kilometer hinter stinkenden, röhrenden Lastwagen. Mittlerweile ist die neue Autobahn fertig, eine Art »Traumstraße der Welt«, die durch atemberaubend schöne Landschaften führt. Auf ihr zu fahren ist wie einen romantischen Film anzuschauen, für den man teures Eintrittsgeld bezahlt. Sie ist gebührenpflichtig und hat zudem den Fehler, daß man nichts von dem Leben in dieser überwältigenden Landschaft mitbekommt: das Dasein in den kleinen Dörfern zwischen den Bergen, das in einem langsamen Rhythmus schwingt. Bilder einer archaischen Zeit mitten im Zeitalter der Technik. Heute ist Samstag. Und Samstag ist Markttag. Von überall her ziehen Menschen barfüßig der Stadt im Tal zu, die die Blasen ihrer Kirchenkuppeln über das ruhige Grün der Bäume treibt. Wandernde Händler, die auf ihren Rückentragen am Stirnband ihre Ware zum Markt schleppen. Männer heben die Füße im gleichen Trott wie ihre Esel. Auf deren Rücken thronen Frauen zwischen mächtigen Körben, ihre Kinder im Tuch fest an die Brust gedrückt. Und Mädchen in langen, weiten, beschmutzten Baumwollröcken laufen hinter den leichtfüßigen Eseln. Reiter auf Pferden treiben Vieh vor und Staubwolken hinter sich her.

Der Markt ist voll von dunkelgesichtigen, leisefüßigen, flüsterstimmigen Menschen. Sie wollen kaufen und verkaufen, vor allem aber wollen sie sich untereinandermischen. In dieser Welt schaffen sich die Menschen hauptsächlich zwei Vorwände dafür, an einem Mittelpunkt zusammenzukommen und in einer bunt zusammengewürfelten, unverdächtigen Menge frei miteinander Umgang zu pflegen: Markt und Religion. Nur diese beiden bringen seit dem Anfang der Zeiten Menschen unbewaffnet zueinander. Eine kleine Last Feuerholz, eine gewebte Wolldecke, ein paar Maiskolben, Eier und Tomaten sind für Männer, Frauen und Kinder Vorwand genug, barfüßig viele Meilen über Berg und Tal zurückzulegen. Um zu handeln und zu tauschen, vor allem aber, um menschlichen Austausch zu pflegen. Diese Szenen sehen wir, während wir auf der Landstraße von Xochicalco nach Taxco fahren. Es ist dieselbe Straße, deren unvergleichliche Schönheit Walt Disney als Kulisse für einen seiner Filme verwendet hat.

Hinter dem grandiosen Schwung einer Bergkette, die wir unvermittelt von einer Paßhöhe aus

Marktleben

In der Stadt des Silbers

sehen, liegt in einem tiefen Einschnitt Taxco, die Silberstadt. Sie zieht sich hügelauf, hügelab, so wallend und üppig, wie die Fassaden ihrer Barockhäuser und Kirchen. Dennoch unterscheidet sie sich gänzlich von anderen Kolonialstädten. Aus drei Dörfern allmählich zusammengewachsen, hat sie sich nie in die Monotonie des kolonialen Schachbrettgrundrisses zwängen lassen. Ganz der Natur angepaßt, entstand ein Gewirr von engen, gewundenen Gassen und kleinen, malerischen Plätzen, die alle am Hauptplatz, dem Zócalo, zusammenlaufen. Dort steht als Denkmal des Reichtums eine der kostbarsten Kirchen Mexikos: Santa Prisca. Gold über Gold funkelt das Schnitzwerk im churrigueresken Stil und überzieht Decken und Wände im Inneren. Silber über Silber durchzog einst die Erde unter ihr. Die Azteken kannten schon Taxcos Silberminen und ließen sich ihren Tribut von den Bewohnern in dem edlen Metall bezahlen. Die Spanier vereinnahmten es gleich ganz und beuteten alles aus, was sie fanden. Der Glanz bereicherte zwar die neuen Herren und versilberte das spanische Mutterland, aber Taxco war bald leer geschürft. Glaubte man! Da entdeckte im 18. Jahrhundert der Franzose Joseph de la Borda eine neue ergiebige Silberader. Er wurde unermeßlich reich, die vielen Händler wurden es ebenso. Doch die Indianer, die in der Silbermine Frondienste leisteten, starben zu Tausenden dahin. De la Borda fühlte sich nicht den Menschen verpflichtet, aber seinem Gott. »Gott gibt Borda, und Borda gibt Gott«, war seine Devise. Und so ließ er die Santa Prisca bauen. Es war ein Handel, der sich offenbar nur zwischen den beiden vollzog. Denn als Borda starb, versiegte kurz darauf die Silbermine.

Nach dieser kurzen Periode des Reichtums wurde es still um Taxco. 200 Jahre später stieg es abermals wie ein Phönix aus der Asche zur »Silberhauptstadt der Welt« auf. Anfang der dreißiger Jahre kam nämlich der Amerikaner William Spratling nach Taxco und eröffnete hier eine Silberwerkstatt, in der er junge Kunsthandwerker in der Gestaltung von Schmuck nach altüberlieferten Mustern unterwies. Seitdem sind mehr als 300 Platerias entstanden: Werkstätten und Läden in einem, die sich rund um den Zócalo drängen und in die pflastersteineren Gassen hineinziehen. Busladungsweise kommen täglich die Touristenströme von der Pazifikküste und aus Mexico City in die denkmalgeschützte Stadt. Ihr erster Stopp ist auf dem Monte Taxco, von dessen Gipfel man mit den Augen die ganze Stadt samt umliegender Berge umarmen kann. Ihr zweiter Halt ist am Zócalo, von wo aus sie im Sturm die Silberläden erobern. Zwei Stunden später fahren sie reich geschmückt an Hälsen, Fingern und Handgelenken zurück zu ihren Ferienorten.

Wir haben Glück. Es ist Samstag abend, als wir in Taxco ankommen. Die angespülte Touristenwelle ist längst wieder an den Stränden Acapulcos ausgelaufen. Im letzten Licht, das die schönen alten Bürgerhäuser mit warmem Ockerton überzieht, bummeln wir durch die schmalen Gäßchen. Die blumengeschmückten Fassaden neigen sich, durch die Zeit schiefgewachsen, zueinander. Die ausgetretenen Steinstufen leiten uns treppauf, treppab. Blicke und Augen-Blicke wie Stilleben: in die Landschaft, die sich am Ausgang einer Gasse weitet. In die Gesichter der Menschen, die uns offen und freundlich anschauen. In einem kleinen Patio, in dem eine junge Frau sitzt und ihr Kind stillt. In das Halbdunkel eines Raumes, in dem ein junger Silberschmied über seine Arbeit vertieft ist. Wir möchten eintreten. Er schüttelt den Kopf. »Mañana!« – »Wann mañana?« »Mañana!« Wir hätten es wissen müssen. Kein Mexikaner läßt sich auf eine genaue Zeitangabe ein. Mañana kann für ihn morgen sein, in drei Tagen, in sechs Monaten oder auch nie. Es gibt im Leben dieser Menschen keine festen Punkte außer Geburt, Tod und den Fiestas. Die Fixpunkte von Geburt und Tod verflüchtigen sich von selbst ins Unbestimmte. Die Fiestas sind eine wichtige Zeitgröße. Zu alten Zeiten wurden sie von den Priestern angesetzt, als Feste für die Götter. Es gibt immer noch viele Fiestas in Mexiko, denn es gibt unzählige Heilige. In Taxco wird besonders viel gefeiert.

Die Fiesta

»Wir sind ein ritenbesessenes Volk. Und diese Neigung wird durch unsere immer geschärfte, wache Phantasie und Sensibilität begünstigt. Die fast überall entwürdigte Kunst des Feierns hält sich bei uns noch unversehrt. An wenigen Orten der Welt kann man ein Schauspiel erleben, das dem einer großen, religiösen Fiesta in Mexiko gleichkommt.«

An diese Worte von Octavio Paz, die er im »Labyrinth der Einsamkeit« schreibt, fühle ich mich heute abend erinnert. Wir müssen vom 30 Minuten entfernten Hotel zu Fuß zum Zócalo laufen. Mit dem Auto ist kein Durchkommen. So lassen wir uns einfach von dem farbigen Menschenstrom mitschwemmen, der hinauf zur Santa-Prisca-Kirche zieht. Dort oben ist das Zentrum der Fiesta »La Preciosa Sangra«. Ich kann diese »schöne Heilige« nicht in die Riege der christli-

Rosen, Revolten, Ruinen – Vom Kuhhorn zu den Silberminen

Mit 16 Jahren gelten die mexikanischen Mädchen als erwachsen. Dieser Tag wird wie eine Hochzeit gefeiert.

chen Heiligen einordnen, und die maskierten Tänzer, die immer wieder im Gewoge auftauchen, lassen auch ganz »Unheiliges« ahnen. Als wir endlich bis zum Zócalo durchgekommen sind, ist er zum Bersten mit Menschen gefüllt. Ich sehe gerade noch, wie eine Heiligenstatue hoch über den Köpfen der Pilgerschlange im Inneren der Kirche verschwindet. Was drinnen geschieht, läßt sich nur erahnen. Ich höre die blecherne Mikrofonstimme des Priesters im Wechsel mit den Gebeten und Gesängen der Gemeinde.

Hier draußen geht es viel lustiger zu. Auf den Kirchenstufen sitzen Musikgruppen und spielen ganz weltliche Weisen. Ein paar Schritte weiter werden mehrere Trommler von Maskierten umtanzt. Discomusik plärrt aus Kofferradios. Die herzförmigen Luftballontrauben mit ihrer »I love you«-Aufschrift scheinen an ihren Fäden im Rhythmus mitzuhüpfen. An den noch sonnenwarmen Stein der Kirchenmauer gelehnt, betet eine alte Frau: »Santa Maria, Virgen de Guadelupe, San Miguel, San Antonio, Santa Prisca ...« Weiter und weiter zählt sie die Namen der Heiligen auf und läßt dabei einen Rosenkranz durch die Finger laufen. Direkt neben ihr hält sich ein Paar eng umschlungen. Über allem hängt der Duft von mexikanischem Mais, mexikanischem Teig, mexikanischen Tortillas, die, von Frauenhänden in Form geklatscht, auf flacher Pfanne über Holzkohle gebacken werden. Die Nacht ist erfüllt mit Liedern und Gejohle. Schluchzende Geigen und Knallfrösche. Derbe Späße und Liebesgeflüster. Vertraulichkeit, Nähe, Wollust. Die wogende Masse Mensch badet darin. Sie verschmilzt zu einem Wesen, in dem der einzelne aufgeht und seine Erlösung erfährt. Es gibt kein Ich mehr, kein Du, nur noch das Wir. Und auch Vergangenheit und Zukunft verschmelzen zum Jetzt. Dies hier ist Gegenwart. Eine runde, vollkommene Gegenwart aus Tanz, Rummel, Schlemmerei und Kommunion mit dem uralten, geheimnisvollen Mexiko. Ein Feuerwerk zischt in den Nachthimmel. Und mit den Raketen steigt ein Seelenschrei von diesem Wesen »Masse« in den Himmel, zerplatzt grün, rot, blau und weiß und stürzt wie eine Sternenkaskade nieder. Mexiko feiert!

»**Die Kehrseite des Schweigens**«

»Die Fiesta«, schreibt Octavio Paz, *»von Blitzen des Wahnsinns durchzuckt, ist die glänzende Kehrseite unseres Schweigens, unserer Apathie, Zurückhaltung, Schroffheit.«*

Cholula – Kirchen kontra Götterburgen

Möge dein Blick so gerade sein wie ein Pfeil,
und mögen all deine Pfeile
auf die Wahrheit zielen.

Indianisches Sprichwort

Schön ist die Landschaft um uns herum, kraftvoll und kraftspendend. Ich habe das Gefühl, als ob wir mitten durch eine Batterie hindurchfahren, die uns auflädt. Unendlichkeit im dunklen Grün von Kiefern- und Tannenwäldern. Nichts, an dem das Auge sich festhalten kann. Es schwingt mit in den Wellenbewegungen der Natur. Bergauf, bergab. Sanft und fast unmerklich steigt unser Wagen am Rande der Nordflanke des Iztaccíhuatl-Vulkans auf über 3000 Meter an. Kühler, herber Harzduft umfängt uns, als wir uns am höchsten Punkt der Paßstraße auf einem Granitplateau niederlassen. Die versteckte Sonne hat gerade eine hochgetürmte Wolke durchbrochen und überflutet das Tal mit ihrem Leuchten. Ich sehe die Veränderung, die sich dort unten vollzieht. Was eben noch grenzenlose grüne Einheit war, mystisch in seiner undefinierbaren Kraft, die sich auf uns überträgt, bekommt plötzlich Konturen, wird schiere physische Schönheit. Aus dem endlosen Wald treten Einzelwesen hervor. Bäume, die wie durch ein Wunder aus dem abfallenden Fels der Berghänge sprießen. An einigen Stellen kriechen Polstergewächse am steinigen Boden entlang. Zwischen

Mexikos dünnbesiedeltes Hochland träumt in der Stille

lichten Baumreihen glitzern gezackte Granitflächen im morgendlichen Sonnenlicht und zeichnen funkelnde Quarzstrahlen und Schwefelvenen.

Ich spüre die Energie der Erde, die hier so besonders stark und wirksam ist und sich heilend und absichtsvoll verströmt. Ich sitze nur da, nehme ebenso absichtslos auf, was sich mir wie ein Geschenk anbietet. Es ist, als ob mein ganzes Sein sich in alle Richtungen ausdehnt, der Geist dieser Landschaft mich gefunden und in sich aufgenommen hat. Ich vergesse, daß du da bist, daß wir einen Tagesplan haben, der in Zeit und Raum eingebunden ist. Plötzlich erscheint es so unwichtig, ob wir eine Kirche mehr oder eine Ruinenstätte weniger anschauen. Alle Weisheit, alles Wesentliche liegt in diesem Augenblick. Wenn es etwas zu lernen, zu erfahren gibt, dann hier und jetzt.

Das Orchester der Natur spielt eine Symphonie lebendiger Schwingungen, die ihre jubelnden Töne in den empfangenden, blauen Himmel hinaufstrahlen. Im Tal unter mir ist alles Leben ein sich ständig wandelndes Kaleidoskop vibrierender Energien. Ich bin Zeugin der wunderbaren Pracht der Schöpfung des Großen Geistes in der Natur. Meine Seele breitet ihre Schwingen aus und kreist mit im majestätischen Flug des Adlers. Wie er bin ich Teil dieser Landschaft und kann mich zugleich spielerisch darüber erheben. Das alles passiert auf geheimnisvolle Weise aus sich selbst heraus. So neu, groß, wunderbar mir diese Erfahrung auch erscheint, weiß ich doch gleichzeitig, daß sie eine uralte, nur immer wieder vergessene ist. Bilder tauchen auf, Erinnerungen und Visionen vom Leben in und mit der Natur, von einfachen, ehrlichen Beziehungen zwischen allen Wesenheiten, von Menschen mit Würde und Achtung voreinander und Liebe füreinander ...

Das ist nicht nur eine vage Sehnsucht, dazu gab es in mir und außerhalb von mir eine Wirklichkeit. Gerade hier in diesem Land, in dem seit Menschengedenken das Leben und die Seelen der Indianer mit ihm untrennbar verbunden waren. Ich erinnere mich an die Worte der alten indianischen Schamanin No-Eyes:

»Gestern lebte unser Volk frei. Niemand machte Grenzen, Schnitte, Narben und zerteilte unsere Mutter, die Erde. Wir nahmen nur, was wir brauchten, nicht mehr. Wir liebten unsere Mutter, sorgten für sie. Wenn wir etwas nahmen, gaben wir es zurück. Unser Volk nahm sich Tiere für Nahrung, Kleidung und Werkzeuge. Wir baten erst die Seele des Tieres um Vergebung. Unser Volk schweifte auf dem Land umher,

brauchte nicht alles auf. Wir lehrten die kleinen Kinder, Mutter Erde zu lieben. Wir lehrten sie die Worte der Natur. Wir hörten die Berge flüstern. Wir hörten die Tiere viele alte Geheimnisse erzählen. All das war gute Medizin für uns. Wir lebten in Frieden. Mutter Erde gab uns von ihrer Brust alles, was wir brauchten. Was gab es mehr zu wollen?«

Das ist in weiten Teilen nicht mehr die indianische Realität von heute. Die meisten von ihnen leben in einer Zivilisation wie wir, die dabei ist, ihre eigenen Existenzgrundlagen zu zerstören, ihre Vergangenheit zu verleugnen und ihre Gegenwart in Beton und Bürokratie zu ersticken. Aber es gibt auch Stämme, die die Erinnerung der Alten in sich tragen und das Erbe in der äußeren Wirklichkeit leben. Es ist eine Philosophie, in der die Menschen sich als eins begreifen mit der Welt, die sie umgibt, die dann nicht mehr das Gegenüber »Natur« ist, die es zu unterwerfen gilt, sondern ein Universum mit uns Verwandtem: Mutter Erde, Vater Sonne, Großmutter Mond; Mais, Spinne, Fluß, Baum als Wesen mit eigenem »spirit«, den es zu respektieren gilt, den man nicht zerstören kann, ohne die Balance des Universums und damit sich selbst zu zerstören.

Auf dem Camino Real

»Schau, dort unten liegt Río Frio, der letzte Ort im Bundesstaat Mexiko. Er war früher einmal Kutschenstation auf dem Camino Real, dem Königsweg zwischen der Hauptstadt und dem Hafen Veracruz.« Im ersten Moment bin ich wütend auf dich, weil du mich so abrupt aus meinem »Alles-was-ist-Zustand« herausgerissen hast. Doch dann muß ich lachen, als ich einen erwachsenen Mann vor mir sehe, der mit der Begeisterung eines kleinen Jungen wilde Räubergeschichten erzählt, die sich vor 150 Jahren in Río Frio zugetragen haben sollen. Das Getrappel vieler Pferdehufe in einer mondlosen Nacht. Fackeln beleuchten die schwerbeladenen Planwagen, die voller kostbarer Waren auf dem langen Weg zur Golfküste sind. Nur noch wenige Kilometer bis zur Kutschenstation, wo Troß und Reiter übernachten wollen. Da bricht aus dem Schutz des Waldes eine Horde Banditen. Pistolenschüsse, Schreie, Pferde, die in Panik wiehernd aufsteigen. Deichseln brechen, Wagen stürzen um. Menschen versuchen rennend das rettende Dunkel des Waldes zu erreichen. Einige von ihnen stürzen, von Kugeln getroffen, zu Boden. Ein Planwagen brennt lichterloh. Aus seinem Inneren dringt das Wimmern eines Kindes. Wenige Minuten später sind die Räuber mit reicher Beute verschwunden. Zurück bleiben Verwüstung, Brandgeruch, Chaos, Tod.

Du erzählst das alles mit einer Lebendigkeit, die fast zum Augenblicksgeschehen wird. Deine Phantasie beschäftigt sich beim Betrachten einer Landschaft offensichtlich mit ganz anderen Themen als meine. Du protestierst: »Das ist historisch. Literarisch verewigt in Manuel Paynos Roman ›Die Banditen von Rio Frio‹!«

Wir nehmen die alte Kutschenstraße, die sich heute nicht mehr als holpriger Weg, sondern als vierspurige Autobahn hinunter ins Tal von Puebla schwingt. Weites, fruchtbares Gartenland breitet sich vor uns aus. Das kühle Klima in über 2000 Meter Höhe läßt alle europäischen Obst- und Gemüsesorten hier gedeihen. Doch wie es sich ihrer zurückhaltenden Rolle als Gäste aus fernen Ländern geziemt, überlassen sie die Dominanz

Mucho macho . . . der Frucht, die Mexikos Ernährer ist: dem Mais. Ohne Mais gäbe es keine Mexikaner, denn sie selbst, so erzählt ja die Schöpfungsgeschichte der Maya, seien von den Göttern aus diesem Urstoff geformt worden. Auch der toltekischen Religion zufolge war Mais der Stoff, aus dem der Mensch besteht. Aus der Höhle Cincalli, dem Haus des Maises, wurden die ungeborenen Kinder auf die

Mutterleiber verteilt und konnten bloß durch den Genuß vom Mais leben und wachsen. Aber nur Zufall oder eine Gnade der Götter war es, wenn die Indios in ihrer Nomadenzeit einer Staude von wildem Mais begegneten. Meist mußten sie hungern, und auf ihre bange Frage Wo liegt die Höhle Cincalli? gab es nur eine Antwort: Das wissen allein die Götter.

Jedoch nicht einmal die Götter wußten das. Deshalb betrauten sie einen der ihren, den Lebensspender Quetzalcoátl, mit der Aufgabe, herauszufinden, wo das Maishaus lag. 52 Jahre, einen ganzen Weltzeitzyklus, brauchte der Gott, bis er schließlich in der »Zwinkernden Nacht« eine scharlachrote Ameise beobachtete, wie sie mit einem ganzen Maiskorn auf der Schulter aus einer Bergspalte kam. Quetzalcoátl verwandelte sich flugs in eine ebensolche Ameise und schlüpfte durch die Spalte in die Höhle Cincalli, die von unten bis oben mit goldenen Körnern gefüllt war. So brachten die Götter den Mais zu den Menschen und bewiesen, daß sie wußten, wo er zu holen sei.

Wie der Mais zu den Menschen kam

Wenn auch nur wenige Dinge aus Urzeiten in Mexiko unversehrt überlebt haben, der Mais gehört dazu. Etwas Maisanbau hat auf dem Lande jedermann, zumindest ein paar Stauden, die rings um die Hütte aufschießen. In den Höfen steht – Wahrzeichen jedes mexikanischen Dorfes – ein viereckiges, schlankes Türmchen, aus Maisstroh geflochten: der Cincolote, Speicher für Maiskolben. Und nirgends tritt eine Ackerfrucht in Städten so sichtbar in Erscheinung wie der Mais in Mexiko. »Elote« heißt der pure Maiskolben. Gesotten oder geröstet wird er direkt vom glimmenden Holzofen und aus dampfenden Töpfen auf der Straße gekauft und auf dem Marsch geknabbert. Auch zur Alkoholisierung des Volkes trägt der Mais das seine bei. In einem langsamen Gärungsprozeß wird er zum Pulque de maíz, der dem Agavenschnaps in nichts nachsteht. Mexiko ohne Tortillas – undenkbar! Dieser Maiseierkuchen ohne Ei, ohne Salz und ohne Zucker ist das Brot von Millionen und dient auch als Gabel, Löffel und Teller für jene, die zu diesem Brot noch etwas anderes zu essen haben. Enchiladas, Tacos, Quesadillas, Tamales und Tostades sind lauter Tortilla-Varianten, gefüllt mit allem, was je in den Töpfen der Maya, Azteken und Spanier gelandet ist: Huhn, Rind, Schwein, Truthahn, Garnele, Krebs, Fisch, Gemüse, Früchte, Salate, Kräuter, Salsas und, ob man will oder nicht, immer mit Chilipfeffer. Mehr als 600 Abwandlungen der Tortilla gibt es – Rezepte um eine Frucht, die dem Staat eher Magenkrampf als Gourmeterlebnis ist, muß er doch rund ein Viertel des mexikanischen Urstoffs für harte Weltmarkt-Dollar einführen.

Land der Tortillas

Mittlerweile sind wir von der Autobahn auf die Landstraße Richtung San Miguel del Milagro abgebogen. Ganz in der Nähe des kleinen Orts liegt festungsartig auf einem Hügel das vorspanische Zeremonialzentrum Cacaxtla, das länger als viele andere Ruinenstätten dem menschlichen Auge verborgen blieb. 1975 aber wurde es über Nacht berühmt, als ein einheimischer Bauer dort auf eine Gebäudemauer stieß, die mit großartigen Wandmalereien in leuchtenden Farben bedeckt war. Was die Archäologie daraufhin in den letzten 18 Jahren freilegte, zeigt eine Kultstätte mit Tempeln, palastartigen Priesterquartieren, Säulengängen,

Plattformen, Patios und Altären, die im Laufe der Jahrhunderte immer wieder überbaut wurde. Von dem einst völlig ausgemalten Kultkomplex sind überlebensgroße Bildwerke fast unbeschädigt erhalten geblieben. Allein ihretwegen lohnt sich der Weg nach Cacaxtla. Allerdings sind die spektakulären Wandmalereien nur bis 13 Uhr zu sehen, da sie nachmittags vor der einfallenden Sonne geschützt werden.

Fasziniert stehen wir vor den Fresken, die Wissenschaftler auf die Zeitspanne zwischen dem 8. und 9. Jahrhundert datieren. Ihre Farben und Schmuckbänder in leuchtendem Blau und warmen Brauntönen erinnern mich an die Fresken der Minoer. Fremd und schön sind die Gestalten, die sich zwischen Glyphen und symbolischen Fruchtbarkeitsornamenten über das Bild bewegen. Fast tänzerisch in ihrer Bewegung stehen sich Jaguarmensch und Vogelmensch gegenüber. Hell und glatthäutig, mit den Fellflecken einer Raubkatze versehen und dem Gesichtsausdruck eines Nahua-Indianers des zentralmexikanischen Hochlandes, der Jaguarmensch. Dunkelhäutig, in seiner Physiognomie wie ein Maya und im prachtvoll gefiederten Gewand, der Vogelmensch. Ob es sich bei diesen Bildwerken um einen historischen oder mythologischen Sinngehalt handelt, darüber gehen die Meinungen der Forscher weit auseinander. Die einen sehen in Vogel- und Jaguarmensch zwei Herrscher, die im frühen 8. Jahrhundert das Volk der sogenannten Olmeca-Xicalanca regierten. Dieses Volk setzte sich vermutlich aus zwei unterschiedlichen ethnischen Gruppen zusammen: der autochthonen Bevölkerung des Valle Poblano, jenes Gebiets, in

In Cacaxtla

dem Cacaxtla liegt, und einem aus der südlichen Golfregion zugewanderten, den Maya zuzurechnenden Stammesverband.

Viel besser gefällt mir die Deutung und Entschlüsselung als mythologische Bildinhalte. Der helle Tag, der der dunklen Nacht gegenübersteht. In dem Raum zwischen ihnen vollzieht sich der lebenswichtige Wechsel von Aussaat und Wachstum zu Reife und Ernte in immer wiederkehrendem Kreislauf. Doch mit dieser Interpretation zeigst du dich überhaupt nicht einverstanden und führst mich siegesgewiß wie ein Feldherr in ein weiteres Gebäude, auf dessen Wänden sich über 22 Meter Länge groß angelegte Kampfszenen von dramatischer Wucht und mit teilweise schauerlichen Verstümmelungen abspielen. Das Schlachtengetümmel auf den Fresken zeigt in brutaler Deutlichkeit den Kampf Mann gegen Mann, Vogelkrieger gegen Jaguarkrieger. »Siehst du«, sagst du triumphierend, »hier geht es nur um Politik, um Kriegsführung, Sieg und Niederlage.« Um des lieben Friedens willen schweige ich zu deinen Ausführungen, aber ein Gefühl sagt mir, daß sie nicht stimmen.

In der Stadt des Mordens

Zwei Stunden später sind wir schon wieder mit diesem Thema konfrontiert. Wir sitzen auf dem höchsten Punkt eines begrünten Hügels und blicken in ein überaus malerisches Landschaftsbild. Die Häuser und Kirchenkuppeln von Cholula blitzen im Sonnenlicht auf, und fruchtbarer Ackerboden dehnt sich bis zu den Füßen der Vulkane. Höher nur noch als wir reckt sich vor uns der Glockenturm des Santuario de Nuestra Señora de los Remédios in den blauen Himmel. Mächtige pulsierende Energieströme dringen aus dem Inneren des Hügels und umhüllen die Kirche mit einem aurisch hell leuchtenden Feld. Dieser Platz, so spüre ich, ist eine unerschöpfliche Quelle von Heiligkeit und Kraft und ermöglicht es den Menschen, nur durch reines Betreten an der Kraft teilzuhaben und Zwiesprache mit der Heiligkeit zu halten. Trotz der Verletzungen, die diesem Hügel, der in sich die einst größte Pyramide der Welt birgt, zugefügt worden sind, und dem entsetzlichen Blutbad, das Hernán Cortés hier anrichtete, ist er von einem reinen, spirituellen Geist belebt.

Als Cortés im Jahre 1519 mit seinen Truppen in Cholula landete, hatte die Stadt, die damals zu

Solch stille Klosterhöfe prägen das Bild vieler mexikanischer Städte

den größten Mexikos zählte, bereits 2000 Jahre lang als heilige Pilgerstätte existiert. Voller Bewunderung schrieb der Spanier an Kaiser Karl V.: *»Von der hohen Plattform der großen Moschee hab' ich über vierhundert andere Tempel und Türme gezählt. Von allen Gegenden des neuen Landes, soweit ich es bisher habe gesehen, ist diese am meisten geeignet, daß man darinnen nach hispanischer Lebensart wohnen könnte.«*

Drei Wochen hielt sich Cortés in der Stadt auf. Doch ihre Gastfreundschaft wurde den Cholulanern schlecht belohnt. In einer Nacht, als die Bewohner gerade zu einer Zeremonie um die große Pyramide von Tepanapa, dem Hauptheiligtum der Stadt, versammelt waren, wurden sie von den Spaniern und ihren tlaxcaltekischen Verbündeten hinterrücks überfallen und zu Tausenden niedergemetzelt. Dieses dunkelste Kapitel der Conquista wurde später von den Eroberern damit begründet, daß die Cholulaner auf Anordnung Moctezumas einen Anschlag auf die spanische Truppe geplant hätten und man ihnen nur zuvorgekommen sei. Aber wie bei so vielen Ereignissen der Conquista ist die ganze Wahrheit nie zu ermitteln, da Aufzeichnungen der Gegenseite nicht vorhanden sind.

Von all den Götterburgen und Zeremonialstätten der heiligen Indianerstadt ist kein sichtbares Zeichen geblieben. Alle wurden von den Spaniern restlos zerstört. Sie wollten aus den Pyramidensteinen eine »Stadt der 365 Kirchen« erbauen, brachten es jedoch nur auf 44 Kirchen und Kapellen. Und wie ein triumphierendes Siegeszeichen, daß sie die indianischen Götter vertrieben hatten, setzten sie auf die oberste Plattform der heidni-

*Links:
Tiefe Gläubigkeit
bestimmt das Leben
der Mexikaner*

schen Tepanapa-Pyramide die Kirche Nuestra Señora de los Remédios, »Unsere Jungfrau von der Immerwährenden Hilfe«. War es ein Kampf zwischen Heidengöttern und Christengott, war es ein Kräftemessen zwischen der alten Pyramide und der ihr aufgestülpten andersartigen Glaubensschwester? Jedenfalls stürzte die Wallfahrtskirche im Laufe der Jahrhunderte mehrmals ein, während die Pyramide von sprießendem Unkraut überwuchert wurde. Mittlerweile sind sie zu einer Einheit verwachsen, so als wollten sie den vielen Pilgern demonstrieren, daß das Göttliche untrennbar ist, gleichgültig, welchen Namen es trägt.

Die Pyramide von Tepanapa

300 Jahre lang ahnte niemand, daß der Domhügel in der Landschaft nicht ein Werk der Natur, sondern ein von Menschenhand Geschaffenes war. Erst 1931 wurde die Pyramide bei Straßenbauarbeiten wiederentdeckt. Was man bei den Ausgrabungen und Durchtunnelungen fand, war aufregend genug. Und allmählich entstand vor dem geistigen Auge der Forscher das lebendige Bild eines Sakralbaus, der nach heutigem Wissensstand der größte der Welt war. Wenngleich nicht so alt wie die ägyptische Cheopspyramide, übertrifft Tepanapa diese doch vom Volumen bei weitem. Die im Laufe von 1500 Jahren siebenmal neu überbaute Pyramide maß im Grundriß 425 Meter auf jeder Seite, erreichte einst eine Höhe von über 62 Meter und bedeckte eine Fläche von 17 Hektar. Diese abstrakten Zahlen nehmen für mich erst eine greifbare Dimension an, als wir zwischen Bruchstücken von Reliefs, Schutt aller Zeitalter und steinernen Federschlangenköpfen in den Körper der Pyramide eindringen. Neun

Kilometer lang durchziehen freigelegte Gänge die Kultstätte. Enge, dunkle Gänge, die sich kreuzen und unregelmäßig verzweigen, in die Irre führen wie das Labyrinth des Minotaurus. Der Strahl unserer Taschenlampe huscht über Reste von Wandbemalungen. Heuschrecken, Schmetterlinge, Totenköpfe, rituelle und symbolische Darstellungen nehmen durch das auf- und abzuckende Licht eine fast beängstigende Lebendigkeit an, und ich habe ständig das Gefühl, daß unsichtbare Wesen uns streifen. Obwohl es uns beiden nicht sehr wohl hier unten ist, gehen wir weiter. Etwas zieht mich zu einer äußerlich ganz unscheinbaren Kammer, in deren Mitte ein schlichter, großer Würfel aus Lehm steht. Du schaust mich achselzuckend an: »Was ist daran so interessant?« Ich spüre mehr, als ich weiß. Hier ist ein Kraftknotenpunkt, der in mir eine sanfte, meditative Stimmung auslöst. Später erzählt uns ein Archäologe, daß dieser Lehmklotz einmal ein Altar war und einen Pyramidensockel krönte, auf dem nur Blumen, Schmetterlinge und Früchte geopfert wurden.

Rund um Cholula bis hin zur knapp zwanzig Kilometer entfernten Kolonialstadt Puebla liegen unzählige Kirchen und Klöster. Nirgendwo auf der Welt habe ich bisher auf so engem Raum eine solche Vielzahl schöner und ganz unterschiedlicher Gotteshäuser gesehen. Prachtvoll und kostbar ist die Renaissance-Kathedrale von Puebla, ein Schmuckkästchen, über und über bezogen mit farbigen Kacheln, die Dorfkirche San Francisco Acatepec. Auf den Resten einer alten Kultstätte erhebt sich im Zentrum Cholulas das wehrhafte Kloster San Gabriel. Den totalen Kontrast dazu

Land der Kirchen und Klöster

1 Die reiche indianische Volkskunst ist noch nicht zum Touristenkitsch verkommen
2 Wie ihre Urahnen sind die Indianer Bauern und Jäger
3 Vor den Toren der größten Stadt der Welt breiten sich unberührte Landschaften der Urzeit aus
4 Im Schatten der Kathedrale von Mexico City ruhen die Überreste des aztekischen »Templo Mayor«
5 Typisch für mexikanische Kolonialstädte sind die verträumten Patios
6 Siesta für zwei taraskische Campesinos
7 Nicht Pomp, sondern innige Gläubigkeit spiegeln die schlichten indianischen Dorfkirchen wider
8 Unter dieser Landschaft verbergen sich noch die Reste der Toltekenhauptstadt Tula
9 Die Träume, die die Indianer sich im Leben nicht erfüllen konnten, nehmen sie mit ins Grab
10 Einzigartig an der Karibik gelegen – die Maya-Stadt Tulum
11 Zipfelmützen in der Landschaft sind die traditionellen Getreidespeicher der Landbevölkerung
12 Das Silber machte nur die Eroberer reich. Sie bauten im ganzen mexikanischen Hochland pompöse Kolonialstädte
13 Das Zentrum allen Lebens war für die Indianer die Sonne. Das Zentrum heutigen Lebens ist der Marktplatz, den sie in Puebla schmückt
14 Arbeitslos, doch immer auf der Suche nach einem kleinen Verdienst

Abbildung 1

Abbildung 2

Abbildung 3

Abbildung 4

Abbildung 5

Abbildung 6

Abbildung 7

Abbildung 8

Abbildung 9

Abbildung 10

Abbildung 11

Abbildung 12

Abbildung 13

Abbildung 14

Abbildung 15

Abbildung 16

Abbildung 17

Abbildung 18

Abbildung 19

Abbildung 20

Abbildung 21

Abbildung 22

Abbildung 23

Abbildung 24

Abbildung 25

Abbildung 26

Abbildung 27

15 Veracruz ist der wichtigste Hafen Mexikos
16 Ein Prunkstück mexikanischen Barocks: die Kathedrale von Zacatecas
17 Die Atlanten von Tula trugen einst das mächtige Dach eines Toltekentempels
18 Monte Albán, die heilige Stadt der Zapoteken
19 »Bauchnabel der Welt« nennen die Chamulas den großen Platz auf dem ihre weiße Kirche San Juan steht
20 Mehr als 2000 Jahre alt ist die Zypresse in Tule und damit Mexikos ältester Baum
21 Miteinander im Glauben verwachsen: die Pyramide von Cholula und die Kirche der »Jungfrau von der Immerwährenden Hilfe«
22 Schönster indianischer Barock in leuchtenden mexikanischen Farben – die Kirche Santa Maria de Tonantzintla
23 Auf mixtekischen Tempelmauern erbaut – die Kirche in Mitla
24 Die sagenumwobene Pyramide des Zauberers in Uxmal
25 Nur wer seine Wurzeln nicht kennt, hat keinen Halt. Mit ihren Tanzritualen auf öffentlichen Plätzen rufen die Indios ihre vergessenen Traditionen in die Gegenwart zurück
26 In Huejotzingo steht Mexikos ältestes Kloster. Hier bekehrten die Franziskaner die ersten Indios zum Christentum
27 Indianerfrauen tragen ihre Kinder immer vor der Brust oder auf dem Rücken, damit ihre zarte Seele nicht verlorengeht

Arabischer Kachelschmuck außen, barocke Fülle innen – die Kirche San Francisco

bildet die Königliche Kapelle, die mit ihren 49 kleinen Kuppeln der großen Moschee in Córdoba nachempfunden ist. Zwei religiöse Stätten, die in ihrer Ausprägung gegensätzlicher nicht sein können, sind mir besonders in Erinnerung geblieben: die zauberhafte Indianerkirche Santa Maria in Tonantzintla und das strenge Franziskanerkloster Huejotzingo.

Es war kein Zufall, daß die Spanier ihre »Conquista Spiritual«, den religiösen Eroberungszug, ausgerechnet in der Umgebung von Cholula begannen. Schließlich lag hier eines der wichtigsten heiligen Zentren Altmexikos, und glücklicherweise war der Herrscher des an Cholula angrenzenden kleinen chichimekischen Fürstentums Huejotzingo den Spaniern wohlgesonnen. So bauten sie dort bereits im Jahre 1524 ihre erste und imposante Klosteranlage San Francisco, die heute als die besterhaltene des Landes gilt. Gleich nachdem die Franziskanermönche ihr Quartier bezogen hatten, begannen sie mit den Christianisierungsversuchen. Doch schon rasch stießen sie auf unüberbrückbare Hindernisse. Die Indianer waren zwar tief religiös in ihrem Glauben, konnten aber weder lesen noch schreiben, geschweige denn Lateinisch oder Spanisch verstehen. Also mußten die Gottesmänner mit Symbolen arbeiten und die Náhuatl-Sprache lernen. Dennoch blieb ihre prachtvolle gotische Klosterkirche weiterhin leer, denn die Indianer kannten keine religiösen Rituale in geschlossenen Räumen. Sie beteten ihre Götter am Fuße von Heiligtümern und unter freiem Himmel an. Das Betreten der Kultstätten war allein den Priestern vorbehalten. So blieb den Mönchen nichts anderes übrig, als ihre sakrale Architektur zu ändern. Sie bauten vor die Kirche ein riesiges ummauertes Atrium, in dem 60000 Menschen Platz fanden. Seine vier Ecken schmückten sie mit offenen Prozessionskapellen, in denen große Heiligenfiguren aufgestellt wurden. Nun konnten die Indianer der heiligen Messe unter freiem Himmel folgen. Und sie staunten nicht schlecht über die katholischen Priester in ihren wallenden, kostbaren Ornaten, über die weihrauchschwenkenden Prozessionen, die durch das Atrium von Kapelle zu Kapelle zogen, seltsam anzuschauende Figuren und gewaltige Kreuze vor sich hertrugen und dazu sangen und beteten. Die Indianer waren sicher tief beeindruckt von diesem heiligen Spektakel und zogen es dennoch vor, weiterhin zu ihren vertrauten Göttern zu beten.

Gebete unter freiem Himmel

Als wir über einen Treppenaufgang und durch

In einer Anderswelt

ein schmiedeeisernes Portal das Franziskanerkloster in Huejotzingo betreten, fühle ich mich augenblicklich in eine andere Welt versetzt. Das farbenfrohe, leuchtende, tropische Mexiko erscheint mir fern, unsagbar fern. Das hier ist Merlinland. Mystisches Halbdunkel unter dem Dach uralter Bäume. Ein kaum überschaubarer, mauerumschlossener Park, zu erahnen als ehemaliges Atrium. Das gewaltige Steinkreuz auf halbem Weg wirkt wie der Hüter des heiligen Grals. Warnend reckt es sich auf, und fast höre ich es rufen: »Fremder, betrete diese Stätte nur in ehrfürchtiger Haltung.« Wir können gar nicht anders, als auf leisen Sohlen über den knirschenden Kies zu gehen. Und dennoch klingt jeder unserer Schritte laut und eindringlich in die tiefe Stille hinein. Weit vorne erheben sich wehrhaft und zinnengekrönt die Mauern des Klosters. Ihre Strenge wird nur durch die einfallenden Sonnenstrahlen gemildert, die die ordensgeschmückte Fassade mit einem sanften Ockerton überziehen. Alles um uns herum atmet den Geist von Askese, Schlichtheit und Zurückhaltung. Obwohl sich jedes Leben aus diesem Ort zurückgezogen hat, empfinde ich die Einsamkeit nicht als lebensfeindlich. Eine Quelle, die aufgehört hat zu sprudeln, die sich einzig aus der Ruhe speist und jeden daran teilnehmen läßt, der sich ihr achtungsvoll nähert.

»Es ist eigenartig«, sagst du auf dem kurzen Weg zwischen Huejotzingo und Tonantzintla zu mir, »wir finden in den Kirchen und Klöstern Mexikos alles: die strenge Düsterkeit Englands, die tiefe Frömmigkeit Spaniens, arabischen Kachelschmuck an christlichen Fassaden, französische Einflüsse in der sakralen Architektur. Aber wo ist eigentlich Mexiko, wo sind die rein indianischen Elemente? Warum gibt es keine schwarzen Engel und keine dunkelgesichtigen Heiligen? Und warum sieht die Jungfrau Maria immer aus wie eine Europäerin und nicht wie ein Hebräerin? Haben die Indianer denn nie ein eigenes Selbstbewußtsein entwickelt?«

Sie haben, und zwar an einem Ort, wo wir es niemals gesucht hätten. Vielleicht auch an zahllosen anderen, die wir bis zu diesem Zeitpunkt noch nicht gefunden hatten. Aber dann stehen wir plötzlich davor. In Tonantzintla, einem staubigen 4000-Seelen-Dorf, in dem die Bauern noch Náhuatl sprechen und heidnische Feste feiern. Getarnt freilich unter dem Deckmantel ihres Schutzpatrons, dem heiligen Isidoro. Doch hinter seiner Maske grinst hämisch Tlaloc, der alte indianische Fruchtbarkeitsgott. Gänzlich ohne Tarnung breitet indes die Kirche Santa Maria de Tonantzintla ihre indianische Identität vor uns aus. Da sind endlich die langgesuchten schwarzen Engel, die aus einer überquellenden Tropenwelt von der Kirchenkuppel herniederschweben! Da sind die dunkelgesichtigen Heiligen, die uns aus schwarzen Augen anblitzen. Kunterbunt mischen sich früchtespeiende Teufelchen mit pausbäckigen, verschmitzten Putten. Mittendrin tummeln sich mystische Vögel und indianische Musikanten, umrahmt von herrlichen Blumengebinden.

Die Indio-Kirche

Hier stehen wir in einer irdisch-himmlischen Welt, die in den leuchtendsten mexikanischen Farben jeden Millimeter Raum des Gotteshauses einnimmt. Anonyme lokale Künstler haben dieses schönste Beispiel indianischen Barocks geschaffen, in dem nur einer fehlt – der gekreuzigte

Christus. Ihn wird man überall dort vergebens suchen, wo einheimische Künstler ihre eigene Vorstellungswelt in die Gestaltung von Kirchen eingebracht haben. Ihre Religion kannte zwar Menschenopfer, doch sie wurden ohne Leidensweg sofort getötet. Ein Wesen ans Kreuz zu schlagen und in der Marter unsäglich leiden zu lassen, schien ihnen grausam und brutal. Und so nahmen sie Christus auch seinen Dornenreif ab, setzten ihm statt dessen eine stilisierte Schlange auf das Haupt und krönten ihn so mit ihrem Symbol der Weisheit. Dies, fanden sie, ist es, was einem Menschengott wahrlich würdig sei.

Unterwegs zu den Vanille-Indianern

Echte Traditionen kennen keinen Fortschritt, weil sie den äußersten Punkt aller Wahrheiten darstellen.

Antonin Artaud, »Die Tarahumaras«

»Chicomacatl«, der fette Häuptling, staunte nicht schlecht, als plötzlich bärtige weiße Männer mit unheimlichen Streitrössern und Feuerschlangen im Jahre 1519 an der Golfküste landeten, um das unbekannte Indianerland zu erobern. Wieder einmal fühlte er sich aus seiner Sicherheit als Herrscher über das kleine Reich Totonacapan herausgerissen. Denn kaum ein halbes Jahrhundert zuvor waren die machtsüchtigen Azteken aus dem Hochland zur Golfküste vorgedrungen und hatten die Totonaken zu tributpflichtigen Vasallen gemacht. Die schönsten Jünglinge und Frauen seines Volkes mußte er für Opferungen an den Aztekenkaiser Moctezuma abliefern, dazu Schmuck, Keramik, Vanille, Kakao und vor allem die hauchfeinen Baumwollgewänder, die nur die totonakischen Frauen zu weben verstanden.

So gewaltig an Leibesfülle, so scharf war auch der Verstand von Chicomacatl. Er würde sich die fremden Götter, die über das Wasser gekommen waren, zu Verbündeten machen. Und das funktionierte wohl am besten über Geschenke. Also zog er mit einem reichbeladenen Trupp von seiner Hauptstadt Cempouallan (heute Zempoala) nach

Ein verhängnisvoller Irrtum

Antigua, um Cortés und seine Mannen willkommen zu heißen. Nun war das Staunen auf seiten der Spanier, und sie staunten noch mehr, als sie den Häuptling in seine Stadt begleiteten. Da standen Pyramiden, die wie aus Silber getrieben leuchteten. Paläste und Häuser im weißen Glanz ihrer kostbaren Stuckfassaden. Die ganze, weitläufig angelegte Stadt, in der 20000 Menschen lebten, war von Baum- und Gemüsegärten durchzogen. Tänzer und Musiker spielten den spanischen Landsknechten auf. Blumenkränze wurden ihnen um den Hals gelegt und ihre Häupter mit wohlriechenden Harzen beträufelt.

Was Chicomacatl nicht ahnen konnte: Mit seiner Gastlichkeit den Spaniern gegenüber war der Untergang Zempoalas eingeleitet. Die männliche Bevölkerung des Reiches wurde als Lastenträger und Soldaten rekrutiert, und mit einer stattlichen Streitmacht zogen Totonaken und Invasoren als Verbündete gegen die Azteken ins Hochland. Zempoala verwahrloste rasch zum spanischen Etappenquartier. Genau ein Jahr nach dem gastlichen Empfang lieferten sich Cortés' Soldaten mit jenen des aus Kuba nach Mexiko entsandten Rivalen Narvaez ausgerechnet im Haupttempelbezirk von Zempoala eine spanisch-spanische Schlacht und beschossen sich aus der Deckung zweier einander gegenüberliegender Tempelpyramiden mit Kanonenkugeln. Kaum zwei Generationen später war die einst blühende Stadt von ihren Bewohnern verlassen. Erbittert darüber, daß sie, die durch ihren Feind Moctezuma die halbe Freiheit verloren hatten, nun durch ihren Freund Cortés der ganzen beraubt wurden, gaben die Totonaken überall im Land ihre Tempel und Städte dem Verfall preis und zogen sich in den undurchdringbaren Urwald zurück.

Gerade in dem Augenblick, als wir die Ruinen der letzten Hauptstadt der Totonaken besichtigen wollen, öffnet der Himmel seine Schleusen und schüttet unglaubliche Mengen Wasser über uns aus. Solche tropischen Regengüsse sind normalerweise kurz und heftig und gehören zu dem feuchtheißen Klima der Golfregion. Aber dieser hier hat offensichtlich beschlossen, die Landschaft in ein Schwimmbad zu verwandeln. Es regnet eine Stunde, eine weitere mit ungebrochener Heftigkeit. Die dampfende Erde nimmt das feuchte Naß durstig auf, aber auf den asphaltierten Straßen beginnen sich aus Pfützen Seen zu bilden. Mehr als wir fahren, schwimmen wir auf einem Wasserbett die 35 Kilometer nach Veracruz.

Veracruz, so heißt es, gehört zu den heitersten und lebensfrohesten Städten Mexikos. Über den wichtigsten Hafen des Landes wurden seit jeher nicht nur Handelsgüter ein- und ausgeführt, sondern auch Menschen aus aller Herren Länder angespült. Hier verbanden sich indianisches Blut mit dem der Negersklaven, mit spanischem und französischem zu einer neuen, wohlgelungenen Mischung. Wir bekommen auf reichlich ungewöhnliche Weise eine Kostprobe davon. Während du, inzwischen mehr Bootssteuermann als Autofahrer, nervös und ungnädig mit den Füßen im Wasser zwischen Bremse, Kupplung und Gas hin- und herruderst, herrscht draußen auf der Hafenstraße fröhliches Treiben. Das Meer hat sich durch die sintflutartigen Regengüsse über die befestigten Mauern der Uferpromenade geschoben und die Straße meterhoch überschwemmt. Dem

Stadt der Lebensfreude

kleinen Transporter neben uns ist der Motor abgesoffen. Die beiden jungen Männer retten sich mit ihrer Marimba auf das Autodach und beginnen lachend auf dem Negerxylophon zu spielen. Pudelnaß, aber quietschvergnügt schwimmt eine pralle Veracruzanerin auf einer ausgefransten Couch vorbei. Obstkörbe, Schuhe, Melonenreste, ein Besen und allerlei seltsames Treibgut schwappen auf dem trüb-schmutzigen Wasser. Buben machen sich einen Spaß daraus, sie schwimmend einzusammeln. Ein Matrose versucht, längst bis auf die Haut durchnäßt, seine verlorene Mütze aus der Brühe zu fischen. »Mierda«, höre ich ihn sagen. Aber er lacht dazu. Für mich ist das alles wie Kino, der Vorspann sozusagen für einen ausgelassenen Tag und eine lange Nacht in Veracruz.

Heiß und feucht ist die Stadt Veracruz und manchmal auch Opfer von Überschwemmungen

Es wäre sicher übertrieben zu behaupten, Veracruz sei eine schöne Stadt. »La Villa Rica de la Vera Cruz – Reiche Stadt des wahrhaftigen Kreuzes« taufte Hernán Cortés sie, indem er kurz nach seiner Ankunft hier im Niemandsland ein Kreuz einrammte und damit eine neue Stadt begründete. Reich wurde sie, aber mit dem Kreuz ist das so eine Sache. Denn als besonders fromm galt sie nie. Piraten, Matrosen, Glücksritter und ein buntgewürfeltes Händlervolk trieben sich hier immer herum, denn über zwei Jahrhunderte war die Stadt der einzige Anlaufhafen für die aus Europa kommenden Conquistadores, Umschlagplatz für Gold und Silber aus den Bergwerken Mexikos und darüber hinaus Durchgangsstadt für viele ostasiatische Waren, die via Acapulco und Mexico City kamen und nach Europa verschifft wurden. Dieses Flair von Internationalität, Vielrassigkeit, Verruchtheit und Sorglosigkeit liegt auch heute noch über der Stadt mit ihren zahllosen Bars, Restaurants und Hafenkneipen.

Bis spät in die Nacht lassen wir uns in dieser Atmosphäre treiben, landen, wo über hundert Umwege jeder immer landet: auf dem Zócalo. Unter den weißgetünchten Arkaden und dem tropisch bewachsenen Hauptplatz prickelt und pulsiert das Leben. Marimba-Combos und Mariachikapellen spielen durcheinander, ein paar schwarze Karibikhünen wiegen sich in den Hüften dazu. Dicke Zigarren in den Mundwinkeln, vor sich Tassen mit schwarzem, dampfendem Kaffee, läßt eine Männergruppe lautstark Dominosteine auf das Brett vor sich knallen. Kubaner, Araber und hellgesichtige Matrosen flanieren vorbei, kaufen hier einen Luftballon, flirten ein Stück weiter die

Mädchen ungeniert an. Tagesklatsch und politische Diskussionen fliegen von Tisch zu Tisch. Man tauscht die Plätze, plaudert plötzlich mit Wildfremden, wechselt von Spanisch zu Englisch und Französisch. Alle paar Minuten sind wir erneut von fliegenden Händlern umringt. Sie scheinen ein besonderes Gespür dafür zu haben, daß wir schlecht nein sagen können. Nach dem zwanzigsten »No, gracias« gibst du resigniert auf, kaufst die dritte Hängematte dieser Reise. Die aus Sisal für dich, die regenbogenfarbige für mich und die Doppelhängematte, na, wir werden sehen . . .

In einer sinnlichen Landschaft

Am nächsten Morgen sind wir zeitig unterwegs. Fünf Stunden Fahrt liegen vor uns auf dem Weg nach Papantla und El Tajin, dem schönsten und wichtigsten frühtotonakischen Zeremonialzentrum. Wie so häufig auf unserer Reise, sind nicht nur die Stätten, die wir besuchen, die Höhepunkte, sondern ist es der Weg dorthin. So abrupt und unlogisch alles in den Tropen wechselt und sich dann wieder in wilder Urwüchsigkeit ineinander verschlingt, so schnell müssen sich auch unsere Sinne auf die ständig neuen Eindrücke in dieser sinnlichen Landschaft einstellen.

Die Luft ist schwer und süß wie kostbares Parfüm. Dichter Dschungel in allen Grünschattierungen wechselt ab mit Tabak- und Zuckerrohrfeldern, mit Kakao-, Kaffee-, Gummi- und Kokosnußplantagen. Wir kurven hinauf in den wolkenlosen Himmel und tauchen wieder ein in die grünen Barrancas, jene tief eingeschnittenen Fluß- und Bachbetten. Dann sind wir in Papantla, der hügelumwallten Hauptstadt des Vanille-

Landes. An den Straßenrändern hocken totonakische Indiomänner, bekleidet mit einer weißen luftigen Tracht. Frauen in Musselinröcken, weißen Blusen, langen Spitzenschals und bunten Haarbändern aus Blumen bieten uns getrocknete Vanilleschoten, Essenzen und Liköre an. Wegen dieses seltenen, leicht verderblichen und schwer zu verarbeitenden Produktes ist Papantla berühmt geworden. Noch heute gilt die gesamte Region als wichtigstes Vanille-Pflanzungsgebiet Amerikas. Das sensible Orchideenwesen wuchs bereits hier und sonst nirgendwo auf der Welt, lange bevor sich europäische Potentaten und deren Meisterköche ein so köstliches Gewürz auch nur träumen ließen. Was jetzt Kuchen, Kakaogetränk, Eis und Kaugummi ihren besonderen Geschmack gibt, wurde dereinst von den Indianern als Aphrodisiakum und Heilmittel gegen Frauenkrankheiten verwendet.

Indianische Magie, verbrämt als sportliche Leistung der heutigen Zeit, auch dafür ist Papantla neben seiner Vanille berühmt. Hoch über vielen Stadtplätzen Mexikos rauben die Voladores de Papantla, die fliegenden Menschen vom Stamm der Totonaken, mit kühnen Sturzdrehflügen Tausenden von Zuschauern den Atem. Wir erleben dieses uralte Fruchtbarkeitsritual, das den Namen Danza del Volador trägt, in Papantla selbst.

Der Danza del Volador

Beim höchsten Sonnenstand erklimmen fünf Männer in rot-weißen Kostümen einen dreißig Meter aufragenden Mast in der Mitte des Hauptplatzes. Einer von ihnen läßt sich in luftiger Höhe auf einer winzigen Plattform nieder. Knapp unterhalb von ihm hängt ein quadratischer, drehbarer Holzrahmen, auf dem die vier anderen ihren

Platz einnehmen. Nachdem sie ein langes Seil mit dem einen Ende am Holzrahmen befestigt haben, wickeln sie es mehrmals um ihre Hüften und binden das andere Ende um ihre Füße. Von der Plattform ertönen plötzlich der Klang einer Bambusflöte und der schnelle Rhythmus einer Trommel. Während sich der fünfte Mann in alle vier Himmelsrichtungen verneigt, spielt er gleichzeitig beide Instrumente und beginnt auf der gefährlich kleinen Plattform einen atemberaubenden Tanz. Ein falscher Schritt, und er würde unweigerlich abstürzen. In die drängende Musik hinein ertönt ein kurzer Pfiff, und im gleichen Moment lassen sich die vier anderen nach hinten in die Tiefe kippen. Der Holzrahmen, vom Schwung der Männer angetrieben, beginnt sich zu drehen, die Seile wickeln sich von den Körpern, und wie Vögel schweben die Voladores mit ausgebreiteten Armen in immer weiter werdenden Kreisen zur Erde. Dreizehnmal umkreisen sie den Mast zu viert und erreichen so miteinander die heilige Zykluszahl Zweiundfünfzig. Auf dem Flug in die Tiefe begleitet sie die beschwörende Flötenmelodie an die Götter: »Mögen sie uns vor Unwetter und Trockenheit schützen, mögen sie auch in diesem Jahr die Saaten segnen.«

Der Danza del Volador entstand aus einem Fruchtbarkeitsritual zu Ehren des Regengottes Tlaloc. Die Voladores repräsentieren dabei die Wiedergeburt der Krieger und Geopferten, die als Vögel zur Erde fliegen, den Göttern huldigen und den Segen der Sonne erbitten. Ihr synchrones Schweben verkörpert die Einheit zwischen Mensch und Kosmos.

Musik, Tanz und Akrobatik waren neben Op-

Rechts:
Akrobatische Höhenflüge und uraltes Fruchtbarkeitsritual:
» La Danza del Volador«

ferungen die wichtigsten Elemente im Götterkult Altmexikos und blieben allein den Männern als Hüter der religiösen Zeremonien vorbehalten. Sie waren es, die in heiligen Handlungen die Verbindung des Göttlichen zum Menschlichen schaffen durften. Die Tänzer erlebten sich vielfach selbst bis zur Ekstase, da sie in magisch-mystischen Ritualen einen ganz bestimmten Gott verkörperten, der ihr innerstes Wesen durchdrang und dann häufig durch sie hindurch sprach. So gab es beispielsweise bei den Maya in Yukatán den Nachtschwalbentanz, in dem die Individualität des Tanzenden dadurch ausgelöscht wurde, daß er eine Maske trug, die ihn für die anderen, aber vor allem für sich selbst von seiner Person befreite und in die Sphäre des Göttlichen führte. Nur wenige dieser Rituale haben sich erhalten. Was die spanischen Padres nicht als Teufelszeug ausrotten konnten, versteckt sich heute hinter bunter Folklore und sinnentleertem sportlichen Spektakel.

Märchenhaftes Heiligtum für einen furchtbaren Gott

El Tajin, die zaubermärchenhafte Ruinenstadt im feuchtheißen Dschungel, liegt nur acht Kilometer von Papantla entfernt. Wären da nicht das Klopfen und Sägen, die Gerüste und Werkzeuge der Ausgräber, man glaubte sich in eine andere Welt versetzt. Wir schreiten über einen Schlingenteppich von Grün, der sich auf- und abhügelt. Und jeder dieser Hügel, so sehr er auch naturgewachsen erscheint, wartet darauf, als Heiligtum erkannt zu werden. Denn vor endlosen Zeiten wurden sie zur Huldigung der Götter von Menschenhand erbaut. Heiliges Land, geweihter Boden, unglaublich schön und dennoch grausam und blutig. »Tajín«, der auch den Namen Huracán trägt, der Gott der Blitze und Wirbelstürme, ihm war diese Kultstätte geweiht. Schon seit Urzeiten prägte die Furcht vor der vernichtenden Kraft des Hurrikans die Bewohner der Region. Ihre Ängste meißelten sie in Stein. Verstümmelte, verstörte Wesen mit weit aufgerissenen Augen, apokalyptische Visionen von Zerstörung starrten den Archäologen von Tempelfriesen entgegen, als sie begannen, die Erdhügel freizulegen. Magische Zeichen auf Stuckwänden traten wieder ans Licht, eingeschlagen, um die Gottheit zu bannen und der Verwüstung durch den Zyklon vorzubeugen.

Anfang des 19. Jahrhunderts schälten die Arbeiter im Ausgrabungsgelände ein Wunderwerk aus dem Urwalddickicht, eine Pyramide, die in ihrer Art einzigartig ist. Über sechs Plattformen stuft sie sich, bekrönt von einem flach gedeckten Tempel, auf 30 Meter hinauf. Sie ist mit 365 Nischen in umlaufenden Reihen geschmückt, die die Tage des Jahres symbolisieren. Mäanderornamente ziehen sich an den beiden Rampen der breiten Treppe nach oben. Reliefs voller spiritueller Riten sprechen von der Verbindung zwischen Göttern und Menschen. Einst war das Äußere des Baues mit farbigem Stuck überzogen, und auch die Nischen selbst waren mit leuchtenden Farben ausgemalt. Gekurvte bunte Bänder folgten den Linien der Architektur als zusätzliches Ornament. Die eigenwilligen Gestaltungselemente von Nischen, Mäander- und Rautenmustern fanden sich auch an anderen Tempel- und Gebäudegruppen der Zeremonialstätte.

Wer waren die Menschen, die diese seltenen

Der einzigartige Nischentempel von El Tajin

Kunstwerke errichteten? Wenige der vielen Rätsel um El Tajin sind bisher gelöst. Die zur gleichen Zeit wie Teotihuácan entstandene Stadt zeigt kulturelle Parallelen zu diesem mythischen Ort, aber auch Einflüsse der Maya. Ihre große Blütezeit muß sie zwischen dem 1. und 9. nachchristlichen Jahrhundert erlebt haben. Nach einer Zeit des Niedergangs um das Jahr 1000 unter den nach Süden ziehenden Tolteken erfuhr sie eine Renaissance zwischen dem 11. und 13. Jahrhundert. Benachbart lebten die Volksstämme der Huaxteken und Olmeken, so daß auch sie die Kultur von El Tajin mitprägten. Noch weiß niemand, wann das Ende erfolgte und warum diese Metropole der Golfküste in Vergessenheit geriet.

Eines aber weiß man mit Sicherheit, El Tajin muß ein Zentrum des heiligen Ballspiels gewesen sein, das in ganz Mesoamerika im Zusammenhang mit großen kultischen Festen stattfand. Denn bei den Ausgrabungen, die nach Schätzung der Archäologen höchstens ein Zehntel der Stadt ausmachen, wurden bisher elf solcher Ballspielplätze gefunden. Eindrucksvolle, dramatische Szenen des tödlichen Spiels für die Götter zeigen sechs Reliefs auf dem »Juego de Pelota Sur«, dem südlichen Ballspielhof.

Tödliches Spiel für die Götter

»Das sieht aber nach einem reichlich gefährlichen Sport aus«, sagst du und zeigst auf eine der steinernen Figuren, deren Unterarme, Knie und Geschlechtsteil mit wulstigen Bandagen umwikkelt sind. Ihr Kopf und das Gesicht tragen als Schutz Helmkappe und Maske, und der Körper windet sich in einem akrobatischen Drehsprung. Du hast recht, gefährlich war es schon, nur kein Sport, sondern eine kultische Handlung. Die Plätze, auf denen das Spiel der Gestirne stattfand, galten als Sinnbild des Himmels. Ihre Größe variierte zwischen einem Tennis- und einem Fußballfeld. Immer aber waren sie an den Längsseiten von steinernen Wällen umgeben, aus denen in drei Meter Höhe jeweils ein skulptierter Steinring ragte. Aufgabe von zwei Mannschaften war es, einen Kautschukball durch diese Ringe zu treiben, deren Öffnungen kaum größer waren als der Ball selbst. Niemals durfte der Ball die Erde berühren, auch nicht mit Händen oder Füßen geschlagen werden, sondern nur mit Gesäß, Hüfte, Ellenbogen oder Knien. Dieses unglaublich schnelle Geschoß war eigentlich kein Ball, sondern die Sonne. Sie, die Verehrte, Angebetete, flog hier symbolisch über das Firmament, wurde bejubelt, wenn sie aufstieg, ängstlich verfolgt, wenn ihr Flug sich abwärts lenkte. Würde sie die Erde berühren, zum Stillstand kommen, dann wäre es um die Menschheit geschehen.

Wehe der Mannschaft, durch die der Spielfluß und damit der Sonnenlauf unterbrochen wurde! Sie mußte mit dem Leben bezahlen. Den Verlierern wurde das Herz herausgerissen und dem himmlischen Feuerball zum Opfer gebracht. Nur so konnte der »gefallenen Sonne« wieder Kraft gegeben werden für einen erneuten Aufgang am Firmament. Für die Spieler scheint es ein Heldentod gewesen zu sein. Sie wurden mit großen Ehren bestattet, und ihre Reise ins Jenseits war von reichen Grabbeigaben begleitet. Noch heute wird das »Pelota-Spiel« in kleinen Ortschaften an der Westküste Mexikos in der alten Weise an religiösen Feiertagen gespielt. Nur fliegt der Ball jetzt in einen christlichen Himmel hinein.

Olmeken –
Die Leute aus dem Gummiland

*Wenn wir träumen, daß wir träumen, sind
wir dem Erwachen schon nah.*
Novalis

»Wach doch endlich auf!« Deine Stimme ist so weit weg, daß sie mich nur durch Berge von Watte erreicht. Ich spüre, wie du mich an der Schulter schüttelst, und trotzdem scheint dieser Körper nicht zu mir zu gehören. Du mußt mich in Ruhe lassen, denn gerade jetzt stehe ich an einem Punkt zwischen Traum- und Wachzustand, der mir die Lösung verheißt für das seltsame Geschehen der letzten Tage. Es hat scheinbar nichts und doch wiederum viel mit Mexiko zu tun.

Begonnen hatte alles an dem Abend auf dem Zócalo in Veracruz. Es war bereits zwei Uhr morgens, als wir uns auf den Weg zum Hotel machten. Immer noch herrschte Hochbetrieb auf dem Platz, und um uns herum wogte eine heiter-sinnliche Stimmung. In dem Geschiebe und Gedrängel waren wir ständig mit anderen auf Tuchfühlung, und so achtete ich nicht weiter auf den Schubs, den ich von der Seite bekam. Für einen Augenblick nur spürte ich die flüchtige Berührung einer Hand an meinem Hals und den kurzen elektrischen Schlag, der meinen Körper dabei durchfuhr. Da waren die Augen des Indianers, die ich scharf und durchdringend auf mich gerichtet fühlte, und da war plötzlich dieser pochende Schmerz in meinem Kopf, der tagelang anhielt. Ich versuchte es mit Entspannungsübungen, mit allen möglichen homöopathischen Mitteln aus meiner Reiseapotheke, mit schweren Schmerztabletten, aber nichts nützte. Schließlich nahmen wir das Angebot des Zimmermädchens an, uns zu seiner Großmutter, einer indianischen Kräuterfrau, zu bringen.

Eine Indianerin mit blauen Augen

Wir fuhren hinaus aus der Stadt und hinein in den Dschungel, in dem, versteckt zwischen Urwaldriesen, namenlose Congregaciónes, kleine totonakische Dörfer, lagen. Ein winziges, abgelegenes Haus, mehr Hütte mit Strohdach und einem sich im Wind bauschenden Vorhang als Eingangstür. Der Duft von Kräutern und Gräsern wehte uns beim Eintreten entgegen. Grünes Halbdunkel im Inneren. Ein einziger Raum nur, vollgestopft mit wackligen Regalen und Holzkisten. Darauf standen im wilden Durcheinander Einweckgläser mit trüben und schleimigen Flüssigkeiten, kleine und große Blechdosen, Schachteln, Flaschen und Tonkrüge. Von der Decke baumelten Kräuterbüschel und Wurzeln zwischen bunten Stoffpüppchen, getrockneten Schlangen- und Echsenhäuten. Das Ganze wirkte mehr wie eine Hexenküche als eine Apotheke. Jetzt erst bemerkte ich die alte Frau. Klein, knöchern und mit einem Gesicht aus dunkelgegerbtem Leder blickte sie uns an. Irgend etwas irritierte mich. Ihre Augen! Riesig und blau! Eine Indianerin mit blauen Augen, wie war das möglich?

Du erzähltest ihr von meinen Kopfschmerzen. Sie winkte ungeduldig ab. Das könne sie selbst sehen. Seit wann, warum, wollte sie wissen. Ich schilderte ihr das kurze Erlebnis auf dem Zócalo. Sie hörte mit geschlossenen Augen zu und murmelte in ein langes Schweigen hinein unverständliche Worte, aus denen nur eins klar für mich herauszuhören war: »Obsesso – besessen«. Mich ergriff augenblicklich Panik. Mein Herz trommelte wie ein Dutzend Stämme bei einer Kriegszeremonie. Wo war ich hier hingeraten? Alle möglichen Gedanken von schwarzer Magie schossen mir durch den Kopf. Die Indianerin schien es zu fühlen. Aus ihren blauen Sternaugen strahlte sie mich voller Wärme an: »Estás obsessionada. Du bist besessen. Pero es un espiritu bueno. Te quiere ajudar. Por eso jo eto puedo ajudar. Aber es ist ein guter Geist. Er will dir helfen. Deshalb kann ich dir helfen.«

Schweigend schauten wir ihr zu, wie sie aus undefinierbaren Ingredienzen eine Flüssigkeit zusammenmischte und minutenlang schüttelte. Dann reichte sie mir das milchige Gebräu zum Trinken. Ich weiß nicht, warum, aber ich hatte plötzlich ein tiefes Vertrauen, daß diese alte, wundersame Frau mich von meinen Schmerzen befreien würde. Gleichzeitig spürte ich dein Mißtrauen. »So ein Hokuspokus«, sagtest du leise auf deutsch zu mir, »das soll helfen?« – »Como no, señor – wie denn nicht?« Die Indianerin mußte deine Gedanken telepathisch aufgenommen haben. Sie wandte sich zu mir: »Die Schmerzen werden fortfliegen. Dein Kopf wird eine große Klarheit bekommen, und du wirst dich an viele alte Dinge erinnern. Das ist ein Geschenk vom Großen Geist, nutze es.« Was sie sagte, war mir in dem Augenblick völlig rätselhaft.

Eine Stunde später war ich komplett schmerz-

Noch immer sind sie den Forschern ein Rätsel: die Kolossalköpfe der Olmeken

frei und zusätzlich in einem angenehmen »High«-Zustand. Und dann setzten seltsame Phänomene ein. Meine Sensitivität hatte mich zwar schon häufig an den Punkt geführt, daß ich die unterschiedlichen Energieströme an bestimmten Plätzen sehen konnte, daß sich mir Dinge eröffneten, die an diesen Plätzen einmal passiert waren, aber niemals war ich mit meiner eigenen Person in das Geschehen einbezogen gewesen. Jetzt aber erlebte ich in einem Zustand erweiterten Bewußtseins zahllose Episoden aus früheren Leben hier in diesem Land. Ohne jede Ankündigung überfielen sie mich – mitten im Gespräch mit dir, beim Bummeln durch einen Ort, beim Betrachten einer Ruinenstätte oder nachts im Schlaf. Es schien, als würde meine Vergangenheit neu erschaffen, und ich war ihr eigener Biograph. Ein Teil meines Wesens lebte *jetzt* in einer anderen Zeit, aber die andere Hälfte stand dabei gleichzeitig abseits und überblickte die Szene mit einem losgelösten, fast wissenschaftlichen Interesse. In Träumen, Visionen, Erinnerungen wurden mir Ereignisse häufig »gezeigt«, nun aber erlebte ich sie mit allem Riechen, Schmecken und Fühlen bis hin zum tödlichen Schmerz. Daß es dabei einen roten Faden gab, der bis in mein heutiges Leben hineinreicht, wurde mir erst viel später klar.

Reflexionen, Visionen

Ich war der »Tanatinime«, einer der gelehrten alten Männer, deren Aufgabe es war, die Priesterschüler zu unterrichten und ihnen eine Vorstellung vom Universum zu geben. Seit unzähligen Jahren lebten wir im Haus der Weisheit, das zu dem umfangreichen Tempelbezirk der Gefiederten Schlange gehörte. Es war eine gute, friedvolle Zeit, die mit Lernen und Lehren, mit Beten und Fasten ausgefüllt war. Wir liebten und verehrten die Götter und sie uns. Unsere Opfer für sie nahmen wir aus der Natur, und sie beschenkten uns mit reichen Ernten. In dem Bewußtsein dieser großen Harmonie und des reinen Flusses von Vergehen und Wiedergeborenwerden starb ich in einem sehr hohen Alter.

Tief in mir mußte das Wissen, daß alles Wesen allen Seins nur Liebe und nicht Zerstörung und Gewalt sein kann, erhalten geblieben sein. Auch wenn alle Erfahrungen einer erneuten Inkarnation dagegensprachen. Als Sohn einer erlesenen Familie erlebte ich eine Zeit düsterer, blutiger Opferrituale, und heute noch sehe ich die Bilder von Priestern mit verfilzten und blutverklebten Haaren und schmierigen, von Erdpech geschwärzten Gesichtern vor mir und habe ihren üblen Geruch nach Schwefel und Aas in der Nase. Wie es sich für den Sprößling einer hochrangigen Familie geziemte, bekam ich meine Ausbildung in einer Priesterschule und wurde dort Zeuge von absurden Selbstkasteiungen: Männer, die sich Ohren, Zungen und Geschlechtsteile durchbohrten. Ich schaute den Zeremonien für die Götter zu, in denen jungen Frauen bei lebendigem Leib die Haut abgezogen wurde und Priester sich mühten, in die blutige Haut hineinzukriechen, um hernach darin vor dem Volk zu tanzen. Ich sah die als Gott aufgeputzten Opfergefangenen auf den Altären sterben und die Priester anschließend ihr Fleisch verspeisen. Am Ende wurde mir als junger Mann selbst die höchste aller Ehren zuteil. Sie zogen mich über den Opferklotz, und einer setzte das Steinmesser an meiner Kehle an und trennte mit einem gewaltigen Schnitt den Kopf vom Rumpf ab. Ein entsetzlicher, glühender Schmerz schoß mir in den Kopf und ein letzter Gedanke: »Nein, das ist falsch. So wollen es die Götter nicht.«

Du warst dabei, als sich diese lebendigen Episoden der Vergangenheit in Szene setzten. Als ich noch einmal mit meinem ganzen Fühlen das »Alte« erlebte. Wir ließen es zu und geschehen und hinterfragten, warum es geschah. Du warst es letztlich, der den Schlüssel dafür fand. Wir hatten gerade im Pazifik herumgetollt und genossen jetzt die Wärme der Sonne auf der Haut, als wieder eine »Rückerfahrungswelle« heranrollte. Ich wurde augenblicklich zum kleinen, unbedeutenden Indianer, der sich zum großen Verkünder und Wahrheitsprediger aufgerufen fühlte. Jedem, der es hören wollte oder nicht, erzählte ich, daß es ketzerisch sei, den Göttern Blutopfer zu bringen, und ihr Zorn sich über die Menschheit ebenso zerstörerisch entladen werde. Dies tat ich zu einer Zeit, in der die Blumenkriege in diesem Land ihren Höhepunkt erreicht hatten und die daraus erbeuteten Gefangenen zu Tausenden auf den Opferaltären dahingeschlachtet wurden. Wenn mir innerlich auch viele zustimmten, verhöhnten und verlachten sie mich dennoch. Zu groß war ihre Furcht vor der Macht und Grausamkeit der Priester. Ich wurde angeprangert und mußte dafür zwar nicht mit dem Leben zahlen, aber sie banden mich an einen Pfahl und schnitten mir die Zunge heraus. Ich fühlte nicht den Schmerz im Mund, er raste und brüllte in meinem Kopf. Und noch in der Sekunde vor der Ohnmacht traf ich eine Entscheidung: »Ich werde den Menschen nie mehr erzählen, was ich weiß, denn es bringt mich um.«

In den verklingenden Schmerz hinein fragtest du mich: »Was hast du eben gesagt? Du wirst den Menschen nie mehr erzählen, was du weißt?«

Ich spürte sehr wohl, wie sich instinktiv eine Abwehrhaltung in mir aufbaute, und wollte schnell über etwas anderes sprechen. Und dann kam es doch: »Merkst du gar nicht, daß du mitten in deinem heutigen Lebensthema drinsteckst? Darf ich dich an dein endloses Leiden darüber, daß dich niemand versteht, erinnern! An unsere ständigen Diskussionen, warum du dich mit deinem ganzen Wissen versteckst und die vielen Möglichkeiten, die sich dir bisher angeboten haben, es mit anderen Menschen zu teilen, ausgeschlagen hast. Du hast Angst, daß es dich umbringt. Du hast Angst, daß sie dich nicht für voll nehmen, ja vielleicht für verrückt erklären. Das paßt nicht in dein eigenes Bild von der klaren, intelligenten Frau. Was glaubst du, wozu du deine Fähigkeiten hast?«

Alles, was du sagtest, traf mich zutiefst. Und gleichzeitig wußte ich, wie recht du hattest. Diese Angst, verwundet zu werden, nicht gehört und richtig verstanden zu sein, begleitete mich, seit ich denken konnte. Ich wollte lieber Einsiedler bleiben, statt zum Flammenschwert zu werden, an dem ich mich selbst verbrennen konnte.

Stumme Beredsamkeit

»Wach doch endlich auf!« Deine Stimme ist schon gefährlich nah an mein Bewußtsein herangerückt. Jetzt gehört auch dieser fremde Körper wieder zu mir. »Bitte, laß mich in Ruhe«, möchte ich dir sagen, »ich möchte noch eine Weile Einsiedler sein, um die Lösung zu finden.« Aber ich kann nicht sprechen. Hier im Hotelbett in Villahermosa erlebe ich gleichzeitig den alten Mann, der, stumm geboren, seit Jahren auf den Höhen des Orizaba-Vulkans im Hochland Mexikos lebt. Er kann nicht sprechen, aber hören. Und das, was er hört, entzieht sich der Wahrnehmung der meisten Menschen. Er versteht die Sprache der Tiere, er hört die Steine, Pflanzen und Bäume reden. Sie werden seine Lehrmeister. Von ihnen erfährt er alles über die großen Geheimnisse der Natur. Und obwohl er keinen Laut über die Lippen bringt, kann auch er mit allem um ihn herum sprechen.

Er fragt und bekommt Antworten, und über diese stille Kommunikation lernt er, in die Vergangenheit und in die Zukunft zu blicken.

»Du mußt vom Berg heruntersteigen«, raunt ihm eines Tages der Eichenwald zu. »Du mußt nun selbst Lehrer sein«, zischeln die Schlangen. Die Stimmen werden von Monat zu Monat dringlicher. »Alles, was du hier oben erfahren hast, gehört nicht dir. Du mußt es den Menschen zur Verfügung stellen.«

»Aber wie denn, ich kann nicht sprechen. Sie werden mich nicht verstehen.«

»Du wirst es können!« Ein ganzer Chor von Stimmen spricht diese Worte. Liebevoll, aber unerbittlich.

»Wo werde ich euch wiederfinden?«

»Mutter«, höre ich nur noch ganz von fern – und »La Venta...« Der Rest verliert sich im Rau-

Wenn sie auch seit langem schweigen – für die Indios sind die Vulkanberge auch heute noch heilig

schen der Klimaanlage und in einem fröhlichen: »Na, du Faulpelz, bist du endlich aufgewacht!« von dir.

Wir ändern unser Tagesprogramm. Eigentlich wollten wir heute morgen das Anthropologische Museum von Villahermosa besuchen, das angefüllt ist mit kulturellen Zeugnissen der Olmeken, jener rätselhaften Mutterkultur Mexikos. Jetzt gehen wir in den Dschungelpark La Venta, in dem zwischen Urwaldriesen die Monumente der Olmeken aus der Erde wachsen. Gleich am Eingang starrt uns ein meterhoher Kolossalkopf entgegen. Fremd und gänzlich unindianisch sieht er aus mit seinen aufgeworfenen, negroiden Lippen, dem dicken Wulst über der platten Nase und dem breiten Gesicht. Seine seltsame helmartige Kopfbedeckung zieht sich bis über die Ohren. Sie findet sich auf allen olmekischen Riesenhäuptern und hat Anlaß zu den eigenwilligsten Spekulationen gegeben. Der Schriftsteller Erich von Däniken sah in den Schöpfern dieser Köpfe außerirdische Wesen, die vom Weltraum herabkamen und sich in Mexiko niederließen. Nein, sagten andere, es waren Menschen von untergegangenen Kontinenten, von Mu oder Atlantis. Manche behaupteten, daß es sich bei den Kolossalköpfen um Abbildungen nubischer Fürsten handle, die einst Ramses III. von Ägypten auf die Suche nach der Unterwelt sandte, und die schließlich hier landeten. Bezüge wurden hergestellt zu den Steinskulpturen auf der Osterinsel und den vorgeschichtlichen Megalithkulturen Südenglands und Nordfrankreichs. Seltsamerweise wollte die Welt lange nicht akzeptieren, daß die indiani-

Wer waren die Schöpfer der Gigantenköpfe?

Olmeken – Die Leute aus dem Gummiland

schen Ureinwohner Träger einer hochentwickelten, einzigartigen Kultur waren. Eine Art Sumerer der Neuen Welt, denn wie die Sumerer in Mesopotamien entwickelten sie Kunst, Technik und Religion, die sie an die nachfolgenden Völker weitergaben.

»Es besteht nicht der leiseste Zweifel, daß sämtliche spätere Zivilisation Mesoamerikas, ob es die Azteken oder Maya waren, letztlich auf olmekischen Fundamenten ruhen.« Dieser Kernaussage eines Archäologiekongresses im Jahr 1962 in Mexiko schlossen sich mittlerweile die meisten Wissenschaftler an. Genau hundert Jahre zuvor hatte der Forscher Melgar y Serrano an der Golfküste in Tres Zapotas ein erstes Zeugnis der bis dahin unbekannten Kultur gefunden. Es war ein gewaltiger Basaltkopf. In den nachfolgenden Jahrzehnten kamen in den feuchtheißen Sumpfregionen der Bundesstaaten Veracruz und Tabasco weitere

Im Urwaldpark von La Venta sind die schönsten Stücke olmekischer Kunst ausgestellt

Funde ans Tageslicht, darunter Kleinplastiken und Tonköpfe, deren Ausdruck dem »babygesichtigen« Monumentalhaupt glichen. Man erinnerte sich daran, daß in den aztekischen Chroniken von einem Volk zu lesen war, das in dem paradiesischen Land an der Golfküste lebte, dort wo der Kautschuk wuchs. Sie wurden Olmeken genannt, »die Leute aus dem Gummiland«. So übernahm die Wissenschaft diesen Namen.

Lebte so ein Steinzeitvolk?

Vor mehr als 3000 Jahren, so weiß man heute, muß die olmekische Kultur schon existiert haben. Die älteste Pflanzerbevölkerung der Golfküste setzte sich mutmaßlich aus Verbänden einer Völkerfamilie zusammen, zu der auch die späteren Maya gehörten. Ihre Kenntnisse waren umfassend und hoch entwickelt. Sie wußten für damalige Zeit auf moderne Art ihre Felder zu bestellen, bauten Kanäle, auf denen sie aus fernen Steinbrüchen riesige Monolithe transportierten, um sie zu Kunstwerken zu behauen. Sie schufen nicht nur prächtige Großskulpturen, sondern waren auch wahre Meister in der Modellierung von Tonfiguren und der feinsten Bearbeitung von Jade. Sie bauten Kultanlagen riesigen Ausmaßes. So mußten allein für die Erdpyramide in San Lorenzo rund zehn Millionen Tonnen Erde in Körben auf dem Rücken der Indios angeschleppt werden, denn Lasttiere gab es in olmekischer Zeit ja keine. Zudem stehen sie in dem Ruhm, ungefähr gleichzeitig mit der Blütezeit Teotihuacáns eine Spitzenkultur mit besonders fortgeschrittenen astronomischen Kenntnissen hervorgebracht zu haben, wie sie wohl kein anderes Volk Mesoamerikas und vielleicht kein anderes Steinzeitvolk der Erde erreichte.

Einer der bedeutendsten Fundorte olmekischer Kultur ist La Venta, eine Insel im sumpfigen Strombett des Tónala-Flusses im Bundesstaat Tabasco. Nach ihr nannte man auch die altolmekische Zivilisation »La-Venta-Kultur«. Dieses Gebiet ist außerordentlich schwer zugänglich und außerdem heute eine häßliche, von Erdölbohrtürmen durchzogene Industrielandschaft. Wie eigentlich alle olmekischen Ausgrabungsstätten ist La Venta wenig sehenswert. Die architektonischen Reste der Olmeken sind nichts weiter als quadratische Erdpryramiden oder runde, überwachsene Erdhügel. All das, was von der mexikanischen Mutterkultur an Kostbarkeiten erhalten geblieben ist, befindet sich im wesentlichen an vier Stellen: in den Anthropologischen Museen von Mexico City, Jalapa und Villahermosa und in La Venta, einem Freilichtmuseum im Urwald.

In diesem Park tauchen wir ein in das mystische Licht unter dem Dach einer Dschungelkathedrale. Wie still es hier heute ist! Kein Mensch außer uns, kein Tier. Nur Natur, aus sich selbst heraus geschaffen, und riesige Steinmonolithe voller geheimnisvoller Bildinschriften. Ich habe den Gedanken kaum zu Ende gedacht, da knackt und raschelt es im Dickicht hinter uns. Erschrokken drehen wir uns beide um und sind völlig perplex: Vor uns steht ein junger Hirsch. Ohne jede Scheu stakst er auf seinen langen Beinen direkt auf mich zu und steckt seine feuchte Nase in meine Hand. Du willst ihn streicheln. Er aber springt erschrocken zur Seite, macht einen Riesenbogen um dich herum und ist wieder bei mir. Er reibt seinen Kopf an meinen Knien, saugt an meinen Fingern und schaut mich dabei die ganze

Der Hirsch von La Venta

Zeit mit großen, vertrauensvollen Augen an. Ich spüre, wie es mir die Kehle zuschnürt und Tränen aufsteigen. Etwas in mir bricht auf, Erinnerungen, Sehnsucht, Schmerz. Sie überschwemmen mich mit einer Wucht, die mich jede Fassung verlieren läßt. Meine Arme um den Hals des Tieres geschlungen, ertrinke ich fast in meinen Tränen.

Lösung und Erlösung. Du sprichst aus, was ich fühle: »Du bist frei. Niemand wird dich umbringen, wenn du sagst, was du weißt. Du wirst schreiben, sprechen, lehren, und man wird dich hören und verstehen.« Der kleine Hirsch scheint mir recht übermütig geworden zu sein. Er stupst mich auffordernd in die Kniekehlen und in den Rücken und weicht nicht von meiner Seite. Unterwegs im Park begegnen uns ein paar Leute. »Muy bonito, oh wie nett!« Sie wollen das Tier liebkosen. Es macht einen Riesensatz und verschwindet im Busch. Minuten später ist das Kitz wieder da und begleitet uns bei der Wanderung durch eine mythische Welt, in die wir wie in einen uralten, fremdsprachigen Film hineinschauen, vieles erahnen, aber nur wenig wirklich verstehen. Da sind die riesigen, tonnenschweren Menschenhäupter, die nie zu einer ganzen Gestalt gehörten und, von Hirschen und Jaguaren scheu umschlichen, jahrhundertelang halb versunken aus der Erde starrten. Da sind Altäre mit eingemeißelten Priesterfiguren, die auf einer Schlange sitzen. Die Andeutung eines Federschmucks ist zu erkennen. Quetzalcoátl, in seiner Göttlichkeit über Zeit und Raum erhaben, auch im Geist dieses uralten Volkes hat er schon gelebt. Doch eine andere Gottheit in Gestalt des Jaguars führte die Spitze des olmekischen Pantheons an. Aufgesperrte Jaguarra-

Olmeken – Die Leute aus dem Gummiland

chen, in denen zipfelmützige Wesen erscheinen, starren uns an. Sind es Götter- und Dämonengestalten, die im Himmel oder in der Unterwelt zu Hause sind, oder Menschen, von denen einst irgendein Mythos berichtete?

Immer wieder tauchen auf den Reliefs der Monolithen zwergenhafte Wesen auf, in deren Gesichtern sich Jaguarzüge mit menschlichen paaren. Die Zwerge haben vielleicht ihren Ursprung im Glauben der Indianer an Naturgeister, an Gnome mit Babygesichtern, Herren der Wildnis und der Fische. Sie wohnen in Höhlen oder in Wasserfällen, wo sie den besten Mais und andere Schätze verbergen. Den Menschen sind sie zugleich willfährig und gefährlich. Wenn sie auf die rechte Weise besänftigt werden, bringen sie Regen und Fruchtbarkeit. Den ganzen Symbolismus der Figurenwelt dieser Zwerge wird man wohl niemals erklären können. Es ist eine Welt voll tiefer Ge-

Wie Zwerge und Gnome wirken viele der olmekischen Skulpturen, man hält sie für mythische Gestalten

heimnisse. Wir wissen ja nicht einmal etwas von dem Alltagsleben der Olmeken. Sie haben weder schriftliche noch mündliche Überlieferungen hinterlassen, falls nicht etwa die Hieroglyphen, die sie in steinerne Bildwerke ritzten, solche enthielten. Ein namenloses Volk tauchte aus der Dämmerung des Archaikums auf, und niemand weiß, wohin es verschwand. Aber sein Geist, sein Kunstsinn, seine Götter, sein Kalendersystem und die Zahlenglyphen lebten auf verschlungenen Wegen weit über Mesoamerika hinaus in der Zukunft fort.

Wir sind am Ausgang des Parks angelangt. Der Museumswärter schaut uns fassungslos an. Es gebe ein paar Hirsche hier im Park, sagt er, aber sie seien unglaublich scheu. Niemals würden sie Menschen näher als zehn Meter an sich heranlassen. Das Kitz steht hautnah neben mir. Es reibt seinen Kopf an meiner Hüfte und gibt mir dann einen auffordernden Schubs. Ich habe verstanden. »Ich geh' ja schon – und danke, du.«

Chiapas – Bauchnabel der Erde

Möge dein Geist die Zeichen der Zeit sehen und dein Herz ihre Wahrheiten annehmen.

Indianisches Sprichwort

Sie tragen verschiedene Namen und sprechen unterschiedliche Sprachen: die Tzotzil-, Tzetzal- und Lacandonen-Indianer, und sind doch alle Nachfahren der Maya. Ihre Heimat ist Chiapas, der wilde Südosten, die geheimnisvolle Randzone Mexikos, das Land der Magie und dunklen Konflikte. »Es mágico, es México – es ist magisch, es ist mexikanisch.« Mit dieser Beschwörungsformel bewirbt Mutter Mexiko ihr schönstes und zugleich schwierigstes Kind. Mysteriös ist das Land der Maya-Erben gewiß, aber gerade deshalb ist hier auch vieles anders als im übrigen Mexiko: archaischer, rauher, indianischer. Es ist die ärmste und zugleich vielfältigste Region. Ein Land zwischen einsamen Pazifikküsten, tropischen Regenwäldern, kargem Hochland und fruchtbaren Tälern, zwischen Vulkanen, Seen und beeindruckenden Wasserfällen.

Ein letzter Blick auf den Pazifik, der in der Mittagssonne wie silberfarbenes Blei am Horizont zerfließt, dann fahren wir auf der Pan-Americana entlang ins Chiapas. Zuerst steigt die Straße sanft an, zieht sich durch tropische Plantagengebiete voller Kaffee, Kakao, Gummi, Bananen,

Kokosnüsse und Baumwolle. Dann wird die Landschaft einsamer und wilder. Wir tauchen ein in das Grün des feuchten, dunklen Dschungels. Unser Wagen arbeitet sich in scharfen Kurven langsam höher. Die angenehme Kühle verrät uns, daß wir die Zweitausend-Meter-Grenze bereits überschritten haben müssen. Unter uns satte, fruchtbare Täler, über uns üppig bewachsene Berge, deren Vegetation fast bis an die höchsten Gipfel reicht. Gerade eben noch stachen sie mit ihren Kuppen und Felsnadeln in einen strahlend blauen Himmel. Jetzt stecken sie in dunklen Wolken, die sich von Sekunde zu Sekunde tiefer herabsenken.

Das Gewitter In die schwefelgelbe, elektrisch aufgeladene Atmosphäre hinein bricht ein Gewitter unvorstellbaren Ausmaßes. Der tropische Regenguß wettert durch die Cañons des Gebirges, als sei ein Damm gebrochen bei schwerem Hochwasser. Die Bäume legen sich quer im Sturm. Grellen Blitzen folgen Donnerschläge, die sich in ihrem eigenen Echo verfangen. Knapp hinter uns stürzen riesige Gesteinsbrocken aus der steilen Felswand. Ein ganzer Bergteil kommt ins Rutschen, überrollt die Straße und zieht einen Teil von ihr mit sich in den Abgrund. Wir müssen einen Schutzengel haben, daß wir nicht mit hinuntergerissen werden. Die nächste Zeit wird über diese Strecke kein Auto mehr fahren, aber auch der Weg nach vorne ist beschwerlich genug. Hinter fast blinden Scheiben lenkst du den Wagen auf der schmalen, glitschigen Fahrbahn im Zickzackkurs bergauf. Immer wieder mußt du herabgefallenen Steinen ausweichen. Zu zweit schaffen wir einen halben Baumstamm zur Seite, der die Straße versperrt.

Genauso schnell, wie das Unwetter gekommen

ist, hat es sich wieder verzogen. In die Abenddämmerung dringen ein paar versöhnliche Sonnenstrahlen, und dann ist es fast übergangslos Nacht. Es ist eine dieser großen steinernen Nächte, die immer noch von unzähligen Göttern bevölkert sind. Nirgendwo auf der Welt gibt es solche Nächte. Mit der kühlen Reinheit eines Kristalls nimmt sie uns auf. Eine schwarzblaue, glänzende, unermeßlich weite und hohe Halle, deren majestätische Wölbung keiner Säulen bedarf. Wohltätig und voll stiller Andacht ruht sie über den Bergen wie die segnende Hand der Ewigkeit. Wir können uns von dieser Nacht nicht lösen. Wie ein magisches Band hält sie uns fest in einer kraftvollen und gleichzeitig seelentiefen Schwingung. Wir empfinden weder Kälte noch Feuchtigkeit. Wir sitzen nur da, nehmen das große Schweigen in uns auf und spüren, daß alles in ihm enthalten ist. Irgendwann in diesen Stunden wird mir klar: Nicht der Tag ist es, sondern die Nacht, die uns verbindet mit dem, was wir waren, ehe wir wurden, und dem, was wir sein werden, wenn wir nicht mehr sind.

Magie der Nacht und des Morgens

Ein grünlich-graues Frühlicht dringt in die Finsternis. Die Welt um uns tritt aus der Ewigkeit wieder in die Zeit ein. Berge und Täler nehmen langsam Konturen an. Wie von unsichtbarer Hand berührt, zieht es die Nebelschleier fort, und mit ihnen weichen die Geheimnisse der Nacht. Dann, mit einem Schlag, ist es hell. Die Sonne schiebt sich groß und rotleuchtend über die Gipfel der Sierra Madre. Das Land ringsum entflammt an ihr, und wie ein entzündetes Feuer brennt und wogt es in unzähligen Grünschattierungen. Das ist Leben. Pralles, überschäumendes, wildes Leben. Wie könnte man die Sonne und die Natur nicht anbeten? Plötzlich erscheint mir unsere Art, sie nur zu durchreisen, um irgendwo hinzukommen, völlig widersinnig. Sie ist nicht der Weg, sondern bereits das Ziel. Und ich wünsche mir, etwas von dieser königlich-gleichgültigen Trägheit der Indianer zu haben, die sich nicht ständig bewegen müssen um des Bewegens willen. Sie tun ihr halbes Leben nur das, was für uns letzte Nacht eine große, einmalige Erfahrung war: dasitzen und schweigen.

Im Land der Barfüßigen

Unterwegs begegnen sie uns. Lautlos dahinschreitende Chamula-Indios. Barfüßig die Frauen, barfüßig die Kinder. Nur die Männer tragen Sandalen. Die Schuhe unterscheiden die Männer von den Frauen, und sie trennen die sozialen Klassen voneinander. Die Reichen haben welche, und die Armen nur, wenn sie keine mehr sind. Ein Paar Schuhe zu haben ist fast schon ein Wunder. Chiapas ist ein Land der Barfüßigen. Die indianischen Bauern leben am Rande des Existenzminimums in einem Gebiet, das mit fruchtbaren Glanzlichtern übersät ist. Doch sie haben meist keinen Zugriff dazu. Großgrundbesitzer halten es immer noch fest in ihren Händen. Das ist eine traurige Tradition, die sich auf die Spanier zurückberuft. Die Konquistadoren kamen und versklavten die Indianer, um sie als Arbeitskräfte für die Plantagen einzusetzen. Der spanische Padre Fray Bartolomé de las Casas war der erste, der die brutalen Methoden seiner Landsleute anprangerte und in einem Bericht im Jahre 1545 an Kaiser Karl schrieb:

»Seit über vierzig Jahren haben die Spanier an den Indios nichts anderes getan, und noch bis auf den

heutigen Tag tun sie nichts anderes, als daß sie dieselben zerfleischen, erwürgen, peinigen, martern, foltern und sie durch tausenderlei ebenso neue als seltsame Qualen, wovon man vorher nie etwas Ähnliches sah, hörte oder las, . . . auf die grausamste Weise aus der Welt vertilgen.«

Nicht immer gaben sich die so sanft und gleichmütig scheinenden Indios in ihr Schicksal drein. Es kam wiederholt zu blutigen Aufständen. Am Anfang des 19. Jahrhunderts entstand in Chiapas, wie in fast allen Teilen Mittelamerikas, eine Unabhängigkeitsbewegung. Schließlich, im Jahre 1824, wurde die Region, die damals noch zu Guatemala gehörte, Mexiko angeschlossen. Doch wirklich geholfen, hat auch das den Bewohnern nicht. Chiapas war und blieb der fremdartige Süden, ein wildes, unterentwickeltes Land mit viel Tradition und reichlichem Zündstoff. Nicht zuletzt wegen seiner Grenzlage zu Guatemala. Mehr

Er ist einer der »jefes politicos«, die sich jeden Sonntag in Chamula zur Beratung und Gerichthaltung versammeln

als 50000 guatemaltekische Flüchtlinge sind seit 1980 über Chiapas nach Mexiko hereingeschwemmt. Allein 20000 von ihnen leben zum Teil immer noch in den Lagern Chiapas'.

Einschneidende Veränderungen auf sozialem Gebiet zeichnen sich mit dem wachsenden Einfluß nordamerikanischer protestantischer Sekten in den Indianerdörfern ab. Presbyterianer, Mormonen, Methodisten, Baptisten und Nazarener betätigen sich als indianische Seelenkäufer. Materielle Hilfe gegen Glaubensbekenntnis! Doch nicht so sehr die religiöse Bekehrung ist dabei das Problem, sondern die Auflösung alter Traditionen. Bei den Indianern von Chamula gibt es ein ehernes Gesetz: Wer konvertiert, muß gehen, wird aus der Familiengemeinschaft des Dorfes ausgestoßen. Wenn es sein muß, auch mit Gewalt. Rund 10000 Chamulas wurden in den letzten Jahren von ihren eigenen Landsleuten vertrieben. Sie leben jetzt in den Elendsvierteln am Rande von San Cristóbal de las Casas, dort wo die Kirchen ihrer neuen Glaubensgemeinde stehen. Aber das Leben hat sich für die Frischbekehrten deswegen nicht verbessert. Sie reinigen die Straßen und Toiletten, arbeiten auf Baustellen und in Kiesgruben und schicken ihre Kinder zum Betteln.

Es gibt nur eine Straße, und die führt uns nun steil abwärts. Von überall her tauchen aus dem Grün der Berge Indios auf. Ihre breitflächigen Gesichter erinnern mich an Maya-Skulpturen. Das Erbe ist unverkennbar. Nur ihre Kleidung läßt erkennen, daß sie unterschiedlichen Stämmen angehören. Die Tzotzil-Frauen tragen lange, dunkle Röcke, eine breite rote Schärpe und weiße, buntbestickte

Blusen, darüber ein in Rottönen gestreiftes Schultertuch. Von den Überwürfen der Tzetzal-Männer baumeln bunte Wollquasten, und ihre Beine stecken in kniekurzen, weißen Hosen. Immer länger wird die bunte Schlange, die sich lautlos talabwärts bewegt. Schwielige Füße auf roter Erde. Rücken, die sich unter ihrer schweren Last beugen. Zärtliche Indiomütter, rechts und links ein Kind an der Hand und das Jüngste im Schultertuch. Es muß stets getragen werden, damit die noch zarte Seele nicht verlorengeht. Alle haben nur ein Ziel – den Markt von San Cristóbal de las Casas. Dorthin schleppen sie ihre Körbe mit Obst und Gemüse, die farbenfrohen Handarbeiten und Säcke voller Mais.

Die Stadt San Cristóbal, ihren Anhang »las Casas« erhielt sie von jenem denkwürdigen Padre, der sich als streitbarer Verfechter der Indiorechte hervortat, ist zauberhaft. Ein kolonialbarockes Kleinod mit vielen Kirchen, weißgetünchten Patiohäusern, engen Straßen und einer rostroten Dachlandschaft von Mönch- und Nonnenpfannen. Obwohl sie als spanische Gründung seit Jahrhunderten fest verwachsen mit dieser Erde ist, wirkt sie auf mich wie ein Fremdkörper im alten Maya-Land. Wir lassen das Auto stehen, reihen uns ein in den Menschenstrom, der einer Mitte zufließt, dem Wirbel des Marktes. Er gruppiert sich rund um die barocke Kirche Santo Domingo und zieht sich hinein in die Halle des Mercado. Drinnen sind die Stände den mestizischen Händlern vorbehalten. Rassentrennung – Klassentrennung. Draußen aber entfaltet sich indianisches Markttreiben in seiner ganzen Farbigkeit und Fremdartigkeit. Kaufen und Verkaufen

Zauberhafter Fremdkörper im Maya-Land

Die Kirche Santo Domingo ist der wichtigste Sakralbau von San Cristóbal de las Casas

spielen sich auf dem Boden ab. Die Frauen stapeln auf buntgewebten Decken liebevoll Türme aus Zwiebeln, Chili, Aprikosen, Bohnen und Mais auf. Bei jeder ihrer Bewegungen schaukeln die Jüngsten im Tuch vor der Brust mit. Das Geschnattere ihrer Mütter untereinander und das Feilschen um jeden Peso lassen sie seelenruhig weiterschlafen. Der Gleichmut der Indios scheint ihnen in die Wiege, die in Mexiko eine Hängematte ist, gelegt zu sein.

Am meisten umlagert sind die heilkundigen Frauen, die in einem magischen Kreis um sich herum alle Kräuter und Mixturen gegen Leiden des Körpers und der Seele ausgebreitet haben. Es ist ein Sammelsurium heterogener Landschaften und Naturreiche. Aus Schlangennestern entwendet, im Urwalddickicht bei Mondschein ausgebrannt, im ersten Morgenlicht von Sträuchern gepflückt. Auch die Tierwelt leistet hier ihren Beitrag mit getrockneten Skorpionen, Spinnen, Klapperschlangenhäuten und Kröten. Die naturheilkundigen Frauen hören sich die Leidensgeschichten der Umstehenden an, beraten mit flüsternder Stimme und haben immer auch ein probates Mittel: Gujaka gegen Syphilis, Sarsaparille gegen Gicht, Bilsenkraut für die Wöchnerin, Pimpinella verhindert Haarausfall, pulverisierte Klapperschlangenhaut hilft gegen Krebs. Eine junge Indianerin klagt über ihren untreuen Mann. Die Kräuterfrau gibt ihr Polvo Magico: »Wenn du mit diesem Pulver sein Haar berührst, wird er wieder in Liebe zu dir verfallen. Hilft das nicht, greife zu einem stärkeren Mittel. Es heißt Ich-halte-dich-gefesselt-und-festgenagelt. Nimm ein Stoffpüppchen, verschnüre es, nagle es auf einen Untergrund, streue das Pulver darauf und stelle es ihm, wenn er schläft, unter die Hängematte. Er wird in deinem Bann sein.« Ich kann dich gerade noch daran hindern, ein Päckchen davon zu kaufen.

Aus der Santo-Domingo-Kirche dringt das Beten vieler Menschen. Beerdigungszeremonie für einen Maya-Nachfahren nach römisch-katholischem Ritus. Begleitet von den weichen Klängen der Marimba, wird der Sarg durch die Straßen bis zum weit entfernten Friedhof getragen. Wir folgen dem immer länger werdenden Zug eine Weile und bummeln dann durch die morgendliche

Heilkundige Frauen

Stadt. Die Cafés und Bildergalerien in den schattigen Patios haben bereits geöffnet. Hier hocken sie alle herum: die Insider und Aussteiger, die Reisenden und Bekehrer, die Glücksritter und Indio-Forscher. Selten nur passiert es, daß einmal eine Indianerin in diese Welt der Weißen eintritt. Und dann nur als Bettlerin und nicht als eine unter ihresgleichen.

Die »Königin der Indios« Wir finden sie in ihrem Haus, in dem sie inzwischen seltener ist als im Urwald: Trudi Blom, von den Maya-Erben als »Königin der Indios« verehrt. Die Deutsch-Schweizerin rettete den Stamm der Lacandonen vor dem Aussterben. Als sie vor 50 Jahren mit ihrem Mann auf der Suche nach archäologischen Stätten durch den Dschungel zog, gab es gerade noch 160 Indianer dieses Stammes. Heute sind es bereits wieder mehr als 400. Die Neunzigjährige erinnert sich: *»1943 begleitete ich eine Regierungsexpedition durch die Selva Lacandionia. Wir sollten Gerüchten nachgehen, wonach im unerschlossenen Regenwald eine Gruppe gefährlicher Kannibalen hause. Statt dessen stießen wir auf freundliche Waldmenschen, die ums nackte Überleben kämpften. Kautschuksammler, Holzfäller und landsuchende Indianer aus anderen Gegenden überfielen die Lacandonen und verbrannten ihre Hütten und Felder.«*

Im Urwald verlor die Pfarrerstochter aus dem Berner Oberland auch ihr Herz an den dänischen Kartographen Frans Blom. Gemeinsam wurden die beiden zu unermüdlichen Streitern für die Lacandonen. Sie brachten den Indios Nahrung, Medikamente und andere lebenswichtige Dinge. Sie lehrten sie bessere Nährpflanzen anzubauen und Haustiere aufzuziehen. Sie erreichten sogar, daß die Lacandonen aufhörten, ihren Wald zu verbrennen. Die Bloms kämpften jahrzehntelang als Umweltschützer gegen die Rodung des Regenwaldes und erreichten, daß die mexikanische Regierung dies unter strenge Strafe stellte. Auch ohne ihren Mann, der 1963 starb, kämpft die hochspirituelle Trudi Blom heute weiter. Trotz ihres hohen Alters führt sie Expeditionen an und hält sich so oft wie möglich bei Chanc'in, dem Häuptling der Lacandonen, auf. Er weihte sie in die esoterischen Riten seines Volkes ein, sie teilte mit ihm ihre Glaubensvorstellungen. Zwei alte, weise Menschen, die einen Brückenschlag gefunden haben zwischen der weißen und der Indiowelt. »*Er ist getragen von Toleranz, Verständnis, Vertrauen und Liebe*«, sagt Trudi.

Wo sie Gott am nächsten sind

In Chamula, so behaupten viele Priester, ist der Teufel los. In Chamula, so sagen die Indianer, sind wir Gott am nächsten. Der kleine Ort, zehn Kilometer von San Cristóbal entfernt, ist das religiöse Zentrum von fünfzigtausend Chamulas, einer Tzotzil-Gemeinde, die wie keine andere Tradition und Eigenart bewahrt hat. »Bauchnabel der Erde« nennen sie den Platz, wo ihre weiße Kirche San Juan steht. Für sie ist er der Mittelpunkt der Welt, denn kein anderes Volk ist der Sonne so nahe wie diese, die »hombre de maíz – die Maismenschen«, die Gott zuletzt erschaffen hat. Und zwar nach den Menschen aus Gold, den weißen Menschen, deren Väter einer gängigen Vorstellung nach Hunde waren. Mangelhaft konstruierte Menschen müssen das sein, besitzen sie doch kein Herz.

Wir gehören auch zu diesen weißen Hundesöhnen, daran lassen die Chamulas keinen Zweifel, als wir am Sonntag früh in dem kleinen Dorf ankommen. Manche blicken uns abweisend, andere sogar feindlich an. Chamula ist kein normales Dorf. Es ist, ähnlich wie die Maya-Zentren in früheren Zeiten, mehr ein Kultzentrum, in dem nur die Würdenträger mit ihren Familien wohnen, während das einfache Volk weit verstreut in der Umgebung lebt. »Gringos«, zischt es uns hier und da entgegen, als wir die Straße hinuntergehen, an der zu beiden Seiten große Holzkreuze aus dem Boden ragen. Das Kreuz war schon ein heiliges Zeichen der Maya, in dem sich die vier Himmelsrichtungen der Welt symbolisierten. Aber in Chamula hatte es viele Jahre eine blutige Tradition, die sich auf die christliche Lehre stützte. In der Karfreitagsnacht vollzogen sie das Ritual der Kreuzigung. In seinem Reisebericht aus den zwanziger Jahren, »Land des Frühlings«, schreibt B. Traven:

Blutiges Kreuz

»Unzählige Male ist es geschehen, daß die Indianer sich nicht mit einer Holzpuppe begnügten, sondern daß sie einen Mitbürger ans Kreuz nagelten, nachdem sie ihm ihre angeblichen Sünden aufgeladen hatten. Manchmal wird er am Abend abgenommen, meist aber muß er bis zum nächsten Abend hängen. Wenn er dann mit großer Feierlichkeit abgenommen wird, ist er natürlich tot. Aber es wird ja erwartet, daß er wieder aufersteht. Hier versagt er vollständig, und da läßt sich eben nichts machen.«

Eine Kreuzigung, die vor 125 Jahren stattfand, endete in einem verzweifelten Aufstand der Chamulas gegen Klerus und Landbesitzer. Begonnen hatte alles mit einem Mirakel. Zu Weihnachten des Jahres 1867 fand eine junge Tzotzil-Indianerin beim Schafehüten drei Obsidiansteine, die plötzlich zu sprechen anfingen. Die Chamulas erinner-

Indianermarkt in San Cristóbal

ten sich ihrer alten Tradition und setzten ihren Oberpriester zur Entschlüsselung des Orakels ein. Tausende von Indios zogen von nun an sonntags nach Chamula, wo der Alte seine Orakellesungen abhielt und sich drumherum buntes Markttreiben entwickelte. Die spanischen Padres tobten. Sahen sie doch in diesem Rückfall ins Heidentum einen Angriff auf sich und die katholische Kirche.

In der nächsten Regenzeit schütteten sich wochenlang sintflutartige Wolkenbrüche über Chiapas aus, die sämtliche Straßen unpassierbar machten. Ganze Berge kamen ins Rutschen und veränderten die Landschaft. Das Orakel kündigte den bevorstehenden Weltuntergang an, da die Menschheit sich weigere, die wahren Götter anzuerkennen. Das war dem Klerus nun doch zuviel. Sie ließen die Finderin samt Steine und Orakelpriester ins Gefängnis stecken. Doch der Kult in Chamula ging auch ohne sie weiter. Am Karfreitag 1869 kreuzigten die Tzotzil den Bruder des im Gefängnis sitzenden Orakelpriesters und feierten ihn als Erlöser der indianischen Nation. Kurze Zeit später tauchte aus dem Nichts ein weißhäutiger, blondbärtiger mysteriöser Mann auf. Die Indios hielten ihn für die Inkarnation Quetzalcoátls in der Maske des heiligen Matthäus, der gekommen war, um sie im Aufstand gegen die Ausbeuter zu führen. Sein Gastspiel war von kurzer Dauer. Er wurde gefangengenommen, zwar nicht gekreuzigt, aber aufgehängt. So zogen die Indianer ohne Anführer gegen die Weißen, wurden aber innerhalb eines Jahres zurückgeschlagen.

Die Traditionen der Chamulas

Gekreuzigt wird in Chamula heute nicht mehr, aber wenn es um die Bewahrung ihrer Traditionen geht, kennen die Chamulas kein Pardon. Als Samuel Ruiz, Bischof von San Cristóbal, gegen die Deportation ihrer konvertierten Stammesbrüder protestierte, empörten sich die Indios gegen die Einmischung von außen. Sie traten aus der römisch-katholischen Kirche aus und in die griechisch-orthodoxe ein. Auch der Fremde, wenn er sich hier aufhalten will, muß sich an die strikten Reglementierungen der Chamulas halten. Sonst kann es für ihn sehr ungemütlich werden. Sie hassen es, fotografiert zu werden, weil man ihnen damit ihre Seele stiehlt. Wer die San-Juan-Kirche, ihr größtes Heiligtum, besichtigen möchte, darf erst gar keine Kamera mit hineinnehmen. Zum Eintritt ist eine Sondergenehmigung vom Gemeindeamt notwendig.

Wir bekommen sie und gehen hinüber zum großen Platz vor der Kirche. Wie ein farbenfroher

Fleckenteppich in dem sich die Muster bewegen und ständig neu formen, schaut er aus. Aberhunderte von Indianern aus der ganzen Umgebung haben ihre Waren auf der Erde ausgebreitet. Die bunten Trachten der Frauen fließen ineinander und ihre Stimmen auch. Kein südländisches Marktgeschrei, nur leises Stimmengemurmel, kein wildes Gestikulieren beim Handeln, nur eine Andeutung von Zustimmung oder Ablehnung. Drüben, etwas erhöht, sitzen die »jefes politicos« aus den verschiedenen Chamula-Gemeinden auf Bänken im Halbkreis zusammen. Wie jeden Sonntag treffen sie sich auch heute zum Gerichthalten, zum Meinungsaustausch und zum Repräsentieren. Jeder führt seinen silbernen Amtsstock mit sich.

Dieser Platz ist wahrhaftig das Zentrum der Welt, der Bauchnabel der indianischen Mutter. So weit verstreut sie auch leben, so tief unten in den Ebenen sie sich auch als Feldarbeiter verdingen müssen, hierher kommen selbst die fernsten Wanderer immer zurück. Zum Handeltreiben, zum Kontakt mit den anderen und zum Beten. Vor allem aber zu den Feiern in ihrem uralten, rituellen Sinn. Beim Karneval zum Beispiel, wenn die Männer über glühende Kohlen laufen, und natürlich zum Fest von San Juan. Denn sie alle sind Söhne von San Juan. Sie danken es der Sonne und dem Mond, daß der Heilige den Ort Chamula gegründet hat. Sie danken es im langsamen, immer gleichen Rhythmus ihrer magischen Tänze. Sie danken es mit wortlosem Gesang. Töne, die aus dem Bewußtsein der Eingeweide in Brust und Kehlkopf steigen, die dem Gesang der Robbenfrau, dem Schrei des Adlers, dem Heulen des

Kojoten gleichen. Dazu gesellt sich der unaufhörliche, hämmernde Rhythmus der Trommel, der geschlagen wird, wie das Herz schlägt, seelenlos und unentrinnbar. Der eine, die vielen, die Hunderte, ja Tausende, die hierherkommen, geben den Herzschlag des vereinzelten Wesens auf und schließen sich dem einen großen Pulsschlag der Mutter an. Sie kehren heim in ihren Schoß, zur Quelle der Mitte, wo sie Ruhe und reine Erneuerung finden.

Indianische Religiosität

»Wo aber ist Gott?« fragst du mich. »Sie sind doch alle getaufte Christen und bekennen sich dazu, egal ob römisch-katholisch oder griechisch-orthodox.« Bei den Indianern gibt es die Vorstellung eines allmächtigen Gottes nicht. Der Schöpfer und die Schöpfung sind für sie eins, ein gewaltiger Strom, der immerzu fließt, in lieblichen oder schrecklichen Wellen. In allem ist der Glanz der Schöpfung und nicht die Abgeschlossenheit des Geschaffenen. Niemals die Unterscheidung zwischen Gott und Gottes Schöpfung, zwischen Geist und Stoff. Wahrscheinlich hätte keine andere Religion als die katholische eine Chance gehabt, bei den Indianern Fuß zu fassen. Sie lieben den Pomp und die vielen feierlichen, farbenreichen Zeremonien. Und vor allem lieben sie die Heiligen, die ihnen ihre eigenen Untergötter ersetzen. Da gibt es einen Heiligen für das Wasser, einen für die Feldarbeit, für die Schwangeren, die Seeleute, das Geld und all die zahllosen anderen. Die Jungfrau Maria ersetzt ihre Göttin der Fruchtbarkeit. Christus ist der dem Gott geopferte Mensch, dessen Fleisch gegessen und dessen Blut getrunken wird, genauso wie es die Azteken taten.

Als wir die Kirche von San Juan Chamula betreten, ergeht es mir wie dem kleinen Indiojungen, der, versteinert vor Ehrfurcht, neben mir in der Kathedrale der Jungfrau von Guadelupe in Mexico City stand. Wenn ich bisher an Magie geglaubt hatte, hier ist sie leibhaftig. Unzählige Menschen liegen, sitzen, hocken auf dem Boden herum, umgeben von mindestens ebenso vielen Geistern. Lichtes und Dunkles wabert und wogt körperlos durch das Kirchenschiff, verschlingt sich ineinander, stößt sich wieder ab. O Gott, denke ich, wie soll ich an dem drachenschlündigen Donner vorbeikommen, wie unter dem gefiederten Regen durchtauchen? Ich drehe mich hilfesuchend nach dir um, doch du bist verschwunden. Ich will dir nach, raus! Aber irgend etwas zieht mich mit unsichtbarer Kraft hinein in den Gotteshaus-Tempel, der alles andere, nur keine typische katholische Kirche ist. Keine Säulen, die wie sonst bis ins Gewölbe mit Blattgold überzogen wären, kein barock überfrachteter Hochaltar, nicht einmal Kirchengestühl. Statt dessen Kiefernnadeln und Gras auf dem Boden verstreut und Hunderte brennender Kerzen. Kein Priester predigt hier von der Kanzel, dafür halten die Menschen ihr stilles Zwiegespräch mit den Heiligen. Und die alten Götter sind wieder durch die Hintertür hereingekommen.

In der Kirche San Juan

Vorsichtig steige ich über die liegenden und sitzenden Gestalten und lasse mich dann mitten unter ihnen auf dem Boden nieder. Der Duft von Weihrauch und Kiefernadeln umfängt mich und das Gemurmel der Betenden. So wie alle, muß ich aufschauen, wenn ich in die Antlitze der vielen Heiligenfiguren blicken will. Die Haltung des Demütigen, der ihnen bittend zu Füßen sitzt. Dort drüben steht der heilige Antonius. Trägt er nicht einen Tiger unter dem Mantel? Zu ihm betet der junge Indio, wenn er sein »chu'el« in Gefahr glaubt, seinen Geist, der im Körper eines Kojoten wohnt, weit draußen im Wald. Unweit von mir streicht ein Mann mit Hühnereiern über den Körper seines Sohnes. Magischer Medizinzauber. Der Glaube, der Berge versetzt! Irgendwo weiter vorne wird ein Huhn geopfert. Ich höre nur sein jämmerliches Gegackere in die Musik eines Akkordeons hinein. Am Bildnis der Jungfrau Maria kniet ein langhaariger Chamule. Wie auf einen inneren Klang lauschend, wiegt er seinen Oberkörper hin und her. Was er in der Ekstase durch die Götterpflanze Payote sieht, bleibt meinen Augen verborgen.

Es ist ein ständiges Kommen und Gehen. Nackte Füße laufen an mir vorbei. Wenn sie irgendwo haltmachen und sich niederlassen, bekommen sie auch Gesichter. Staunende, gläubige, ehrfürchtige, tränenangefüllte. Aber immer sind sie indianisch. Viele sitzen und beten hier den ganzen Tag und die Nacht. Auf ihrer Brust und im Herzen hocken die Geister und sprechen zu ihnen. Ihnen opfern die Chamulas Zuckerrohrschnaps und Coca-Cola. Und sie trinken beides auch reichlich selbst. – Ein kleines Indiomädchen kommt, den Arm voller weißer Blumen, und setzt sich direkt neben mich. Ich höre es leise und inbrünstig beten. Seine Schlichtheit und Reinheit rührt mich zutiefst. Wenn sich Christus irgendwo wohl fühlen sollte, dann hier, in der Kirche von San Juan.

Land der Mythen – Land der Maya

> *Wir sollten die Maya nicht als Stamm des mesoamerikanischen Baumes, sondern nur als seinen am üppigsten blühenden Zweig ansehen.«*
> Alfred C. Kidder

Tagsüber verstecken sich die Menschen vor der flirrenden Hitze im Halbdunkel ihrer Häuser. Das grelle, fast weiße Licht läßt sich nur durch halbgeschlossene Augen ertragen. Rissige, aufgebrochene Erde, brütende Wildnis, kochender Asphalt. Vor sechs Stunden badeten unsere Augen noch im klaren Licht des Hochlands von Chiapas; vor einer Stunde badeten unsere Körper im kristallenen Wasserfall von »Agua Azul«. Jetzt vermischen sich auf der Haut Schweiß und Schwüle zu einem tropischen Film. Wir sind in Palenque, am Eingangstor zum Dschungel. Nichts könnte uns hier halten, wäre da nicht am Ende der acht Kilometer heißen Straße diese großartige, vielleicht schönste aller Ruinenstädte Mexikos. Wir hatten unterwegs in die unverkennbaren Gesichter der Maya-Nachfahren geschaut. Wir hatten an so vielen Stätten den Einfluß der Maya auf andere Kulturen gesehen.

Treppen in die Morgendämmerung der Geschichte. Wir steigen ihre Stufen hinauf auf der Suche nach der Herkunft der Maya. Tausende erklimmen wir im Verlauf unserer Reise. Der Muskelkater brennt uns in den Beinen. Der

Schweiß rinnt uns über das Gesicht. Und stets ist es das gleiche: Immer enden diese Stufen irgendwo unter einem regenverhangenen oder leuchtenden Himmel, in einem »Nichts« ohne Zeit und Raum. Und wenn wir hinabsteigen, sind wir tief berührt, fasziniert und voller Staunen über das, was wir sahen. Nur, viel klüger als vorher sind wir nicht. Wie soll man mehr als 4000 Jahre Geschichte, in der so vieles im verborgenen liegt, auf einen Augenblick zusammenfassen? Und dennoch will ich versuchen, den Faden – und sei er noch so grob – zu spinnen, denn die Maya werden uns von nun an für den Rest der Reise begleiten. Wenn auch ihre Herkunft historisch im Dunkel liegt, nehmen Wissenschaftler an, daß mayasprechende Volksstämme bereits im 3. vorchristlichen Jahrtausend Mesoamerika bevölkerten. Sie lebten als Bauern und Jäger in einem riesigen Gebiet, das

Palenque, die schönste Blüte der Máya-Kultur

heute die Staaten Mexiko, Guatemala, Honduras, El Salvador und Belize umfaßt. Aus der vorklassischen Maya-Zeit (2000 v. Chr. – ca. 250 n. Chr.) ist noch sehr wenig bekannt. Es müssen friedfertige Volksstämme gewesen sein, die Mais und Baumwolle pflanzten und diese auch schon mit einfachsten Mitteln zu Kleidung webten und Tongefäße sowie kleine Figuren mit bloßen Händen formten. Aus jüngeren Funden weiß man heute, daß im Petèn, dem Tiefland Nordguatemalas, und in Cuello (Belize) schon vor 4000 Jahren größere Maya-Zentren entstanden waren, die bis in die klassische Zeit hineinreichen. Dort also muß die Keimzelle der Maya gelegen haben.

Woher kamen sie?

Im Laufe der Jahrhunderte gab es bei den Maya starke Wanderbewegungen, nicht zuletzt durch Vulkanausbrüche im heutigen El Salvador und im östlichen Guatemala um das Jahr 250 nach Christus. Die Kulturzentren und Städte der Blütezeit wurden weiter nördlich angelegt, abseits der vulkanischen Gefahren- und Erdbebenzone. Um Christi Geburt entwickelten sich die großen Stadtstaaten der Maya in den tropischen Tieflandregionen von Honduras (Copán), Guatemala (Tikál), Palenque und Bonampak im mexikanischen Bundesstaat Chiapas und auf der Halbinsel Yukatán.

Obwohl die Wissenschaft früher immer von einem Alten und einem Neuen Maya-Reich sprach, hat es das in unserem Sinne niemals gegeben. Ähnlich dem griechischen Stadtstaat, der Polis, müssen wir uns wohl das »Reich« der Maya vorstellen. Es bildete keine echte politische Einheit, sondern eine theokratische Ordnung, die sich auf kulturelle Verwandtschaften gründete und in den verschiedenen Provinzen autonom war. Die Macht der Stadtstaaten beruhte auf der priesterlichen Autorität. Man könnte an gleichzeitige Herrschaften lokaler Oberpriester denken, die, mehr oder minder gleichberechtigt, in einer Konföderation mit- und nebeneinander lebten. Der gemeinschaftliche Besitz heiliger Schriftzeichen, astronomischer und arithmetischer Kenntnisse und der Gebrauch des gleichen hochentwickelten Kalenders brauchten nicht unbedingt die Vereinigung unter einem einzigen höchsten Priester, einem Priesterfürsten mit allen Machtvollkommenheiten, vorauszusetzen. Auch die individuelle Anlage der einzelnen Städte, trotz eines gemeinsamen Grundstils, spricht dagegen. Ebenso wie Hellas Befruchtung und Auftrieb von den Phöniziern, Kretern und Ägyptern empfing, wurden die Maya besonders in den späteren Zeiten durch Einflüsse anderer Völker zu immer größeren Leistungen angespornt. Ihr kompliziertes Kalendersystem baute wohl auf dem der Olmeken auf. Einflüsse aus Teotihuacán und vor allem der Tolteken gelangten zu den Maya, die sich später in ihrer Architektur, im Kunsthandwerk und in den religiösen Riten niederschlugen. Die Maya scheinen wie die Chinesen eine unbegrenzte Fähigkeit gehabt zu haben, fremde Einflüsse aufzusaugen und mit ihrer eigenen Kultur zu verbinden.

Es sind Wunderwerke, die dieses Volk unter der trostlosen tropischen Sonne im Goldenen Zeitalter seiner Blüte (300–900 n. Chr.) schuf, ohne je auf die Hilfsmittel zurückgreifen zu können, die den Völkern der Alten Welt, des Orients oder des Abendlandes zur Verfügung standen. Sie kannten weder Metallwerkzeuge und Waffen

Das Erbe der Maya ist unverkennbar: Tzotzil- und Tzetzal-Indianer auf dem Weg zum Markt

noch Pferde und Haustiere, Rad und Wagen, Töpferscheibe und Brennofen. Doch auch ohne hochwertige Werkzeuge, nur allein mit menschlicher Kraft gelang es den Maya, dem Urwald weite Flächen abzutrotzen, auf denen sie gewaltige Bauten aus Stein und Mörtel errichteten. Tempel und Paläste, höher noch als unsere Kirchen, geschmückt mit herrlichen Reliefs, Skulpturen und Malereien. Ihre Keramik und Bildhauerkunst zeigt uns ebenso wie die von ihnen entwickelte Hieroglyphenschrift ein hochzivilisiertes und feinsinniges Volk, das zudem ein erstaunliches Wissen in Astronomie und Mathematik besaß. Aus diesen Kenntnissen heraus entwickelten die Maya ein Zahlen- und Kalendersystem, das der Wissenschaftler S. G. Morley als »eine der bis zum heutigen Tag brillantesten Geistesschöpfungen der Menschheit« bezeichnete.

Die Kalender

Kosmische Mächte regieren die Menschen, und die Zeit regiert das Leben. Auf diesem Weltbild bauten die Maya-Priester ihr Kalendersystem auf. Es war der wichtigste Bestandteil für die Religion und Mythologie der Menschen, die sich ganz an Astrologie und Astronomie orientierten. Tage, Monate und Jahre waren einzelnen Gottheiten zugeordnet, und jede Datumsangabe hatte entsprechend den in ihr wirkenden göttlichen Kräften eine bestimmte glücksbringende oder unheilvolle Bedeutung. Zum Priesterwissen gehörte die erstaunlich genaue Kenntnis vom Gang der Gestirne, deren präzise Wiederkehr ein Bewußtsein ewiger Kreisläufe bewirkte und das Leben nach zwei verschiedenen Kalenderberechnungssystemen regelte. Das »Haab« oder »Sonnenjahr« mit 365 Tagen war für die Landwirtschaft von Bedeutung. Es wurde in 18 Monate mit 20 Tagen unterteilt. Dazu kamen noch fünf »leere« Tage. Jeder Tag, außer den fünf, war einer Gottheit geweiht und trug auch deren Namen. Erst Zahl und Gottheit zusammen machten den Begriff Zeit aus. Die Zeit war eine Last, die die Götter zu tragen hatten. So unterlagen in der Vorstellung der Maya die Götter selbst den Gesetzen des Kosmos.

Das zweite Kalendersystem war der »Tzolkin«, der auch als Wahrsagekalender bezeichnet wird. Nach ihm hatte das Jahr 260 Tage, unterteilt in 13 Monate von je 20 Tagen. Er diente zur Bestimmung von guten und schlechten Tagen. Aus ihnen deuteten die Priester und Astrologen die Schicksale der Menschen. Auch die Namensgebung richtete sich nach ihm. So spielte er gleichfalls eine große Rolle im täglichen Leben der Bevölkerung. Aus »Haab« und »Tzolkin« zusammen erhielt jeder Tag einen Doppelnamen, der sich erst nach 52 Jahren wiederholte. Dieser Zeitbogen von 52 Jahren galt als Abschluß eines Äons, nach dem mit Hilfe der Götter und Priester alles neu begann. Für diese Wiedergeburt der Welt wurden auch die meisten Pyramiden neu überbaut, so daß sie Zeitschicht für Zeitschicht immer höher hinaufwuchsen.

Die Maya-Priester entwickelten noch eine dritte Zeitberechnung, die aber im Leben des Volkes keine Rolle spielte. Ihr lagen 360 Tage im Jahr zugrunde, nach denen die Astronomen über große Zeiträume hinweg bedeutende Ereignisse wie Herrschaftsantritte und Beobachtungen der Gestirne festhielten. Genau dieser Kalender aber war es, der es der Wissenschaft erst ermöglichte, die Maya-Kultur in Zeit zu fassen. Er heißt »Long Count« – »Lange Zählung« und ist ein absoluter Kalender, der von einem festen Nulldatum ab durchlaufend alle Tage zählt. Heute weiß man, daß die Maya bereits 1000 Jahre vor den Arabern mit der Zahl Null rechneten. Dieser Kalender beginnt mit seiner Zählung beim 13. August 3113 vor Christus. Möglicherweise ist es das mythische Anfangsdatum der Weltschöpfung, und wo die Maya das Ende sahen, wissen wir auch. Laut ihren Berechnungen wird es kommen, wenn der Zyklus der »Langen Zählung« abgelaufen ist: am 24. Dezember 2011.

Die »Zeitsteine« der Maya sind sicher die eigentümlichsten Denkmäler dieses Volkes. Es sind mit Hieroglyphen übersäte Monolithe, die an weit voneinander entfernten Orten gefunden wurden. Außer langen Reihen heiliger Zeichen

Meilensteine der Zeit

wurden Gestalten in sie eingemeißelt, die vermutlich Priesterfürsten in ihrem Zeremonialschmuck darstellen. Manche dieser bis zu zehn Meter hohen Steine tragen ganze Szenen, in denen Gefangene oder Sklaven der Hauptfigur huldigen. Ob diese großartigen bildhauerischen Kunstwerke, die einst mit leuchtenden Farben bemalt waren, Priesterweihungen datumsmäßig festhielten oder Abschlüsse von Kalenderabschnitten verewigten, wissen wir nicht. Auch auf Türsteinen, Jadeschmuck und Tongefäßen entdeckten Archäologen solche Zeitangaben. Die älteste, kürzlich auf einer Grabsäule im Urwald von Belize entziffert, trägt das Datum 146 vor Christus. Diese Meilensteine der Zeit haben nur einen Fehler: Sie erzählen nichts über die Geschichte der Maya. Und wenn sie es tun, versteht sie bis heute noch niemand zu lesen. Von den 500 bekannten Glyphen der Maya wurden bisher nur rund 100 entschlüsselt.

Über geschriebene Quellen verfügen wir erst für die nachklassische Zeit. Lediglich durch Zufall sind drei Maya-Schriften der Bücherverbrennung durch die Spanier entgangen. Historischen Inhaltes ist keine der drei. Dem Stil nach die älteste und zweifellos die wertvollste dieser Maya-Handschriften, der Dresdner Kodex, enthält vorwiegend astronomisches Material. Der in Madrid aufbewahrte, ursprünglich in zwei Teile zerrissene Kodex Tro-Cortesianus muß als Horoskopkatalog für priesterliche Prophezeiungen gedient haben. Der nur fragmentarisch erhaltene Peresianus, Eigentum der Pariser Nationalbibliothek, verzeichnet mit dem Kalender verbundene Riten. Es sind Faltbücher nach Art der chinesischen. Das aus Ficus-Rinden hergestellte Papier ist wie das der aztekischen Kodizes mit einer feinen Kalkschicht überzogen. Darauf sind farbige Bilder von Göttern und mythischen Vorgängen, Zahlenreihen und Hieroglyphen mit feinen Pinseln gemalt. Viel über Mythologie, aber wenig über Geschichte erzählen auch das Popol Vuh und die Chilam-Balam-Bücher.

Aus dem Dunkel der Geschichte tauchten die Maya auf, schufen das Höchste an Kunst und Wissenschaft, was uns das alte Amerika hinterließ, und verschwanden unter mysteriösen Umständen. War es das Volk, die fleißigen Maisbauern und menschlichen Lasttiere, die gegen ihre priesterlichen Unterdrücker rebellierten, als immer neue Tempel gebaut werden mußten und der

Wohin gingen sie?

Dem Urwald abgerungen – die filigranen Tempel Palenques

zeremonielle Pomp nicht mehr mit den schwindenden Erträgen der Äcker in Einklang stand? Waren es die Priester, die den Auszug in ein Land der Verheißung angeordnet hatten, um ihren Einfluß zu erhalten und den Glauben an ihre Prophezeiungen zu wahren? Naturkatastrophen und die Erschöpfung des Bodens können wohl kaum die Gründe gewesen sein. Denn um das Jahr 900 wurden gleichzeitig viele weit auseinanderliegende Städte verlassen. Lediglich in Yukatán erlebte die Maya-Kultur im 11. und 12. Jahrhundert unter dem Einfluß der eingewanderten Tolteken eine Renaissance. Dann verschwanden sie dort gleichfalls von der Geschichtsbühne.

Im Dschungel von Palenque Die Zeit regiert das Leben. Auch wir kommen an dem alten Weltbild der Maya nicht vorüber. Das Leben ist hier in Palenque der dichte tropische Regenwald, in dessen Baumriesen die Brüllaffen mit ohrenbetäubendem Gezeter herumtoben. Die Zeit hat ein undurchdringbares Dschungelpolster über die blühende Maya-Metropole gelegt. Das Wurzel- und Lianengesträuch scheint überhaupt nicht willens, etwas von den zahllosen Erdhügeln freizugeben, die sich überall auftürmen und ganz offensichtlich das meiste der Tempelstadt gefangenhalten. Durch den Urwald ziehen sich Ameisenpfade, sauber und glatt wie Autostraßen. In mehreren Reihen, mit Gegenverkehr, schleppen die Tiere Blätter, Früchte und andere Riesenlasten wie grüne Segelschiffe. Unwillkürlich drängt sich mir der Vergleich an Menschenketten auf, die zur Errichtung von Tempelbauten gewaltige Mengen an Erde und Steinen heranschleppten. Eine Gruppe Indios schlägt mit scharfen Macheten auf das Buschwerk ein. Mühsam und nur zentimeterweise kommen sie vorwärts. So haben die Indianer bereits vor Jahrtausenden dem wuchernden Wald ein Stück Lebensraum abgerungen. Ich sehe die Profile der Männer. Wie sehr ähneln sie denen, die ich auf den Maya-Reliefs in den Museen sah: die gleiche in Schwüngen fliehende Linie von den Lippen und der Nase über die Stirn bis zum Haaransatz. Auf den Darstellungen freilich sind sie noch schräger, weil die Köpfe der Kinder damals durch Bretter birnenförmig abgeplattet wurden. Ein Schönheitsideal, genauso wie das Schielen, das man systematisch übte, oder die Pflöcke durch Nase und Ohren sowie die spitz zugefeilten Zähne mit Metall- oder Jadeeinlagen.

Dein Ruf reißt mich aus meinen Betrachtungen heraus. »Das ist ja phantastisch!« Durch eine Öffnung des Blätterdachs schauen wir auf einen freigelegten Platz. Aus seinem Grün ragen riesige weiße Tempelruinen, Stuckmauern und Dächer mit schlanken, durchbrochenen Zinnen. Unzählige Stufen führen zu einer Pyramide im Hintergrund hinauf. Und von umliegenden Hügeln schauen weitere kleine Tempel auf uns herab. Als wollte er einen schützenden Wall um diese großartige Schönheit legen, schiebt sich der Urwald bis dicht an die Anlage heran. Erinnerungen an die tibetanischen Klöster werden bei mir wach, und im gleichen Moment sagst du: »Sehen sie nicht aus wie die Khmer-Tempel in Kambodscha?« Diese Monumente haben tatsächlich von beiden etwas. Die Tempel unter dem »Dach der Erde« liegen in einer ähnlich klösterlichen Abgeschiedenheit und waren auch religiöse Zentren, um die herum sich Dorfgemeinschaften gruppier-

Die schönen alten indianischen Gesichter Mexikos

ten. Die Khmer in Kambodscha waren wie die Maya Kinder des Tropenwaldes, und ihre Tempel zeigen sich in dem gleichen fast barock anmutenden Schmuck wie in Palenque. Nur, diese hier sind leichter, anmutiger und besitzen ein Höchstmaß an Feinheit; nicht zuletzt durch die meisterhafte Verwendung eines gefügigen Materials wie des Stucks.

Wenn das, was vor uns liegt, schon den Namen märchenhaft verdient, wie muß Palenque vor 1500 Jahren ausgesehen haben! Vieles läßt sich nur erahnen, aber einiges wissen wir. Worauf wir stehen, das war das Zentrum der Priesterstadt, in dem es außer Pyramidentempeln, Kultschreinen und Altären auch Paläste, gemauerte Ballspielhöfe, Dampfbäder, Observatorien und Wohnhäuser gab. Zahlreiche Flüsse spendeten das Wasser, das an einigen Stellen unterirdisch weitergeleitet wurde. Die Kanäle waren vom Gemäuer sogenannter »falscher Gewölbe« überdacht, einer architektonischen Erfindung der Maya-Kultur. In der Tempelstadt lebten die Priester und deren Helfer, die Novizen und Tempeldiener. Nur an großen Festtagen strömten die Maisbauern, Jäger und Imker der Umgebung aus ihren schlichten Behausungen zusammen, um die religiösen Zeremonien auf den Plattformen der Pyramiden von den niedriger gelegenen Höfen und Plätzen in andächtigem Schauer zu betrachten.

Eine Stadt, gebaut zu Ehren der Götter und zum Ruhm der Priester. Die kunstvollen Reliefs an den Wänden und Pfeilern des Palastes erzählen davon. Mythologische Szenen vermischen sich mit historischen Ereignissen. Götterwelt und Unterwelt, Herrschende und Beherrschte, immer ist das Prinzip der Dualität erkennbar. Aufrecht und in königlicher Haltung, reich geschmückt und mit göttlichen Symbolen gekennzeichnet, stehen die Priester auf kunstvoll ornamentierten Podesten. Ihnen zu Füßen knien in unterwürfiger Haltung Gestalten, die eine Opfergabe überreichen. Auch weibliche Figuren sind als Herrschergestalten in die Handlungen miteinbezogen. Da Palenque nachweisbar zeitweilig von Frauen regiert wurde, liegt hier ein historischer Bezug näher als eine mythologische Deutung. Wir wandern vorbei an allegorischen Handlungen von Feindesbezwingungen, von Kämpfen zwischen

Eine Stadt zur Ehre der Götter und zum Ruhm der Priester

Himmelsmächten und dunklen Kräften, vom Lauf der Gestirne und auch von Menschenopfern.

Lange Zeit sah man in den Maya die mesoamerikanischen Blumenkinder, die ihren Göttern Früchte und Blumengebinde zum Opfer brachten und eine friedliche, gewaltfreie Religion pflegten. Heute wissen wir längst, daß dies nicht stimmt. Bereits bevor Einflüsse anderer Kulturstämme in die der Maya eindrangen, floß Blut auf ihren Altären. Selbstkasteiung und Menschenopfer waren ein fester Bestandteil ihrer Kulthandlungen. Sie schnitten sich die Ohren ab, schlitzten Zunge und Arme auf und trugen den Schwanz eines Stachelrochens auf ihrem Körper. Männer durchstachen sich die Eichel ihres Penis, um eine Schnur durch das Loch zu ziehen. Dann tränkten sie die Götterskulpturen mit ihrem Blut. Kinder wurden vor allem dem Regengott Chac geopfert. Eine Huldigung an die Fruchtbarkeit.

Das Pantheon der Maya

Unglaublich vielschichtig und für uns nicht faßbar war die religiöse Vorstellung der Maya. Ihr Pantheon war ebenso kompliziert wie ihr Kalender. Sie stellten sich die Welt als eine viereckige Scheibe vor, die auf einem riesigen Meer schwamm. Die Erdoberfläche und mit ihr der gesamte Kosmos waren in vier Quadranten eingeteilt. In der Schöpfungsgeschichte des Popol Vuh lesen wir dazu: »*Wie alles im Himmel und auf Erden geschaffen, wie es geformt und in vier Teile geteilt wurde, wie es angeordnet und der Himmel ausgemessen und die Meßschnur im Himmel und auf Erden in den vier Winkeln, in den vier Ecken ausgespannt wurde, nach den Weisungen Tzakóls, Bitóls, Alóms und Cahalóms . . . und als die Linien und Parallelen des Himmels und der Erde gezogen waren,*

Der Hauptpalast von Palenque

hatte sich alles vollendet, und es war gut gemessen und viereckig.«

An jeder dieser vier Weltecken stand eine Gottheit, die in sich vier Aspekte vereinte: den männlichen, den weiblichen, den hellen und den dunklen. Jeder Gottheit war eine Farbe und ihren Aspekten Namen zugeordnet, so daß allein jene, die die Welt hielten, sechzehn Namen hatten. Aber es wird noch komplizierter. Über der Erde erhob sich in dreizehn Ebenen der Himmel, und unter ihr dehnte sich in neun Schichten die Unterwelt. In diesem Maya-Kosmos tummelten sich Hunderte von Göttern mit ihren überirdischen und unterirdischen Verkörperungen, die in ein höchst verwickeltes Ordnungsgefüge, das der Kalender regelte, eingebunden waren. Die einzelnen Zeitperioden wurden als göttlich angesehen und durch Götter repräsentiert. Ja, selbst die Zahlen, mit denen die Abfolge der Zeiteinheiten gezählt wurden, konnten durch Götterporträts wiedergegeben werden. Dabei nahm ein und derselbe Gott die unterschiedlichsten Rollen an und trat in verschiedenen Abschnitten des Kalenders mit jeweils anderen Funktionen auf. An einem Beispiel läßt sich das vielleicht besser verdeutlichen. Itzamná war der oberste Gott der Maya. Wie später Quetzalcoátl, repräsentierte er die Sonne und damit im Maya-Kalender die Grundeinheit Zeit. Wie wir wissen, beruhte das Kalendersystem auf der Zahl Zwanzig. So war Itzamná als junge Sonne der Gott des zwanzigsten Tageszeichens *(ahau)*, während er als alter Gott die Hieroglyphe für Tag *(kin)* repräsentierte. Er war weiter Schutzpatron des siebten Monats *(yaxkin)*, Verkörperung der Zahl Vier und trat schließlich als neunter der Herren der Nacht auf, jener neun Götter, welche die Abfolge der Nächte repräsentierten.

Die Bezugsgröße zur Zeit ist der Raum. Diese Vorstellung hatten auch schon die Maya. Ihr zeitliches Bezugssystem war eng mit der räumlichen Ordnung des Kosmos verknüpft. Ein gutes Beispiel bietet hierfür ebenfalls der Sonnengott. Er hatte auf seiner täglichen Wanderung die Himmelsebenen oder Stufen von Osten nach Westen empor- und hinabzusteigen und während der Nacht die entsprechende Reise durch die Unterwelt bis zum Wiederaufgang im Osten zu machen. Dies ist einer der Gründe, warum der Sonnengott auf Reliefs immer wieder mit Unterwelts- und Todessymbolen zu sehen ist. Je tiefer wir eintauchen in diese komplexe Götterwelt, desto verwirrender und rätselhafter wird sie. – »Wenn ich als einigermaßen intelligenter und gebildeter Mensch sie schon nicht im Ansatz begreife, wie soll die breite ungebildete Volksmasse vor Jahrtausenden das verstanden haben?« kommentierst du mit verzweifeltem Gesicht unseren Rundgang in Palenque. Ganz sicher verstanden die Menschen, die in ihren armseligen Hütten außerhalb der Tempelstädte lebten, genausowenig wie wir. Aber sie waren tief gläubig, und sie hatten Furcht vor den Naturgewalten, den Göttern und deren Stellvertretern, den Priestern. Je weniger Menschen wissen, desto größer ist die Möglichkeit, Macht über sie zu haben. So war es schon immer. Auch bei den Maya!

Die Priester waren die Träger und Hüter des Wissens. Sie wurden vergöttert und mitunter auch vergöttlicht. Und die Götter erhielten menschliche Wesenszüge, wenngleich sie selten in rein menschlicher Gestalt anzutreffen waren. Auf den Reliefs in Palenque sehen wir sie mit Schlangen- und Jaguarköpfen. Dort, die Figur mit der Rüsselnase, den zugefeilten Zähnen und aus dem Mundwinkel ragendem Hauerzahn symbolisiert wohl den Regengott Chac. Der Monsterkopf mit den Schellen um Hals und Ohren stellt den Wassergott dar, und der Knabe mit den menschlichen Zügen und der Pflanzenkrone auf dem Haupt ist der Maisgott. Immer sind die Gottheiten im Zusammenhang mit der Natur und der Tierwelt zu sehen und gleichzeitig in enger Schicksalsgemeinschaft mit den Menschen. Sie standen also nicht über, sondern in der Welt. So mußte der Maisgott Dürre und Hagelschlag hinnehmen, die wiederum von einer anderen Gottheit verursacht worden waren. Und die Menschen brachten Opfer, um den einen zu beruhigen und den anderen zu stärken. Sie zahlten mit Blut oder Geschenken, die die Priesterschaft immer

Göttliche Priester, menschliche Götter

reicher und die Tempel immer kostbarer werden ließen.

Im Tempel der Inschriften

Wir steigen hinauf zum Tempel der Inschriften und tauchen tief hinab in das kühle Innere der Pyramide. Viele Jahre wurde dieser Tempel wegen seiner ausdrucksvollen, beseelten Plastiken und den kunstvollen Hieroglyphen bewundert. Aber im Jahre 1952 trat er als Sensation ins Licht der Weltöffentlichkeit. Der mexikanische Archäologe Alberto Ruz Lhuillier entdeckte während einer Forschungsexpedition in der oberen Plattform der Tempelpyramide einen geheimen Zugang. Eine steinerne Platte verdeckte einen Tunnel mit einer Treppe, die steil nach unten führte. In dreijähriger, mühseliger Arbeit wurde der Weg in die Tiefe freigelegt. Schließlich stießen die Arbeiter auf eine gemauerte Wand, an der Tongefäße, Muscheln, Jadestücke und eine Perle als Weihgaben lagen. Nachdem die Mauer eingerissen war, standen die Forscher an einer schweren dreieckigen Steintür, vor der sich Reste einer Grabstätte mit sechs Skeletten von Jugendlichen befanden. Man drehte die Steintür um ihre eigene Achse und legte dadurch den Zugang zu einem neun Meter langen, vier Meter breiten und fast sieben Meter hohen Raum frei.

Die Männer trauten ihren Augen nicht. In der Mitte des Raumes, aus dessen Boden und Wänden Stalagmiten und Stalaktiten wuchsen, stand ein riesiger Sarkophag. Es war eine unglaubliche, gänzlich unwirkliche Szenerie. Die Wände waren übersät mit Skulpturenschmuck, und neun fast lebensgroße Gestalten ragten als Vollplastiken heraus. Auf einem Altar standen zwei herrliche Stuckköpfe wie Hüter des Hauses. Auch den

Deckel des Sarkophags schmückten künstlerisch vollkommene Reliefs, umrahmt von einem Himmelsband voller astronomischer Symbole. Als die fünf Tonnen schwere Grabplatte gehoben war, fand man die Gebeine eines Priesterherrschers. Eine kostbare Jademaske war von seinem Gesicht geglitten. Finger, Hals und Arme trugen ebenfalls Jadeschmuck.

Die Auffindung dieses Grabes war eine der großen Entdeckungen unseres Jahrhunderts und wurde gleichgesetzt mit der des Tutanchamun. Alberto Ruz Lhuillier sagt dazu: »Abgesehen *von dem künstlerischen und archäologischen Schatz, den die geheime Kammer des Tempels der Inschriften birgt, ist ihre Entdeckung so wertvoll, weil sie uns zeigt, daß die Pyramide einem doppelten Zweck diente; einen Tempel zu tragen und ein dem Volk verborgenes Hei-*

Der Tempel der Inschriften in Palenque birgt als einziger Tempel Mesoamerikas ein Priestergrab

ligtum zu bergen, in dem man die geheimsten und wichtigsten Riten der Maya-Religion zelebrierte, verbunden wohl mit Menschenopfern.« Mit diesem sensationellen Fund erwies sich erstmalig auch in Mesoamerika eine Pyramide als Grabmal.

Lange haben Wissenschaftler gerätselt, wer dieser so kostbar bestattete Tote gewesen sein könnte. Mit seinen 1,74 Metern war er zu groß für einen Maya. Da sein Gesicht bei der Graböffnung zerstört wurde, ließ sich auch nicht mehr erkennen, ob er die für Maya-Priester typische, abgeflachte Stirn hatte. Inzwischen konnten die 600 Hieroglyphen, die den Tempel der Inschriften schmücken, weitgehend entziffert werden. Sie erzählen die glorifizierte Geschichte einer Priesterkönig-Dynastie die in Palenque regierte und deren erster Herrscher Pascal hieß. Er war es wohl, der den Pyramidentempel erbauen ließ, um sein Grab darin einzurichten und außerdem sich und seinen Ahnen ein Denkmal zu setzen.

Geschändeter Dschungel Wir sparen uns den mühsamen Landweg und nehmen ein Lufttaxi zur 150 Kilometer entfernten Tempelstadt Bonampak, dem »Ort der bemalten Wände«. Unter uns breitet sich bis zum Horizont der Urwald aus. Ich habe nie gewußt, daß es so viele Grünschattierungen gibt. Vom dunklen Smaragd über Oliv bis hin zum fast durchsichtigen Hellgrün wogt dieses Dschungelmeer, zeichnet bewegte Mandalas, die immer wieder durch die Linienführung eines Flusses unterbrochen werden. Plötzlich tauchen in dem endlosen Grün seltsame runde Flächen auf, ähnlich den Kornkreisen in England. »Brandrodung«, erklärt der Pilot. »Die Bauern brennen den Urwald nieder für ihren Maisanbau.« In immer kürzeren Abständen sehen wir die Kreise. Wie Blattern verunstalten sie die Landschaft. Schreckliche, unheilbare Wunden. Zum ersten Mal sehe ich, wie der Urwald stirbt.

Wir erblicken die Ruinenstätte erst, als wir schon fast da sind. Sie ist fast gänzlich zugewachsen. Palmen, Mahagonibäume, Seibol, Lianen und Schmarotzerpflanzen schaffen jene grüne Dämmerung, in die nur hier und da die brennende Sonne dringt und alles von Menschenhand Erbaute umschlingt und verbirgt. Das ehemals blühende kleine Fürstentum zeigt sich uns nur noch als aus der feuchten Erde ragende Tempelstümpfe. Doch da sind die kunstvoll bearbeiteten Steinmonolithe, diese Zeitsteine, die uns erzählen, daß Bonampaks Herrscher Ah-chuen hier im Jahre 729 nach Christus dem Fürst »Schild Jaguar« im Kampf unterlag. Und da sind die drei Räume eines Tempels, über und über bedeckt mit farbigen Bildern. Die Patina, die darüberliegt, verstärkt das Geheimnisvolle an ihnen. Mitten im tiefsten, unzivilisierten Urwald blicken wir wie durch eine Laterna magica in eine Welt von vor 1200 Jahren. Mythologie und Alltag der Maya breiten sich vor uns aus. Musiker, geschmückt mit Quetzalfedern und kostbaren, um die Hüften geschlungenen Schals, begleiten einen Priesterzug. Unter ihnen befinden sich Tänzer, die Götter darstellen und groteske Tiermasken tragen. Hier wird gerade eine Zeremonie für die Erd- und Fruchtbarkeitsgötter vollzogen. Wieder sehen wir, wie in Palenque, Selbstkasteiungen und Opferungen von Menschen. Blutige Hände und abgeschlagene Häupter. Und wieder müssen wir

Bonampak

uns ein Stück weit von der Vorstellung verabschieden, daß die Maya ein sanftes und friedfertiges Volk waren. Wir blicken auf Kampfszenen, in denen geschmückte und mit Lanzen bewaffnete Krieger unbekleidete, wehrlose Männer angreifen. Es war wohl einer dieser Blumenkriege, wie sie später auch die Azteken führten. Sein einziger Sinn bestand darin, möglichst schnell viele Gefangene in die Hände zu bekommen, um sie hernach den Göttern zu opfern. Großartig, beeindruckend, aber auch schrecklich-schön sind diese Bilder. Und sie geben den Archäologen nach wie vor ein Rätsel auf, wieso gerade an einem relativ unbedeutenden Ort wie Bonampak die künstlerisch wertvollsten und in der Fläche größten Wandmalereien Mesoamerikas geschaffen wurden.

Yaxchilán Noch einmal lassen wir uns von dem kleinen Flugzeug zwischen Himmelsblau und Urwaldgrün durch die Lüfte tragen. Nach Yaxchilán. Unter uns zieht sich träge und braun der Río Usumacinta in großen Schleifen durch den Dschungel. Dort, wo er an seinem Oberlauf die Grenze zu Guatemala bildet, liegt, fast ganz umgeben von einem Mäander, die einst glanzvolle Kultstätte Yaxchilán aus der Maya-Blütezeit. Wir lassen uns von dem Piloten auf der holprigen, fast zugewachsenen Graspiste absetzen und schauen ihm nach, wie er über den Baumwipfeln verschwindet. Morgen wird er uns wieder abholen.

Dann sind wir allein mit dem Dschungel, dem fast furchterregenden Schreien der Affen, dem schweren Duft, den die exotische Pflanzenwelt ausströmt, und den verstreuten Ruinen. Nein,

ganz allein sind wir doch nicht. Ein Wärter ist da, hoch erfreut über Besucher. Seit Wochen, so sagt er, sei niemand dagewesen, und so lebe er notgedrungen mit den Geistern der Vergangenheit. Er bietet uns zwei Hängematten für die Nacht an und ein paar zähe Tortillas. Für uns erweist sich dieser Maya-Nachfahre als echter Glücksfall. Er führt uns überall herum. Zuerst zu dem Kultzentrum am Flußufer mit den niedrigen, nicht sonderlich beeindruckenden Gebäuden und den Resten zweier Ballspielplätze. Wir wandern hinauf zu den Palästen, die sich stufenartig die Hügel hochziehen. Gelblichweiß steigen die Mauern der Fassadenreste aus dem dichten Dickicht auf. Wie luftig und elegant die Mansardendächer mit den gitterartig durchbrochenen, hohen Dachkämmen den Königspalast wirken lassen! Wie fein und doch kraftvoll sind die Reliefarbeiten an Stelen, Altären und Stufen! Wir sind etwas verwirrt, als sich unser Begleiter plötzlich mitten in einem Ge-

Der Río Usumacinta bildet Mexikos Grenze zu Guatemala. Auf einem seiner Mäander liegt fast unerreichbar die alte Maya-Stadt Yaxchilán.

Gänzlich vom Dschungel überwachsen – die Zeremonialstadt der Maya Yaxchilán

bäudeeingang auf den Rücken wirft und uns dazu anhält, das gleiche zu tun. Als ich dich aus dieser ungewöhnlichen Lage heraus: »Großartig, phantastisch!« rufen höre, bequeme ich mich auch nach unten. Im Halbdunkel sehe ich in die Unterseite des steinernen Türbalkens meisterhafte Reliefs eingemeißelt. Ritualszenen, Inthronisationen, Kriegsschauplätze, Geburt, Tod, Porträts von Fürsten und Untergebenen – bewundernswerte Kunstwerke indianischer Bildhauer. Wir liegen noch häufig während unseres Rundgangs auf dem Rücken. Aber die Mühe lohnt sich, denn die Türstürze sind die schönste und wertvollste Hinterlassenschaft von Yaxchilán.

Vom höchsten Punkt aus, der sich aus dem Dschungel erhebt, der Akropolis mit dem Königspalast, erleben wir den Sonnenuntergang. Die letzten Strahlen verwandeln den braunschlammigen Fluß in dickflüssiges Gold, und ein irisierender Silberschimmer legt sich auf die Bäume. Wie um den Tag zu verabschieden, steigt die Geräuschkulisse aus dem Urwald um ein Vielfaches an. Dann breitet die Nacht fast übergangslos ein dunkles Tuch über das fremde, geheimnisvolle Leben. Wir sitzen immer noch da, als eine Stunde später der Vollmond aus der Dunkelheit auftaucht. »Ihr werdet nicht viel zum Schlafen kommen«, warnt unser Führer. »In diesen Nächten kehren sie alle zurück zum heiligen Platz.« Ehe ich noch lange über seine Worte nachdenken kann, bin ich, gewiegt vom sanften Schaukeln meiner Hängematte, selig entschlummert.

Eine leichte Berührung am Arm läßt mich erschrocken hochfahren. Unser Ruinenwärter steht vor mir. »Kommt, sie sind da. Leise! Sie mögen keine Fremden.« So lautlos wie möglich schleichen wir hinter unserem Führer her. Zwischen Gebüsch und Bäumen sehen wir einen Feuerschein. Auf einer Lichtung inmitten von Ruinen bewegt sich eine Gruppe Männer. Wir pirschen noch ein Stück näher heran und lassen uns im Schutz der Bäume nieder. »Lacandonen«, flüstert die Stimme neben mir. »In den Vollmondnächten kommen sie immer hierher und sprechen mit den Göttern.« Und dann werde ich Zuschauerin eines uralten, magischen Rituals. Auf einem Stein, der offensichtlich früher schon als Altar gedient hat, ordnet ein langhaariger Indianer vier Opferschalen zu einem Quadrat. In die Mitte stellt er ein großes, mit grünen Blättern umkränztes Kreuz. Um den Altar werden in größerem Abstand vier

Das Ritual

runde Steine ebenfalls zum Quadrat gelegt. Das Quadrat! Jetzt weiß ich es: »*. . . und als die Linien und Parallelen des Himmels und der Erde gezogen waren, hatte sich alles vollendet, und es war gut gemessen und viereckig.*« Der Altar vor uns ist ein »Erdentisch«, ein Symbol für die Welt. Das Kreuz darauf ist der mythische Lebensbaum, die Erdachse, aus der heraus alles Leben sprießt. Und das Quadrat, das die Lacandonen um den Altar gelegt haben, ist ein magischer Wall, ein Schutzgürtel für die Welt und den Lebensbaum. Ich sehe den Rauch aufsteigen von brennendem Copalharz, ich höre das Stampfen der Füße und das Singen zum Rhythmus der Trommel. Ich kann die Worte nicht verstehen. Aber ich fühle, es sind Gebete. Erinnerung ist in jedem Geschlecht. Die Maismenschen haben Verbindung zu ihren alten Göttern!

Yukatán – Denkmäler aus versteinerter Zeit

Der Wahn der Macht
Der Wahn des Tages
Der Wahn des Himmels
Der dort der Wolken
An den vier Ecken sind Götterfiguren aufgestellt
Vier Tage liegen sie so
Vor der Schlange der Schöpfung
   Aus einem Zauberspruch der Maya

Karibikträume – Strände: weit, weiß und einsam. Meerumspültes Land ohne Schatten. Eine stille amphibische Welt voller Mangrovensümpfe und Buschwald. Das ist Yukatán. Als Halbinsel schiebt es sich im Südwesten Mexikos zwischen die Karibische See und den Golf. Es ist der Lebensraum der Maya, die hier vor achthundert Jahren noch einmal eine Blütezeit erlebten und der Nachwelt einzigartige und gleichzeitig rätselhafte Baudenkmäler hinterließen.

Wir hatten den Piloten überreden können, uns mit seinem Lufttaxi nach Yukatán zu bringen. Für mich ist es immer wieder eine Faszination, die Erde zuerst einmal aus der Vogelperspektive zu erkunden. Vielleicht steckt darin der große Menschheitstraum vom Fliegen und der tiefe Wunsch, sich über sich selbst und die Welt zu erheben und von allen Begrenzungen zu lösen. Mehrmals schon hatten wir Mexiko überflogen, kannten die Stakkati steiler Bergmassive und Schluchten, die Halbwüsten und tropischen Regenwälder, dieses Land mit seinen unglaublich vielfältigen Formen und leuchtenden Farben, das von Augenblick zu Augenblick ein ständig wechselndes Bild bot. Wie anders hingegen Yukatán! Eine Stunde Flug, eine zweite, eine dritte – und nichts als menschenlose Grenzenlosigkeit. Mattes, sonnengebleichtes Grün unter einem stählernen Himmel. Kein Fluß, kein Berg, keine Bewegung in einem Buschland, das so groß ist wie die Bundesrepublik. Diese einförmige Unendlichkeit Yukatáns, die Fülle an Licht und der Mangel an Farben sind ein großes spirituelles Erlebnis. Es ist die Begegnung des Reisenden und Suchenden mit der Leere. Keine Wolke am Himmel als Markierungspunkt, keine Straße, die den Weg weist vom Irgendwoher zum Irgendwohin. Die Leere ist im wahrsten Sinne des Wortes maßlos.

Der Flug zum Meer

Fast dankbar blicke ich immer wieder hinunter zu dem Schatten, den unsere kleine Maschine auf das eintönige Land wirft. Er ist das einzige Zeichen, daß wir uns fortbewegen. Und endlich ist da auch eine Straße. Wie mit dem Lineal gezogen, schneidet sie sich schnurgerade in den flachen Buschteppich. So unvermittelt sie aus dem dichten Grün auftauchte, so abrupt endet sie an der Barriere eines blendendweißen Strandes. Unter uns liegt die Karibik. Türkisfarbenes Meer auf hellem Kalksteingrund. Weit draußen bricht es sich in Milliarden sprühender Lichtfunken am zweitgrößten Korallenriff der Welt. Im Tiefflug tänzelt und hüpft die kleine Maschine über die schäumende Brandung. Für einen kurzen Moment ist der Blick frei auf die bizarr-geheimnisvolle Unterwasserwelt. Dann verliert sich die nun offene Karibische See in einem tiefen, unergründlichen Blau. In einer weiten Rechtskurve fliegt der Pilot zurück und landet auf einer holprigen Sandpiste direkt am Meer.

Yukatán – Denkmäler aus versteinerter Zeit

Wir hatten sie bereits kurz aus der Luft gesehen: Tulum, die weiße Maya-Stadt. Wirkungsvoll erhebt sie sich leuchtend und wehrhaft auf einer Kalksteinklippe über der vom Sandstrand gesäumten Karibik. »Eine Stadt so groß und prächtig wie Sevilla, mit dem höchsten Turm, den ich je gesehen habe«, berichtete Juan de Grijalvas, als er mit seinem spanischen Expeditionskorps vor 475 Jahren an der Küste Yukatáns entlangsegelte und Tulum entdeckte. Die Stadt erschien ihm so mächtig, daß er es nicht wagte, an Land zu gehen. Hätte er es getan, wären ihm wahrscheinlich zwei Landsleute aufgefallen, die schon seit Jahren bei den Maya lebten. Sie entstammten ebenfalls einem Expeditionskorps, das im Jahre 1511 mit einer Karavelle vor der Küste Yukatáns Schiffbruch erlitten hatte und bei Tulum das rettende Ufer erreichte. Allerdings wurden sie wenig gastfreundlich empfangen. Die meisten von ihnen

Daß Tulum eine Festungsstadt war, die einzige der Maya, ist von der Landseite aus nicht zu sehen

Die spanischen Maya

wurden den Göttern geopfert, andere starben wenig später an unheilbaren Krankheiten. Nur zwei, Jéronimo de Aguilar und Gonzalo Guerrero, wurden von dem Herrscher der Provinz Zamá – was Morgendämmerung bedeutet und offensichtlich mit Tulum identisch ist – als privilegierte Sklaven in den Dienst genommen. Sie lernten die Sprache der Maya, und Aguilar war es, der später ein unersetzlicher Berater und Übersetzer für Cortés wurde. Guerrero aber, mittlerweile mit einer Fürstentochter verheiratet, weigerte sich, die Maya zu verlassen, als die Spanier ihn befreien wollten. »Geht mit Gott; ich habe mein Gesicht tätowiert und die Ohren durchbohrt. Was würden meine Landsleute sagen, wenn sie mich in dieser Weise einhergehen sähen!« soll er dem Gesandten Cortés' geantwortet haben. Bis er 1535 starb, getroffen von einer spanischen Kugel, kämpfte er als einziger Weißer an der Seite der Maya gegen die Konquistadoren, deren Vormarsch in Yukatán auf den erbitterten Widerstand der Einheimischen stieß.

Jetzt, fast ein halbes Jahrtausend später, stehen wir hier und müssen unserer Phantasie Flügel verleihen, um aus den Ruinen die Bilder eines mexikanischen Sevilla entstehen zu lassen. Denn von jener Stadt, die sich sechs Kilometer am Meer entlangzog und in den drei Jahrhunderten vor der Ankunft der Spanier das religiöse Zentrum der Ostküste Yukatáns war, ist nichts geblieben als der von Mauern umsäumte Tempel- und Palastbezirk.

Beim Betreten der Kultstätte suchen wir vergebens nach bereits vertrauten Bildern. Wo ist die reiche Ornamentik, die barocke Leichtigkeit der

Maya-Bauwerke in den Dschungelstädten; wo sind die kunstvollen Friese und Fresken, die himmelsstürmenden Pyramiden? Wir müssen uns erst daran gewöhnen, daß wir hier eine Maya-Welt betreten, deren Reinheit und Feinsinnigkeit längst von anderen Kultur- und Stilelementen verwischt wurde, daß wir hier am absoluten Endpunkt der Kulturepoche dieses Volkes stehen. Tulum wurde zwischen dem 12. und 15. Jahrhundert auf wesentlich älteren Fundamenten errichtet und ständig neu überbaut. Fast alle der ausgegrabenen und restaurierten Ruinen stammen aus dem 14. Jahrhundert. Die Dekadenzerscheinungen lassen sich an dem unregelmäßig bearbeiteten Mauerwerk und dem groben Dekor ablesen. Statt auf hohen Pyramidensockeln stehen die Tempel und Paläste auf niedrigen Fundamenten und Plattformen, und die Gebäude sind viel kleiner und schmuckloser als in klassischer Zeit. Der Name Tulum bedeutet »Festung«. Mit ihren massiven Gebäuden und der dreiseitigen Umwallung gleicht die Ruinenstätte tatsächlich eher einer Verteidigungsanlage denn einer Kultstätte. Doch niemand vermag zu sagen, ob die dicke Ringmauer zur Absicherung gegen Piraten gebaut wurde oder ob sie nicht vielmehr ein magischer Schutzwall war, in dessen Innerem einst die religiösen Zeremonien vollzogen wurden. Erst gestern waren wir Zeugen, wie die Lacandonen vor Beginn ihres nächtlichen Rituals einen solchen Schutzgürtel um den Altar legten. Auch in den Dörfern der Maya-Nachfahren finden wir heute noch diese unsichtbaren magischen Schutzmauern. Denn nichts anderes sind die Holzkreuze an den vier Ecken eines Dorfes, die über aufgeschichteten

Am Endpunkt einer Epoche

Steinen errichtet wurden. Sie symbolisieren das kosmische Quadrat, und indem sie annähernd die Grenzen des Gemeindegebietes umreißen, bezeichnen sie zugleich die vier Ecken der Welt. Denn für den Indio ist sein Dorf die Welt, ja der gesamte Kosmos. Und durch das Errichten einer magischen Barriere ist er vor unheilvollen Einflüssen geschützt.

Wir steigen die verwitterten Stufen zum Haupttempel »El Castillo« hinauf. Die Nachmittagssonne hat das kalkweiße Heiligtum in eine goldene Aura gehüllt. Die schlangenförmigen Eingangssäulen werfen bereits lange Schatten, und das Spiel des Lichtes verleiht den Stuckfiguren über den steinernen Türbalken eine seltsame Lebendigkeit. Da ist er wieder, der in Tulum allgegenwärtige »Herabstürzende Gott«. Wir hatten ihn zuvor bereits am Haus des Oberpriesters und im Tempel der Fresken gesehen. Kopfüber wirft er sich mit seinem federgeschmückten Helm wie ein Fallschirmspringer ohne Fallschirm der Erde entgegen. Oder befindet er sich gar im Tauchsprung? Symbolisiert dieser Ikarus der Maya die untergehende Sonne, oder war er der im Chilam Balam beschriebene Bienengott Ah Muzencab? Er starrt uns, die Antwort schuldig bleibend, steinern und stumm in der immer gleichen Haltung an. Wie all die Fresken und Wandmalereien, die skurrilen Stuckgesichter und Skulpturen ist er nichts weiter als der blasse Geist einer längst entschwundenen Zeit.

Auf der Terrasse des Castillo läßt du dich auf einem steinernen Hocker nieder. Du willst mich neben dich ziehen, aber ich merke, wie sich alles in mir dagegen sträubt. Instinktiv weiß ich, daß

Der »stürzende Gott«

der Platz, auf dem du sitzt, früher als Altar für Menschenopfer diente. Magst du mit dem Rundumblick in die bezaubernde Landschaft und deinen Büchern für eine Weile hier sitzen bleiben, mich zieht es hinunter in die kleine palmenbestandene Bucht zu Füßen des zentralen Heiligtums. Wie auf Samt laufe ich über den weißen Strand. Das Meer schimmert in allen grünen und blauen Schattierungen von Türkis bis zum dunklen Indigo, der heiligen Farbe der Maya. Ich tauche ein in das tiefe, heilende Blau. Der Wellenteppich trägt mich weit hinaus, und ich lasse mich von seiner warmen, salzigen Umarmung wiegen und kosen. Droben am Himmel führen zahllose Pelikane ein Ballett auf. Im Gleichklang ziehen sie ihre Bahn, scheren aus und finden sich zu immer neuen Formationen wieder zusammen. Ein Kormoran gleitet elegant über mich hinweg. Plötzlich schießt er pfeilschnell und mit gewaltiger Kraft herab, um dicht neben mir im Wasser seine Beute zu greifen. Augenblicklich steht mir das Bildnis des Herabstürzenden Gottes im Tempel der Fresken vor Augen. Zwar nur noch fragmentarisch erhalten, aber dennoch erkennbar, fällt er auf zwei von Stricken gefesselte menschliche Wesen hernieder. Vielleicht war es dieses Szenarium, das die Künstler vor Jahrhunderten zu ihren mythologisch verbrämten Wandmalereien inspirierte.

»Ich weiß etwas, was du nicht weißt«, empfängst du mich nach meinem langen Bad am Strand. »Anders als wir bisher glaubten, ist der Tempel der Inschriften nicht die einzige Pyramidengrabstätte Mexikos. Unter der Pyramide des Haupttempels von Tulum fand man vor einigen Jahren ebenfalls ein Grab. Ich hörte das vorhin einen mexikanischen Reiseleiter erzählen.« Später versuchen wir, Näheres darüber herauszufinden. »Si Señor«, bestätigt ein Ruinenwärter. »Es war das Grab eines Kindes, das die Maya-Priester hier mit ungewöhnlichem Pomp bestattet hatten.« Als er weiterspricht, senkt sich seine Stimme zu einem fast ängstlichen Flüstern herab: »Dieses Kind trug göttliche Zeichen. Es hatte an Händen und Füßen je sechs Finger und Zehen. Und es war ein magisches Gebot, über diesem Grab einen Tempel zu errichten. Sein Geist wohnt immer noch dort!«

Im Tempelbezirk von Tulum

Im letzten Abendlicht schlendern wir durch den Tempelbezirk, der, so scheint es mir, einzig erbaut wurde zur Huldigung der Natur und der darin lebenden Götter. Von den Fresken blicken sie auf uns hernieder, all die dualistischen Gottheiten. Da ist Itzamná, Herr der Welt und Symbol der Sonne, begleitet von seiner Gemahlin, der Vegetationsgöttin Ix Chel, und Chac, dem Regengott. Über ihnen schwebt ein Himmelsband mit ineinander verschlungenen Blumen und Früchten. Und ihnen zu Füßen erscheint die Unterwelt mit Schlangen, Erd- und Wasserungeheuern. Verblaßte Götterbilder an zerbrochenen Tempelmauern, verblaßt auch im Gedächtnis der Menschen. Hier drinnen im Halbdunkel ihrer Kerker empfinde ich sie unnahbar und unbegreifbar. Aber draußen im Licht und in der Natur kann ich ihre zeitlose Allgegenwart spüren. Unter zerbrochenen Säulen und eingestürzten Treppen wohnen sie in Gestalt riesiger Echsen und Leguane. Dort, die schillernde Eidechse mit ihrem großen, eckigen Kopf sieht in ihrer Reglosigkeit aus wie der fliegende Drachen der Fresken und scheint mehr der Sage als der Wirklichkeit anzugehören. Eine Schlange sonnt sich unter ihrem federgeschmückten Pendant aus der Mythenwelt und schlängelt sich wie eine Arabeske unter Blumen und Maiskolben, die tanzende Hohepriester und Maya-Fürsten umranken. Ist es nicht doch Ah Muzencab, der Bienengott, der laut summend den Bougainvilleastrauch am Tempel des Herabstürzenden Gottes umschwärmt und immer wieder in den magischen Bann seiner Kultstätte gezogen wird? Ist es nicht das Raunen des Windgottes, das durch die von Gräsern bewachsenen Zeitsteine fährt, während die auf ihnen eingeritzten Hieroglyphen, unentzifferbar wie eh und je, von Tag zu Tag mehr überwuchert werden und ihre Geheimnisse in ihr grünes Grab mitnehmen? Vielleicht ist es ja so, daß die Götter gar nicht erkannt werden wollen, daß sie uns nur ab und zu leise berühren, damit wir uns an sie erinnern.

Die Straße führt von Tulum schnurgerade landeinwärts. Das Meer und die angrenzenden Mangrovensümpfe bleiben zurück und werden abgelöst von niedrigem, aber undurchdringlichem Dschungel. Er überzieht die gesamte Halbinsel, und in seinem schwer zugänglichen Inneren harren jede Menge alter Maya-Kultstätten immer noch ihrer Entdeckung. Kaum vorstellbar, daß unter diesem dichten grünen Mantel überhaupt Leben stattfindet. Doch dieses wilde, heiße Land ist erfüllt vom Lärmen der Affen, Papageien und Kolibris, die das leise Schleichen des Jaguars, das scheue Huschen des Ozelots und das lautlose Dahinwinden der Boa Constrictor übertönen. An den wenigen Wasserstellen leben Alligatoren und

Refugium der Tiere

Flamingos, und auch Truthähne, Rehwild und Fasane sind hier beheimatet. Der verschlungene Buschwald ist zugleich das letzte Refugium der Maya-Nachfahren, die sich immer weiter ins Innere zurückziehen, um den Zerstörungen des industriellen Fortschritts zu entgehen.

Schon zwei Jahrtausende vor Christus kamen die ersten Maya-Stämme, die sogenannten Yukateken, in das Land. Doch lange Zeit blieb die Halbinsel ein bedeutungsloser Randbezirk des aufblühenden Maya-Reiches. Da sich kein Fluß auf dem durchlässigen Kalkboden bilden kann, ließen sich die Indianer in der Nähe von Naturbrunnen nieder. Diese »Cenotes« entstanden durch Kalkeinbrüche, die das Wasser unterirdischer Flußsysteme freilegten und sammelten. An solchen heiligen, lebenspendenden Plätzen errichteten die Menschen ihre zahllosen Kultplätze. Kein Gebiet Mexikos kann so viele archäologi-

Die Cenotes, natürliche Süßwasserbrunnen, waren den Maya heilig

sche Stätten aufweisen wie Yukatán. Die Nachklassik der Maya (900–1450 n. Chr.), die durch ansässige und eingewanderte Maya-Stämme und von aus dem Hochland eingewanderten Tolteken getragen wurde, schuf eine großartige Architektur, in der sich die frühen Maya-Elemente mit toltekischem Stil mischten. All diese Stätten zu besuchen, würde Wochen in Anspruch nehmen und für sich ein ganzes Buch füllen. Ich will nur zwei beispielhaft herausgreifen: Uxmal und Chichén Itzá.

Wir hatten einen ganzen Tag in Cobá verbracht, einer im tiefsten Busch von Quintana Roo verborgenen Maya-Stätte. Daß sie einmal zu den größten aller mesoamerikanischen Städte gehörte, blieb unserem Blick allerdings verborgen. Genau wie den Spaniern, die Cobá deshalb nie zerstörten, weil sie es gar nicht erst entdeckten. Man weiß heute, daß die Stadt noch bis ins 17. Jahrhundert besiedelt war. Und dann hatte einfach die Natur einen verlassenen und vergessenen Ort überwuchert und an manchen Stellen etwas Mauerwerk durchscheinen lassen, das, von Archäologen erst spät aufgefunden, sparsam freigelegt wurde. Vielleicht hat gerade deshalb Cobá eine so faszinierende Ausstrahlung, weil niemand jemals gewaltsam eindrang. Ein reiner Geist und eine friedliche, harmonische Schwingung lagen über der riesigen Stätte.

Die vergessene Stadt

Wie Klammeraffen hatten wir uns an der teilweise restaurierten, vierundzwanzig Meter hohen Pyramide emporgearbeitet. Die verwitterten Stufen waren nur noch im Ansatz vorhanden, und als wir oben reichlich erschöpft und zerschunden ankamen, trauten wir unseren Augen nicht. Dort saß, an die Mauerreste eines kleinen Tempels gelehnt, ein uralter Mann. Klein und mit dünnen Beinchen sah er aus wie ein Urwaldzwerg aus ferner Vorzeit. »Buenos días«, begrüßte er uns mit einer vollen, dunklen Stimme, die geradewegs aus seinem Bauch zu kommen schien und überhaupt nicht zu der Zartheit seiner Gestalt paßte. Wir setzten uns zu ihm und blickten lange in die stille, wildtropische Landschaft unter uns, in der mehrere Seen eingebettet lagen. Diesen mattschimmernden Smaragden hat Cobá seinen Namen zu verdanken, der soviel bedeutet wie »Vom Wind gekräuseltes Wasser«.

»Die Zeit war zu Ende«

»Kannst du dir vorstellen, warum Menschen freiwillig einen solch herrlichen Platz verlassen?« fragst du mich. »Vielleicht gab es eine Hungersnot, eine Epidemie oder . . .!« Bevor ich den Satz beenden konnte, antwortete die dunkle Bauchstimme neben mir: »Nein, Señora, die Zeit war zu Ende! Die Zeit! Die Zeit faszinierte die Maya.« Ich war vollkommen perplex. Wieso hatte der alte Mann uns verstanden? Ich wollte ihn darauf ansprechen, aber er redete bereits weiter: »Sie wußten, wann die Zeit gekommen war. Wenn sich bei ihnen die Zeichen einstellten, wenn Krankheiten ausbrachen oder das Brunnenwasser verdarb, verließen die Menschen einfach ihre Dörfer, ließen alles zurück, Haus und Hof, das Essen auf dem Tisch, ja sogar Vieh und Haustiere. Nichts und niemand konnte sie dazu bringen, zu bleiben. Die Wurzel dieses Verhaltens liegt tief in der Volksseele, auch heute noch. Sie werden dazu Aberglauben sagen. Wir sagen, daß die Zeit gekommen ist.« Damit erhob er sich und verschwand mit einer Behendigkeit, die im totalen

Kontrast zu seinem Alter stand, in dem zerfurchten Mauerwerk der Pyramide.

Obwohl Cobá kaum imposante und beeindruckende Bauwerke vorzuweisen hat, konnten wir uns nur schwer von diesem Ort lösen. Und so ist es bereits stockdunkel, als wir das 100 Kilometer entfernte Chichén Itzá erreichen. Wir wähnen die Ruinenstätte längst verschlossen, wollen am Haupteingang nur die Öffnungszeiten erkunden, da dringt, untermalt von schwerer Musik, eine dumpfe, weithin hallende Stimme zu uns: »Es war einmal eine Zeit, da lebte hier unter der Weisung des mächtigen Gottes Kukulcán ein großes Volk...!« – Die abendliche Licht- und Tonschau hat gerade begonnen. Wir lassen uns mitreißen von dem gigantischen Spektakel, das uns, begleitet von Blitz und Donner und allerlei technischen Effekten, in die Vergangenheit Chichén Itzás zurückführt. Wie phosphoreszierende Geister tauchen Pyramiden und Paläste aus der Nacht auf, um im nächsten Moment wieder darin zu verschwinden. Und immer ist da diese magische, beschwörende Stimme, die uns hinabzieht in die Tiefe der Zeit, wo menschliche und mythologische Gestalten miteinander verschmelzen und wir ihnen in einer anderen Wirklichkeit begegnen.

»Stadt am Rande des Brunnens

Diese Wirklichkeit beginnt vor 1500 Jahren, als die Maya hier eine Stadt für sich und ihre Götter gründen und ihr erstaunliches Wissen in Astrologie, Astronomie und Mathematik in Tempeln und Palästen verewigen. Sie nennen ihre heilige Stätte Uucyl-abna, »Ort der sieben Büsche«. Dann, 500 Jahre später, überrennt ein kriegerisches Barbarenvolk die friedfertige Maya-Welt. Lasterhafte, sabbernde, sittenlose Menschen sind es, die sich gewalttätig nehmen, was ihnen in den Sinn kommt. Die Leute vom Stamm der Itzá sind der einheimischen Bevölkerung verhaßt und ständig in Gefahr, von ihr vertrieben zu werden. Ihre Macht währt denn auch nicht lange. Ein anderes Volk, das nicht der Kultur der Maya angehört, dringt, von Zentralmexiko kommend, in Yukatán ein. Es sind die Tolteken. Doch sie haben nichts mehr gemein mit den friedlichen Blumenkindern aus dem sagenhaften Tula. Wenngleich hochzivilisiert, sind auch sie von kriegerischer Art. Und längst hat sich auf dem jahrhundertelangen Weg vom Hochland bis hinunter nach Yukatán ihr friedliebender Gott Quetzalcoátl in eine blutdürstige, Menschenopfer verlangende Gottheit verwandelt. Mit Macht dringen die Tolteken auch in Uucyl-abna ein und vertreiben die alten, ungeliebten Herren. Unter ihrer Herrschaft entsteht eine neue, blühende Stadt mit dem Namen Chichén Itzá, was soviel bedeutet wie »Die Stadt am Rande des Brunnens«, womit der heilige Cenote gemeint ist.

Mit der Ankunft der Tolteken in Yukatán beginnt die Epoche der Verschmelzung. Zwei gänzlich unterschiedliche Rassen treffen sich hier, zwei verschiedene Kunstrichtungen prallen aufeinander. Zunehmend mehr dominieren die Tolteken fortan das politische, religiöse und kulturelle Geschehen. Neuen Göttern wird gehuldigt. Allen voran Quetzalcoátl, der mit dem Maya-Gott Kukumatz verschmilzt und zum Kukulcán wird. Das neue maya-toltekische Staatswesen ist stramm militärisch und zentralistisch organisiert.

Bei den Maya wurde Quetzalcoátl, die sanfte Gefiederte Schlange, zum blutrünstigen Gott Kukulcán

Weltliche Fürsten treten als Herrscher an die Stelle der Priester. Von Chichén Itzá wird das westlich gelegene Mayapan gegründet, und gemeinsam mit Uxmal schließen sich die drei zu einem Städtebund zusammen. Politische Streitigkeiten führen aber zum Bruch der Liga und enden 1445 mit der Zerstörung Mayapans durch rivalisierende Maya-Geschlechter. Zu dieser Zeit hat auch Chichén Itzá längst seine Bedeutung verloren. Die Götter haben sich von den Menschen abgewendet, Orkane verwüsten die Wälder. Krankheitsepidemien brechen aus. Die wenigen, die Hunger und Verheerungen überleben, ziehen sich in die Nähe von Uxmal zurück, an einen Ort, der den seltsamen Namen »Maní« führt, was soviel heißt wie »Es ist vorüber«.

Weiter und weiter führt uns die Stimme, erzählt von den Greueltaten der spanischen Eroberer, von jenem schrecklichen, in den Geschichtsbüchern nie erwähnten Ketzergericht am 12. Juni 1562 in Maní, bei dem mehr als 4000 Maya unter der spanischen Folter sterben und weitere 6000 zu lebenslangen Krüppeln geprügelt werden. Anschließend errichten die Eroberer einen großen Scheiterhaufen, übergeben alle auffindbaren Bücher, Rollen und Zeichnungen dem Feuer und verbrennen damit die Vergangenheit der Maya. Der dichte Rauch, der sich an diesem Tag über Maní senkt, liegt noch immer über dem Mysterium der Maya und ihrer versunkenen Kultur.

Blick in die Vergangenheit

Die Stimme schweigt. Nur noch das Dröhnen der Göttertrommel und die darüberliegenden hellen Töne der Maya-Flöte dringen in die Nacht. Ins silberne Licht der Mondin getaucht, scheint es, als ob sich die steinernen, rotglühenden Schlangen vom Tempel der Kukulcán-Pyramide lösen und zu uns hinunterwinden. Für einen Augenblick hebt die Dunkelheit ihren Vorhang, und wir blicken in eine Bühne, auf der die Vergangenheit sich selbst spielt. Über die 365 Stufen der Pyramide klimmt ein Chor von Pilgern himmelan. Um den schneckenartig gewundenen Rundturm, den Himmelsausguck der Gelehrten, schweben goldseidene und buntsamtene Fasanenvögel. Auf dem Prozessionsweg, der mitten durchs Gestrüpp führt, geleiten Priester die geweihten, in weiße Brautgewänder gehüllten Mädchen zum Felsenrand des heiligen Brunnens und stoßen sie dort hinab, auf daß sich die Götter ihrer Jungfräulichkeit erfreuen mögen. Drüben vom Ballspielplatz klingt das »pok-ta-pok« der Kautschukkugel. Seht den Gummiball, den Sonnenball! Er will durchstoßen zu uns, er will uns Licht bringen! Ein Aufstöhnen der Menge. Seht, die Dämonen des Nachthimmels wollen es verhindern! Arme Sonne, keine Hoffnung für dich, keine Hoffnung für uns, im Dunkel müssen wir verenden, wehe, wehe! Das Volk brüllt, jammert, weint, während die Orgel der Dämonen, das Echo, jeden Schrei vielfach nachäfft. Habe ich in dem Lärm das Knacken im Gebüsch überhört, den leisen, schleichenden Schritt des Jaguars? Zwei glühende Augen starren mich an. Ein kurzer Schreck, dann ist die Illusion vorbei. Schweigen breitet sich aus, ein feuchtheißes, lastendes Schweigen. Und in ihm ruht das Rätsel der Maya-Kultur, das bis heute nicht wirklich gelüftet werden konnte.

Chichén Itzá im frühen Morgenlicht. Großartig! Unglaublich beeindruckend! Eine riesige archäologische Zone, sorgfältig aufgeräumt und eingezäunt. Der Urwald domestiziert. Tempelbauten, Palastbauten, Sportbauten, Marktbauten wurden dem Dickicht von Baumriesen und knebelnden, fesselnden Schlinggewächsen mühsam entrungen. Weite, schattenlose, heiße Plätze, um die sich die monumentalsten Bauten gruppieren. Ohne sichtbaren Zusammenhang stehen sie jeder für sich. Die Pyramide des Kukulcán dominiert sie alle. Für jeden Jahrestag eine Stufe. Hinaufsteigen

Eine Stadt, dem Urwald entrungen

Chac Mol, der Götterbote, hält die steinerne Schale, in der die Herzen der Menschenopfer niedergelegt wurden.

im Schweiße des Angesichtes entlang der Schlangen mit ihren riesigen Mäulern und hoch aufpeitschenden Schwänzen. Fast schon im Himmel steht der Tempel, ummantelt von einem zweiten. Wie groß muß der Schreck gewesen sein, als die Ausgräber vor vielen Jahren beim Betreten des Tempels im dumpfen Dunkel auf die Statue eines lebensgroßen, rotbemalten und jadekrustierten Jaguars stießen, der sprungbereit und mit funkelnden Jadeaugen zum Sprung gegen die Eindringlinge ansetzte.

Über uns nichts als die blaue Himmelsschale, in der majestätisch die Bussarde kreisen, unter uns der Blick auf die irdische Welt. Niedrig sind, von hier aus überblickt, die anderen Bauten, klein der Riesenplatz für die Ballspiele. Unsichtbar liegen die gebenedeiten Brunnen im Gestrüpp, und weit in der Ferne ragt die abgebrochene Kuppel des Observatoriums über die grüne Baumgrenze hinweg.

Die Stufen hinunter und wieder hinauf zum Kriegertempel. Sie sind zwar ebenso steil, aber gottlob nicht so zahlreich. Der Tempel erinnert wie kein anderer an die Baukunst der Tolteken. Da sind auch wieder die gedrungenen Atlanten von Tula, die hier zwar nicht das Tempeldach, aber einen Steinaltar tragen. Unverkennbar zeigt sich in der Architektur die Gesinnung der Menschen: Krieger, Adler und Menschenherzen fressende Jaguare schmücken die niedrige Pyramide, auf der der Tempel erbaut ist. Und immer wieder dieses steinerne Schlangenhaupt, wie es mit weit aufgerissenem Rachen einen Menschenschädel knackt. Um in das Innere des dachlosen Heiligtums zu gelangen, müssen wir am Chac Mol vorbei. Stoisch und unbeteiligt hütet er das Heiligtum. Wind, Wetter und die Werkzeuge der Archäologen haben die Opferschale auf seinem Bauchnabel von dem vielen Blut der Menschenopfer reingewaschen.

Chichén Itzá ist voll von entdeckten und unentdeckten Geheimnissen, von seltsamen Reliefs auf mattmarmornem Kalkstein, schnörkelhaften plastischen Barockfriesen, Mosaiken, Säulen, Phallussymbolen und Stelen. Es ist eine eigenartige Gefühlsmischung, ein Schwanken zwischen heiligem Schauer und Entsetzen, die uns beim Durchwandern der Ruinenstätte überfällt. Nichts ist mehr zu spüren von der feinen Maya-Zivilisation, nichts von der Sanftheit des sagenumwobenen Tollan. Der starke Einfluß der kriegerischen Tolteken-Kultur findet überall seinen Ausdruck. Auf dem Weg zum heiligen Cenote kommen wir

Heiliger Schauer und Entsetzen

an der Schädelmauer vorbei. Von den Reliefs starren uns aufgespießte Totenköpfe entgegen. Sie sind nur Nachbildungen jener Köpfe von Menschenopfern, die einst präpariert und oben auf der Plattform des flachen Gebäudes ausgestellt wurden. Die kopflosen Skelette fanden Archäologen bei Ausgrabungsarbeiten in der Nähe der Schädelmauer.

Der Opferbrunnen

Wie still und friedlich wirkt heute der dschungelumschlossene Platz am heiligen Brunnen. Undurchsichtig grün ruht das Wasser mehr als zwanzig Meter tief in der kreisrunden Zisterne. Der Cenote wurde wohl schon seit dem 7. Jahrhundert bis nach der Eroberung durch die Spanier als Opferort und Wallfahrtsziel benutzt. Nach neuesten Erkenntnissen waren es nicht nur Jungfrauen, die hier dem Regengott Chac geopfert wurden, sondern auch Männer und Kinder. Neben menschlichen Skeletten bargen Taucher kostbare Keramik- und Schmuckgegenstände. Aus dem Chilam Balam wissen wir, daß einst ein Priester namens Huanac Ceel als Gesandter von Mayapan zum Opferbrunnen von Chichén Itzá pilgerte. In einer Nacht wurden wieder Menschen in den Brunnen geworfen, um Chac als Opfer zu dienen und um aus dem Munde derer, die den Sturz in die Tiefe lebend überstanden, den Lauf des Schicksals zu erfahren. Die Priester warteten diesmal vergebens auf eine Prophezeiung, denn der Brunnen verschlang alle Opfer. So stürzte sich Huanac Ceel freiwillig hinunter, überlebte und, so heißt es im Wahrsagebuch: »Dann begannen seine Prophezeiungen, und sie erklärten ihn zum Herrscher von Mayapan.«

Dies aber war der Anfang vom endgültigen

Ende der Maya-Kultur. Huanac Ceel erwies sich der neuen Macht wenig würdig. Er säte Zwietracht unter den ihm untergebenen Fürstenhäusern. Und eines Tages stiftete er sogar den Herrscher von Chichén Itzá dazu an, dem von Izamal die Braut beim Hochzeitsbankett zu entführen. Eine Art Helena-Raub, was, wie wir ja aus der griechischen Geschichte wissen, verheerende Folgen haben kann. So kam es denn auch zu einem Bürgerkrieg, bei dem jeder jeden befehdete und der schließlich zum Untergang von Chichén Itzá führte.

Mit dieser letzten halb geschichtlichen, halb sagenhaften Überlieferung verabschieden wir uns von Chichén Itzá und machen uns auf den Weg zur eine Autostunde entfernten Ruinenstätte Uxmal. Abseits der Hauptroute schlagen wir uns auf Nebenwegen durch das Dschungelland. Die kleinen Maya-Dörfer im dichten Busch wären leicht zu übersehen, würden nicht immer wieder aus der Wildnis wie Mahnmale gewaltige Wehrkirchen und Garnisonsfestungen auftauchen. Es sieht aus, als hätten die Spanier mit diesen Kolossalbauten die Pyramiden an Größe und Masse übertrumpfen wollen, um die Götter Altmexikos zu entthronen. Gegen die wenig anmutigen, aber massigen Steinaufhäufungen wirken die Maya-Häuser hilflos und armselig. Strohdächer, von Pfählen gestützt, meist ohne Wände, Fenster und Türen. Sisalhängematten sind die einzige Einrichtung. Überall wuseln kleine Kinder herum. Das Maya-Erbe ist in ihren dunklen, breitflächigen Gesichtern unübersehbar.

Unterwegs geht uns das Benzin aus. »Gasolina?« Im ersten Dorf verneinendes Kopfschütteln, im zweiten dasselbe. Im dritten schließlich bringt uns ein junger Indio zu einer verwahrlosten Wellblechhütte. Aus einem Wust von Pappkartons, leeren Flaschen und zum Trocknen gelagerten Maisbündeln zerrt er einen Kanister. Durch einen reichlich zerfransten Schlauch saugt er das Benzin mit dem Mund an und läßt es über einen undichten Trichter halb in den Sand, halb in den Tank laufen. Für das Dorf scheint diese fragwürdige Aktion ein Jahrhundertgeschehen zu sein. Wir sind umringt von zahllosen Menschen, die uns wie Wesen von einem anderen Stern anstarren. Scheu, aber nicht unfreundlich, halten sie respektvoll Abstand. Nur die Kinder kommen neugierig näher. Ein kleiner Junge reibt an deinem Arm. Bis wir verstanden haben, daß er nur prüfen will, ob du nicht abfärbst, dauert es eine Weile. Irgendwann ist der Bann gebrochen. Die Kugelschreiber aus unseren Taschen und Rucksäcken finden neue Besitzer, und viele der kleinen Geschenke, die wir für Freunde daheim gedacht hatten, landen in den Händen der Kinder. Im Austausch schleppen sie Berge von Tortillas an, die fortan bis zum Ende unserer Reise eine seltsame Metamorphose vom Fladen bis zur zähen Schuhsohle im Kofferraum durchmachen.

Die Nachkommen der Maya

Die flache Urwaldlandschaft geht allmählich in das sanfte Hügelland der Sierrita de Ticul über. Puuc heißt das Maya-Wort für Hügel. Und so wurde dieses Gebiet auch Puuc-Region getauft. Sie ist gespickt mit größeren und kleineren Kultzentren: Sayil, Xlapak, Labná, Kabáh. Alle fünfzehn bis zwanzig Kilometer versteckt sich zwischen gelbblühenden Hügeln eine kleine Tempel-

Der Palast der Masken in Kabáh

stadt. Höhepunkt der Puuc-Region ist Uxmal, dessen schneeweiße, tausendfach ornamentierte Monumentalbauten abseits aller heutigen Behausungen in unbeschnittenem Gestrüpp liegen.

Uxmal ist eine Stadt voller mythenschwerer Fresken, und viele der alten Legenden, die sich um die Stadt weben, sind im Gedächtnis der Maya-Nachfahren eingegraben. Hier bin ich endlich wieder bei meinem Lieblingsthema angelangt. Die Pyramide am Eingang der Kultstätte ist mit ihrem ellipsenförmigen Grundriß das wohl eigenartigste Heiligtum Mexikos. Schon der Name »Pyramide des Zauberers« läßt in ihr ein Geheimnis vermuten. Der Sage nach wurde sie in drei Nächten von einem Herrscher Uxmals hingezaubert, der ein Hexensohn gewesen sein soll. Die Drei scheint für die Menschen der Puuc-Region eine magische Zahl gewesen zu sein. Heute noch glauben die Maya-Bauern, daß die Dschungelstadt in alten Zeiten dreimal zerstört und wiederaufgebaut wurde. Und das Maya-Wort Uxmal bedeutet auch »dreimal«.

Viele sagen, Uxmal sei die schönste Maya-Stätte Yukatáns. Sicher trägt ihre Lage, in einem breiten, von dichtem Busch bewachsenen Tal, dazu bei. Sie ist so anders als alles, was wir zuvor sahen. Ihre Gebäude schmückt der sogenannte Puuc-Stil, der sich im reichen und phantasievollen Spitzen- und Mosaikdekor ausdrückt. Rund um die Gesimse von Tempeln und Palästen laufen feine, geometrische Endlosmuster. Das Motiv der Schlange in der Dekoration weist auf den Einfluß fremder Kulturen hin, doch ist er hier weniger anzutreffen als etwa in Chichén Itzá. Bei der Namensgebung so mancher Gebäude müssen die Spanier wohl vergessen haben, genauer hinzuschauen. Denn daß jener Gebäudekomplex am Rande der großen Pyramide, der als Nonnenkloster bezeichnet ist, je eines war, scheint ausgeschlossen. Vielleicht war das reichgeschmückte Geviert aus strahlendweißem Kalkstein ein Regierungspalast oder eine Art Priesterschule mit den dazugehörigen Zeremonialanlagen. Wer aber, so frage ich mich, würde ausgerechnet ein züchtiges Nonnenkloster mit steinernen Reliefs schmücken, auf denen sich Männer in makaberster Weise ihre Geschlechtsteile verstümmeln?

Viel zutreffender ist der Name Gouverneurspalast für das schönste aller Gebäude, das völlig allein auf einer leichten Anhöhe liegt. Welch eine Majestät! Festung und Vatikan! Nicht nur mit dem Ausblick über alles erhaben! Auch in seiner Harmonie und Vollkommenheit! Über der glatten Fassade des 98 Meter langen Palastes verläuft ein drei Meter hoher Fries von unglaublicher Kunstfertigkeit. Hundertfünfzig Masken des Regengottes ziehen sich wie ein Leitmotiv durch das Dekor, in dem 10000 Andreaskreuze, eine Unzahl geometrischer Formen und stilisierter Schlangen ineinander verwoben sind. An die 20000 behauene Steine, deren Einzelgewicht zwischen 25 und 80 Kilo beträgt, wurden in dem Mosaikfries verarbeitet. In Fachkreisen gilt der Gouverneurspalast als das architektonisch vollkommenste Gebäude des präkolumbianischen Amerika.

Stundenlang waren wir ohne Schatten über halsbrecherisches Geröll geklettert, vom Nonnenkloster zum Schildkrötenhaus, zum Ballspielplatz und Taubenhaus, zur Pyramide der Alten Frau, zum Phallustempel und der Friedhofgruppe. Nun steigen wir müde und mit all den Bildern dieser fremdartigen Welt im Kopf die unzähligen Stufen zur Pyramide des Zauberers empor.

Vor dem sogenannten Gouverneurspalast in Uxmal

Heilige Ballspielplätze gehörten zu jeder Kultstätte Mesoamerikas

Die Sage vom Priesterzwerg

»Komm, Märchentante«, sagst du zu mir, »laß uns einen Moment verschnaufen. Du hast doch sicher noch eine Legende für mich in deiner Mythentruhe.« Und dann erzähle ich dir jene, die ebenfalls mit dieser Pyramide zu tun hat und mit einem Herrschaftswechsel in Uxmal:

Eine alte Frau, die allein im Dschungel lebte, rührte die Götter mit ihren Bitten und Gebeten um ein Kind. In einer Nacht gaben sie ihr im Traum die Weisung, in den Wald zu gehen. Sie zeigten ihr eine Stelle, an der sie ein Ei fand, und hießen sie, es in ihr Bett zu legen. Nach einiger Zeit schlüpfte aus dem Ei der langersehnte Sohn. Er blieb jedoch ein Zwerg, der wegen seiner Fähigkeit, die Zukunft voraussagen zu können, bald Aufsehen erregte. Die Kunde von diesem Wesen drang auch zum König von Uxmal, der den Zwerg zu einem etwas seltsamen Triathlon einlud. Zuerst mußte er die richtige Zahl der

Blüten des mächtigen Himmelsbaumes vor dem Königspalast angeben, was ihm mit Hilfe der Götter auch gelang. Danach fand ein Wettkampf statt, wessen selbstgefertige Kultfigur dem Feuer länger standhalten könne. Die steinerne Figur des Königs platzte, während der Zwerg die seine auf Anraten der Götter aus Ton gefertigt hatte und so den Sieg davontrug. Noch befremdlicher gar erschien der dritte Wettkampf. Der König verlangte, an ihren Köpfen solle die harte Nuß der Cocoyote zerschlagen werden. Wieder kamen die Götter dem Zwerg zu Hilfe. Tatsächlich zerbrach die Nuß, ohne ihn zu verletzen. Da wollte der König erschrocken fliehen, denn er hatte gehofft, den Hellseher auf diese Weise bequem loswerden zu können. Doch das aufgebrachte Volk hielt ihn fest, und der Schädel des Königs zerschellte unter dem Schlag der harten Nuß. Der Zwerg aber wurde zum Priester erhoben und herrschte von da an über die Stadt.

In allen Legenden steckt immer auch ein tiefer Kern Wahrheit. So auch in jener von einem anderen König namens Tutul Xiú, der einst in Uxmal herrschte. Eines Tages kam Kukulcán aus Metnal, der aus Knochen erbauten Unterwelt, als Schlange hervorgekrochen, breitete sein Gefieder aus und erschien über der blühenden Stadt. Die Priester begrüßten die Gefiederte Schlange als neue Gottheit. Sie verlangte von Tutul Xiú das bis dahin unbekannte Menschenopfer. So mußten tagtäglich viele Menschen ihr Leben lassen, und die Pyramide des Zauberers färbte sich rot unter ihrem Blut. Kukulcán war äußerst gefräßig und verlangte ständig nach neuen Herzen. Tutul Xiú merkte nicht, daß er dabei war, sich und sein Volk

Wie Uxmal unterging

zugrunde zu richten. Da erhob sich Hahal K'uh, der »Wahre Gott«; ihm gefielen die blutigen Opfer nicht, und er überschüttete Uxmal mit einem Feuerregen. Tutul Xiú und seine Priester verbrannten, die Stadt zerfiel, und Kukulcán floh zurück in die Unterwelt.

Diese mythische Erzählung ist eine Metapher für die Geschichte der Maya in Yukatán. Einst waren sie ein frommes Bauernvolk, das den Göttern die jeweils ersten Ernteerträge zum Dank für Regen und Fruchtbarkeit darbrachten. Dann kamen die Tolteken und führten die blutigen Menschenopfer ein. Und nicht weniger blutig war das Regime der Spanier, die das Kreuz genauso hart schlugen wie das Schwert. Mit ihnen zog ein neuer »Wahrer Gott« in das yukatekische Pantheon ein. Die Unterwelt wurde zur Hölle und der menschenfressende Gott zum Teufel. Obwohl sich die Maya in den Dörfern der Halbinsel an die Schreckensherrschaft des Tutul Xiú erinnern, Legenden von der Gefiederten Schlange erzählen und einen unbestimmbaren, weit entfernt existierenden Gott anbeten, ist ihr Leben doch noch – wie in ältesten Zeiten – von dem Feldbau und den Göttern des Regens, der Fruchtbarkeit und der Jagd bestimmt.

Oaxaca –
Totenkult und Lebensfreude

> *Bis jetzt wissen die Mexikaner nur, wie man perfekt stirbt, aber es wird Zeit für sie, das Wissen vom Leben zu erwerben.*
> Samuel Ramos

Dies ist die Geschichte von María Sabina, einer chotá-a tschinée, einer weisen Frau vom Stamm der Mazateken. Es ist ihre Geschichte und auch gleichzeitig die vieler anderer indianischer Heiler. Deren Fähigkeiten, mit Wesenheiten der Natur in Verbindung zu treten, galt zu allen Zeiten als etwas Besonderes, aber auch ganz Natürliches. Payote, der meskalinhaltige Kaktus, und heilige Pilze gaben ihnen Visionen und die Macht zu heilen. Als die Spanier kamen, verboten sie dieses »Teufelszeug«, und die Zauberer und Weisen gingen damit in den Untergrund. Vier Jahrhunderte katholischer Unterdrückung im Namen von Glaube und Ratio haben die alten Kulte zu einer lächerlichen und verfolgten Subkultur degradiert. Erst Mitte dieses Jahrhunderts wurde die westliche Welt wieder auf sie aufmerksam: zuerst die Anthropologen, dann die Hippies und »Wahrheitssucher«, die sich von indianischen Medizinleuten Hilfe auf ihrer Suche nach einer »anderen Realität« versprachen. Nur wenige gingen damit so verantwortungsbewußt um wie der Anthropologe und Ethnologe Carlos Castaneda, der lange Zeit bei den Yaqi-Indianern Mexikos lebte und durch einen Schamanen dieses Stammes in die uralten Rituale und das Wissen »hinter der sichtbaren Welt« eingeweiht wurde. Seine großen, schmerzhaften und verwirrenden Erfahrungen hat Castaneda in seinen »Lehren des Don Juan« niedergeschrieben. Diese Bücher sind ein wunderbarer Lichtblick zwischen all den Sensationslüsternen, die die heiligen Pflanzen der Indianer entehrten und sie zu gleichzeitig begehrten und verpönten Drogen werden ließen. Bei diesem Boom erlangte auch María Sabina unerwartete Berühmtheit. Heute wünschte sie, den Weißen niemals begegnet zu sein.

María Sabina, die Weise der Mazateken

Die alte Indianerin lebt in Huautla de Jiminez, einem Ort im Bergland von Oaxaca. Eine einfache Frau, die nie lesen und schreiben lernte und auch kein Wort Spanisch spricht. Sie wußte gar nicht, daß es Schulen gab, und wenn sie es gewußt hätte, wäre sie nicht hingegangen. Denn schon als Kind mußte sie hart arbeiten. Während die Männer ihrer Familie für einen Großgrundbesitzer schufteten, paßte sie auf ihre Geschwister, die Hühner und Ziegen auf, kochte, arbeitete auf dem Feld, webte und nähte. Mit 14 Jahren wurde María Sabina verheiratet. Doch nach sechs Jahren Ehe starb ihr Mann, und die 21jährige blieb mit drei Kindern allein. Eine zweite Ehe, fünf weitere Kinder, von denen vier starben, und der Ehemann hintendrein. Danach ging die Indianerin keine Beziehung mehr ein. Sie fühlte, daß sie zur »Weisen« bestimmt war wie so viele ihrer Vorfahren: *»Ich gab mich für immer der Weisheit hin, um Menschen von ihrer Krankheit zu heilen und um in der Nähe Gottes zu sein.«* Den Zugang zum Göttlichen, sagt María Sabina, gewährten ihr die heiligen

Pilze: »*Im Inneren fühlte ich, daß sie mit mir verwandt waren. Sie waren wie meine Eltern, sie waren mein Blut. Es ist wahr, ich bin mit dem Schicksal geboren, eine Weise zu sein. Ich bin die Tochter der Niños santos.*«

Ihre erste Bekanntschaft mit den Niños santos, den heiligen Kindern, wie die Pilze genannt werden, machte die Indianerin mit sechs Jahren. Sie sah bei einer »Veleda«, einer Heilzeremonie, zu, in deren Verlauf eine Medizinfrau von den Pilzen aß. Tage später fand María Sabina einige dieser Pilze und machte dabei ihre erste überwältigende Erfahrung: »*Da war eine neue Kraft in meinem Leben. Die Pilze gaben mir Visionen, und ich spürte, daß sie zu mir sprachen mit Stimmen, die von einer anderen Welt kamen.*« Während ihrer Ehe nahm sie keine Niños santos, denn wenn man mit einem Mann schläft, zerstört man die Reinheit der Pilze; doch danach wurde sie zur Heilerin. Sie heilte ihre Schwester, die vorher erfolglos viele Wunderärzte aufgesucht hatte. Und von da an strömten die Leute in Scharen zu ihr, um sich helfen zu lassen.

Die »heiligen Kinder«

Mitte der fünfziger Jahre besuchte ein amerikanisches Ehepaar María Sabina. Pawlowna und Wasson waren Forscher, und sie kamen nicht, um geheilt zu werden, sondern wollten der Wirkungsweise der heiligen Pilze auf den Grund gehen. Später publizierten sie ihre Erfahrungen. Mit den Veröffentlichungen wurden die Niños santos bekannt, und viele Ausländer begannen sich für die indianische Heilerin und die Pilze zu interessieren. Sie wurde fotografiert, spielte 1979 sogar in einem Film die Hauptrolle. Eine Veleda wurde sogar auf Schallplatte aufgenommen. María Sabina fand nichts Schlimmes dabei, doch manche ihrer Stammesgenossen nahmen ihr übel, daß sie den Fremden von den Pilzen erzählt hatte. Eines Tages wurde sogar ihr Haus von Unbekannten niedergebrannt.

Immer mehr Leute kamen nach Huautla de Jiminez, für die die Pilze nur noch eine aufregende Droge waren. Einige mazatekische Bauern hatten die Marktlücke entdeckt und verkauften die Niños santos an die Besucher, um ihr spärliches Einkommen aufzubessern. So wurde innerhalb kürzester Zeit der Ort zu einem Treffpunkt von Drogeninteressierten. Schließlich griffen die Behörden ein, schoben die unwillkommenen Gäste ab und verboten 1971 den Handel mit und auch den Gebrauch von Halluzinogenen. Die Zerstörung war nicht mehr wiedergutzumachen. Seit damals, als die Fremden kamen, haben die Niños

Die Indianer bilden die ärmste Bevölkerungsschicht Mexikos. Sie haben oft nicht mehr als eine armselige Hütte

santos ihre Kraft verloren. Auch María Sabina hat keine Heilkräfte mehr: »*Bevor Wasson kam, spürte ich, wie mich die Pilze emporhoben. Nicht ich war es, die heilte, auch nicht die Pilze als Pflanzen, sondern die Macht, die hinter ihnen stand. Wenn ich die Niños santos nahm, konnte ich mit der Macht in Verbindung treten, konnte die Ursachen der Krankheit erkennen, konnte die Sprache der Weisheit sprechen und singen und mit meinen Händen heilen. Die Niños santos und andere spirituelle Wesen offenbarten sich mir in den Visionen und lehrten mich. Jetzt fühle ich nichts mehr. Die Kraft ist geschwunden. Nicht nur der göttliche Geist wurde entweiht, sondern auch der unsere, der der Mazateken.*«

Es gibt sie noch, die »curanderos« und »brujos«, Heiler und Hexer, die Bewahrer des Wissens, der Magie und Medizin. Aber sie haben sich zurückgezogen, lassen keine Fremden an sich heran, von denen sie ja erfahrungsgemäß nichts Gutes erwarten können. Immer wieder begegnen wir dieser unüberwindbaren Kluft zwischen der indianischen und der übrigen Welt, der Zerstörung, dem Unverständnis, der Intoleranz, die auch kein Mäntelchen bunter Folklore überdecken kann. Es sind immer nur wenige Augenblicke, in denen wir die Möglichkeit haben, Einblick zu nehmen in das Wesen und Leben der mexikanischen Ureinwohner, das nicht mit den Augen, auch nicht mit dem Verstand, sondern nur mit dem Fühlen begreifbar wird.

Heute morgen auf dem Zócalo in Oaxaca habe ich wieder, wie schon so häufig, das Empfinden, in einen Film hineinzuschauen, der mir eine heile, farbenfrohe, romantische Welt vorgaukelt, die nur wenig mit der Realität zu tun hat. Dabei ist alles um uns herum in dieser zauberhaften Kolonialstadt greifbare Wirklichkeit. Die Frühsonne zeichnet glitzernde Muster durch die Bäume, unter denen Leute auf den Bänken sitzen und sich von Indiojungen die Schuhe blankwienern lassen. Herzige kleine Mädchen, herausgeputzt wie Käthe-Kruse-Puppen, werden von ihren stolzen Vätern an der Hand spazierengeführt. Achtlos schlendern sie an den kleinen, bunten Inseln vorbei, auf denen Indiofrauen ihre wunderschönen Webarbeiten ausgebreitet haben. Ahnen sie eigentlich, daß diese Frauen noch immer an die Magie der Farben glauben, die sie verweben, an das leuchtende Grün zum Beispiel, der Farbe der Könige und des Quetzalvogels? Nein, das scheint ihnen gleichgültig, und die Indiofrauen scheinen ihnen eher lästig zu sein. Die Plastikherzen und Luftballons haben es ihnen schon eher angetan.

Im schmiedeeisernen Musikpavillon hat eine fünfzigköpfige Kapelle Platz genommen und schmettert herrlich falsch die »Leichte Kavallerie« von Franz von Suppé. Von dem Diadem barocker Kirchen rund um den Stadtplatz fallen die Glocken in das Sonntagskonzert mit ein. Unter den Arkaden herrscht Frühstücksbetrieb. Erstaunt beobachten die Touristen vor ihren Hot Cakes und Marmelade-Toasts, wie die Mexikaner Fleischgerichte ordern, deren grüne und rote Soßen den verteufelt scharfen Chili-Geschmack vom gestrigen Abend wachrufen. Tauben fressen ohne Scheu und Scham die Krumen vom Tisch, die kleinen Indiojungen verhalten sich nicht viel anders. Rucksacktouristen stecken ihre Köpfe zusammen und tauschen ihre Reiseerlebnisse aus.

Trügerische Idylle

Einer von ihnen hat sein Gepäck einfach gegen den Rücken eines dunkelhäutigen Mannes gelehnt, der auf der Erde, unter dem Schatten eines Sombreros zusammengerollt, seinen Mescalrausch ausschläft.

Der Bundesstaat Oaxaca ist das Land mit den meisten indianischen Bewohnern, und nirgendwo halten die Indianer das Erbe ihrer Vorfahren so heilig wie hier. In der gleichnamigen Hauptstadt verkehren sich die Verhältnisse allerdings total. Ist sonst auf dem Land die traditionelle Kleidung ein untrüglicher Hinweis auf die Bewahrung der eigenen kollektiven Identität seiner Träger, so stehen die in malerischen Trachten gekleideten Indiofrauen auf dem Zócalo für das genaue Gegenteil: Sie sind angepaßte Zirkusattraktionen, Ausstellungstücke für die Touristen. Für ein paar Pesos lassen sich die scheuen Frauen von einem fremden Mann in den Arm nehmen. »Bitte lächeln!« Klick! Das Foto stiehlt ihnen ihre Seele. Wen interessiert das schon? Die daheim werden staunen! Die Touristen winken mit den Geldscheinen. Ein Indiojunge, der nicht einmal spanisch spricht, muß auf deutsch von eins bis zehn zählen. Mühsam ringt er sich die fremden Laute ab. Die Umstehenden schütten sich aus vor Lachen. Der Geldschein verschwindet in der kleinen, braunen Hand. Mir dreht es den Magen um.

Das Land Oaxaca ist Mexikos ärmster Staat. Diesen traurigen Ruhm teilt er sich mit dem angrenzenden Chiapas. Oaxaca-Stadt ist Mexikos kostbarste Perle. Zwischen beiden klafft ein unüberwindbarer Graben, der nur oberflächlich mit dem Tuch bunter Folklore zugedeckt werden kann. Dabei verbinden Stadt und Land außer dem

Trotz Armut und Tourismus die kostbarste Perle Mexikos

Sitzen und schweigen in königlicher Trägheit

Namen auch andere Gemeinsamkeiten: ihre einmalige Schönheit und Vielfältigkeit. Das Land wellt und schwingt sich von der subtropischen Küste in allen nur denkbaren Farben und Formen hinauf in weite, grüne Hochtäler und noch höher bis zu den zerklüfteten Gebirgsketten der südlichen Sierra Madre. Dort, wo die Berge ihrer Kiefernwälder beraubt wurden, strecken auf erosionszerfurchten Hängen Säulen- und Kandelaberkakteen ihre schlanken Arme in den Himmel. Schon seit uralten Zeiten ist dieses herrliche Stück Erde Indianerland, besiedelt von den theokratischen Hochkulturen der Zapoteken und Mixteken. Ihre heiligen Städte Mitla und Monte Albán geben Zeugnis davon und werfen gleichzeitig viele Fragen auf. Denn wer die Menschen waren, die vor mehr als 3000 Jahren solch kostbare und kunstvolle Heiligtümer errichteten, weiß niemand. Ihre unbequemen Erben, die 400 000 zapotekischen und mixtekischen Indianer, zeigen ein ausgeprägtes Traditionsbewußtsein. »Mi tierra – mein Land« ist bei den indianischen Campesinos (Bauern) Inbegriff ihrer kulturellen Identität, und das Land aufgeben zu müssen bedeutet, sie zu verlieren. Und da auch hier, wie in Chiapas, die Großgrundbesitzer nicht gewillt sind, ihre Hände von diesem Land zu nehmen, kommt es immer wieder zu Aufständen.

Als die Spanier 1521 ins Hochtal von Oaxaca kamen, war der heilige Monte Albán längst von einem riesigen, bewaldeten Erdhügel begraben. Cortés, der den Azteken die von ihnen vereinnahmte Provinz abnahm, ahnte nicht, daß auf seinem Grund und Boden Reichtümer verschüttet lagen, weit kostbarer als der Schatz Moctezumas. Statt dessen ließ er eine Siedlung gründen, die Antequera getauft wurde. Bereits elf Jahre später erhob Kaiser Karl V. den Ort zur königlichen Stadt Oaxaca und machte sie, samt umliegender Täler, Cortés als Grafschaft zum Geschenk. Es war ein wahrhaft kaiserlicher Schachzug, mit dem er Cortés seinen Dank für die Eroberung Mexikos abstattete und ihn gleichzeitig vom politischen Machtzentrum Mexiko-Stadt fernhielt. Als Bischofssitz und Handelszentrum wurde Oaxaca zu einer bedeutenden Stadt im Kolonialreich und zu einer der schönsten Städte Mexikos.

Ein kaiserlicher Schachzug

»Weißt du, daß in zwei Tagen Totensonntag ist?« fragst du mich, als wir bei unserem Bummel durch Oaxaca vor einer Bäckerei stehenbleiben. Wie kannst du an diesem milden Abend, dessen Sonnenuntergang die alten Kolonialhäuser in zartrosa Licht taucht und an dem der Jasminduft aus blumenüberschütteten Patios weht, an trübe, neblige Novembertage denken? »Dia de los muertos«, liest du laut und weist auf ein Schild in der Bäckerei. Tatsächlich, da prangt es grell und unübersehbar: »Der Tag der Toten«. Und drumherum drapieren sich kokett herausgeputzt buntbemalte grinsende Totenschädel aus Zuckerguß und Schokolade in allen Größen und Formen, Skelette aus aneinandergereihten Bonbons, kleine, leckere Zuckergußsärge und Gräber, Lakritzekreuze und »Pan del muerto – Totenbrot« in Kuchenform. Ein bißchen skurril das Ganze und dennoch dem wichtigsten Feiertag der Mexikaner angemessen. Ein Tag, an dem sie den Tod mit lautstarken Fiestas foppen und feiern und ihn sich sogar zuckrig süß durch den Magen gehen lassen. Ein Tag, über den Octavio Paz schreibt: *»Wir schmücken unsere Häuser mit Totenschädeln, wir essen am Totensonntag Brot in Form von Knochen, wir amüsieren uns mit Liedern und Schwänken, aus denen der kahle Tod grinst. Doch all diese großtuerische Vertraulichkeit mit ihm enthebt uns nicht der Frage: Was ist der Tod eigentlich? Wenn wir sie stellen, zucken wir die Achseln: Was geht mich der Tod an, wenn mich das Leben nichts angeht?«*

Der Baum des Lebens

Vorerst begegnen wir dem Tod in ganz anderer Form. Mitten im prallen Leben und unter sonnenbeschienenem Himmel: in Mitla, der Totenstadt der Mixteken. Unterwegs machen wir halt in dem kleinen Dorf Santa Maria de Tule. Dort erhebt sich vor einem reizvollen kleinen Kirchlein der älteste Baum Mexikos. Seit zweitausend Jahren reckt und streckt sich die Zypresse raumgreifend der Sonne entgegen, hat mittlerweile einen Umfang von mehr als vierzig Metern angenommen. Völker sind gekommen und gegangen, haben Geschichte und Geschichten hinterlassen, die niemand zu lesen versteht. Menschen haben an ihrem Stamm geweint und gebetet, sie damals wie heute als heilig verehrt. Symbolisiert sie doch die Weltachse, den Lebensbaum, der alles trägt und hält. Lange sitzen wir auf ihren alten Wurzeln, die sich über der Erde buckeln und schlängeln. Ich spüre die alte Haut der Zypresse an meinem Rücken. Rauh und warzig fühlt sie sich an, aber auch stark und lebendig. Sie strömt eine unglaubliche Kraft aus. Ich nehme sie auf, über die Füße, über das Rückgrat, höre ihren Herzschlag, der der ewige, endlose Herzschlag der Natur ist.

Das erste, was wir von Mitla sehen, ist die rotkuppelige Kirche inmitten altindianischen Mauerwerks. Christliches und Heidnisches umarmen einander ganz selbstverständlich. Mixtekische Fresken und katholische Heilige, die Stätte der Lebenden und die der Toten, sie gehören zusammen wie zwei Seiten einer Münze. Über die Lebenden, die hierher kommen zum Beten, wissen wir einiges. Wir brauchen nur in ihre Gesichter zu schauen, die sich am Markt nebenan über bunte Handarbeiten beugen. Mixtekische Frauen mit schmalen, braunen Gesichtern und abgearbeiteten Händen. Hände, gewohnt, mit dem Pflanzstock die harte Erde zu bearbeiten und die gleichzeitig farbenprächtige geometrische Muster in Schals und Tücher zu weben verstehen. Über die Urahnen dieser Indiofrauen, die hier in Mitla als erstes und einziges Kulturvolk in Mesoamerika unterirdische Grabbauten zu einer Kunstform entwickelten, wissen wir freilich wenig.

Die Totenstadt der Mixteken

Die mythische Heimat der Mixteken soll das »Wolkenland« oder Mictlan, der »Ort der Toten«, gewesen sein. Uns sind Bildhandschriften dieses Volkes erhalten, die erzählen, daß die Mixteken aus Flüssen und Bäumen geboren wurden und vom Himmel herabstiegen. Die Nachfahren dieser göttlichen Wesen siedelten sich in den verschiedensten Gebieten an und verwoben im Laufe der Zeit ihre Kultur mit der anderer Völker. Aus dem Wolkenland, das Forscher an der Küste von Veracruz vermuten, drangen sie langsam hinauf in das Bergland von Oaxaca und vermischten sich schließlich mit den dort siedelnden Zapoteken. Die Mixteken waren ein kunstsinniges Volk, das Metalle zu kostbarem Schmuck zu verarbeiten verstand, das einen Kalender besaß und seine Legenden in Bildern niedermalte und das die schönste Keramik herstellte, die Mexiko hervorgebracht hat.

Hier stehen wir nun an ihrem »Ort der Toten«, einer ganzen Stadt mit unzähligen Gräbern unter und Palästen über der Erde, in denen Priester und Könige beigesetzt wurden. Wände aus goldfarbenem Trachytstein leuchten uns warm entgegen. Sie sind geschmückt mit mannigfachen abstrakten Ornamenten. Halb eingefallene Bauten, deren Mauern überzogen sind mit Mosaiken aus Tausenden sorgfältig zugeschnittenen Steinchen. Sie bilden unzählige Muster, Mäandervariationen mit Stufen und Haken, konzentrische Rhomben, Kreuze und Dreiecke. Eine ähnliche Fassadenornamentik sahen wir schon bei den Maya-Tempeln in Yukatán. Hier jedoch sind die Innenwände so dekoriert. Neben den Mosaiken, die einst in Dunkelrot, Gelb, Braun und Weiß bemalt waren

Mitla, die Begräbnisstätte mixtekischer Priester

und durch die Farben noch plastischer hervortraten, schmückten Fresken die Räume. Nur wenig ist davon erhalten geblieben, doch ist erkennbar, daß die »Leute aus dem Wolkenland« offensichtlich die gleichen Götter hatten, wie die Azteken sie von ihren toltekischen Vorläufern ererbten. Einer von ihnen, der Gott und Heros Quetzalcoátl, taucht auch hier in Mitla auf und geleitet die Toten auf ihrer Reise nach Mictlan, das auch »Land des Regengottes« oder »kostbares heiliges Land« genannt wurde.

»Kannst du dir vorstellen, warum ein Volk eine so prachtvolle Stadt für seine Verstorbenen baute?« fragst du mich. Ich weiß es nicht, aber diese Stadt, wenngleich so anders in ihrer Bauweise, erinnert mich an die Begräbnisstätten der Pharaonenpriester in Ägypten. Ist der Tod nicht gleichsam eine Rückkehr ins Leben vor diesem Leben? Diodorus Siculus hat schon gesagt: »Es gibt Völker, die ihren Toten prächtige Paläste errichten. Da das Leben auf Erden kurz und vergänglich ist, meinen sie, es lohne nicht die Mühe, dergleichen für die Lebenden zu bauen.«

Wo der Tod Mensch sein darf Es ist seltsam – hier oben, in dem lieblichen Hochtal von Oaxaca mit seiner vor Leben sprühenden subtropischen Vegetation, sind wir ständig mit dem Tod konfrontiert. Ich muß zurückdenken an den Beginn unserer Reise, an jene erste Nacht auf der Plaza Garibaldi in Mexico City. Menschen im Rausch von Musik, Drogen und Alkohol. Farbiges, lautes, überströmendes Leben. Und immer wieder die Lieder der Mariachis. Sentimental und herzerweichend: »La vida no vale nada« – »das Leben ist nichts wert.« Wie ein roter Faden hatte uns dieser Satz wochenlang durch Mexiko begleitet. Mal zeigte er sich zu einem dichten Bild versponnen, das uns als steinerne Fratze zähnefletschend von Tempelruinen anstarrte, dann wieder war er verschwunden im Rummel einer Fiesta, um kurz darauf an Opferaltären und Totenschädelmauern wieder aufzutauchen. Für eine ganze Weile schien er unsere Spur verloren zu haben. Ich konnte tagelang nur Leben um mich herum wahrnehmen. Die in Sonne getränkte Landschaft, das Türkis des Meeres, das üppige Grün der Vegetation, die leuchtenden Farben an den Häusern und in der Kleidung der Indios, wir selbst wie ausgelassene Kinder. Das alles war Leben, nichts als kostbares, köstliches Leben. Und nun hier, auf der letzten Station unserer Reise, hat er uns wieder eingeholt. Ein Refrain, ein magischer, mahnender Satz »... das Leben ist nichts wert.«

Ich stolpere geradezu über ihn auf unserem abendlichen Spaziergang durch Oaxaca. Auf den Treppenstufen unseres Hotels sitzt ein kleines Mädchen und spielt versonnen mit einem Skelett aus Pappmaché. Als ich sie frage, wer das ist, mit dem sie da spielt, kommt die Antwort prompt: »Großmama, morgen gehen wir zu ihr auf den Friedhof und essen mit ihr.« Der Tod in allen Lebenslagen, hier darf er Mensch sein. So kommt es mir vor auf unserem kurzen Bummel zum Zócalo. Viele der Fensterscheiben und Hauseingänge, die gestern noch meine Aufmerksamkeit wegen ihres schönen kolonialen Schmucks erregten, sind heute auf eine reichlich skurrile Art dekoriert. Von überall her blickt uns der Sensenmann an. Als Scherenschnitt auf Scheiben geklebt, als echter Totenschädel mit Spitzenhäubchen, als lebensgroßes Skelett an eine Hauswand gelehnt.

Auf dem Zócalo herrscht Hochbetrieb. Zahlreiche Blumenstände haben sich heute abend auf dem Platz ausgebreitet, deren provisorische Regale unter der Last einer Symphonie gelber und orangefarbener Ringelblumen, die bereits bei den Azteken als Blumen der Toten galten, schier zusammenbrechen. Die übrigen Stände erinnern mich frappierend an die Schädelmauer in Chichén Itzá, nur daß hier alles farbiger und phantasievoller ist. Kunterbunt und unglaublich kitschig stapeln sich in wildem Durcheinander Totenschädel aus Ton, Karton und Seidenpapier; Skelette aus Draht, die sich munter im Wind bewegen; Tote, Totenköpfe und Särge als Aschenbecher, Kerzenhalter, Korkenzieher, als Schlüsselan-

Der Tod – in Mexiko darf er Mensch in allen Lebenslagen sein.

hänger, Bleistiftanspitzer und Anstecknadeln. Uns zieht es zu der Menschenmenge, die sich lachend und palavernd an einer Ecke des Zócalos zusammengedrängt hat. Über ihre Köpfe hinweg blicken wir auf einen riesigen Kartonsarg, in dem, von einem Mechanismus angetrieben, eine Leiche ihren weißbemalten Pappmachéschädel zur Belustigung aller hebt und senkt.

»Wir nehmen nichts ernst, nicht einmal den Tod«, höre ich eine Stimme neben uns sagen, und im gleichen Moment streckt mir eine braune Hand einen »calaveras«, einen süßklebrigen Totenschädel, entgegen. Ich schaue in das Gesicht eines gutgekleideten Indios. »Nehmen Sie! Bevor uns der Tod frißt, fressen wir ihn lieber. Schmeckt gut, nicht?«

Zwischen Kauen und Kopfnicken kommen

wir ins Gespräch. Er heißt Benito. »Genau wie unser früherer Präsident Benito Juarez. Er war der große Reformer Mexikos und der einzige indianische Präsident. Ein Zapoteke, wie ich«, verkündet er stolz. »Und wie heißen Sie?«

»Anne und Johann!«

»Bueno«, lacht er, »gleich zwei Heilige!« Dann zieht er uns hinter sich her zur wenige Meter entfernten Santo-Domingo-Kirche. Wir treten ein, und unsere Augen ertrinken in einem Meer aus Blattgold, das im mystischen Licht Hunderter Kerzen aufflammt. Benito führt uns an den schimmernden Stuckornamenten entlang zu einem feinverästelten Weinstock aus Stein, aus dem kleine Skulpturen wachsen. »Sehen Sie dort, die heilige Anna und der heilige Johannes!«

Und dann sitzen wir lange mit dem Indio auf einer harten Kirchenbank und sprechen von Gott und allen Heiligen, von Leben und Tod. Er sei ein verlorener Sohn, erzählt Benito. Im Herzen werde er immer Zapoteke bleiben, aber von seinem Stamm sei er ausgeschlossen worden. Er hat eine Mestizin geheiratet, einen Sohn aus dieser Ehe und einen Job als Kellner, bei dem er ganz gut verdient. »Morgen werde ich nicht bei meiner Familie und am Grab der Ahnen sein«, sagt er traurig.

Der ausgestoßene Zapoteke

Wir unterhalten uns über die Totenkulte der alten Mexikaner, über Menschenopfer und Blumenkriege der Azteken, über die blutigen Tempelriten der Maya. Für sie war der Tod kein Tabu, denn jeder von ihnen wußte, was für ein Schicksal ihn erwartete. Die Privilegierten, die ihr Leben auf dem Opferstein aushauchten, wurden zum Sonnengott berufen. Die, die das Schicksal schlecht behandelte, die sehr jung starben und an unheilbaren Krankheiten litten, wurden von Tlaloc, dem Regengott, in sein Reich aufgenommen. Dort führten die Verstorbenen ein rechtes Schlemmerleben unter paradiesischen Umständen. Gehörte man zu keiner dieser beiden Gruppen – und dies war die Mehrheit –, so landete man nach einer vierjährigen Reise im Mictlan, zwar die schlechteste der Möglichkeiten, aber keineswegs ein Ort, der mit der christlichen Hölle vergleichbar war. Auch im Wolkenland ließ es sich recht gut »leben«.

»**Die Erde, ein Ort des Weinens...**«

All dies hat etwas zu tun mit dem Allerseelentag, mit der Art, wie die Mexikaner ihn feiern. Es gab Stämme, und es gibt sie immer noch, die an ein Fortleben nach dem Tod, an Neugeburt und Seelenwanderung glauben. Früher pflegten die Indios ihre Angehörigen mit vielen Beigaben zu bestatten. Für die lange Reise ins Jenseits wurden Speisen und Getränke bereitgestellt. Den Wanderern zwischen den Welten sollte es an nichts fehlen.

Nicht der Tod war für die alten Völker das Problem, sondern das Leben. Denn das wurde nach aztekischer Vorstellung von einem willkürlichen, launischen, überirdischen Wesen bestimmt: von Tezcatlipoca, dem Gott des Schicksals, der den Menschen heute etwas gab und morgen vielleicht alles nahm. Eine Erfahrung, die man von kleinauf machte, mit der man aufwuchs. »Die Erde«, so lehrten die Alten die Jungen, »ist ein Ort des Weinens, ein Ort, wo man Pein und Schmerz fühlt, über den ein eiskalter Wind fegt, ein Ort, an dem man sich unter Mühen freut.« Der um die Mitte dieses Jahrhunderts gestorbene mexikanische Dichter Xavier Villaurrutia, dessen lyrisches Schaffen um das Thema des Todes kreiste, schrieb einmal: »*Hier in Mexiko ist das Sterben leicht, vor allem dann, wenn noch viel Indioblut in unseren Adern fließt. Je kreolischer, je spanischer wir sind, desto mehr fürchten wir uns vor dem Tod, denn das hat uns schließlich die katholische Kirche so beigebracht.*«

Mexikanischer Morgen. Unser letzter. Hell, strahlend und mild liegt er vor unserem Fenster. Das Kopfsteinpflaster schimmert feucht vom Regen der letzten Nacht. Zarter Bougainvillea-Duft weht durch die geöffnete Balkontür. Von den vielen barocken Kirchtürmen läuten die Glocken. Wir sind früh unterwegs zum nahen Monte Albán, der heiligen Kultstätte und Tempelstadt der Zapoteken. Bereits ihr Anblick aus der Ferne ist überwältigend. Auf einem riesigen künstlichen Plateau, das einstmals dem Berg mühsam abgerungen wurde, erhebt sie sich mit Pyramiden und Palästen aus der Landschaft empor. Streng, hoheitsvoll ruht sie dort oben. Harmonie in sich selbst, aber auch Harmonie in Verbindung mit den Bergen der Sierra Madre, die in respektvoller Entfernung grün bis an den Horizont reichen. Erst beim Durchlaufen spüren wir in allen Knochen, wie groß die sagenumwobene heilige Stadt tatsächlich ist. Treppauf, treppab über Terrassen, Freitreppen und Stufenpyramiden, vorbei an Tempeln und Palästen, an Ballspielplatz und Observatorium und einem Stadion, wie es Europa seit der römischen Antike bis zum 20. Jahrhundert nicht gebaut hat. Hundertzwanzig steinerne, schräg aufsteigende Sitzreihen empor. Der herrli-

Auf dem Monte Albán

che Blick! Und wieder hinunter. Die wahren Schätze offenbaren sich erst beim näheren Hinschauen. Die unterirdischen Kultbauten und zahlreichen Grabkammern, die reliefgeschmückten Grabplatten und die rätselhaften »Danzantes«, Figurensteine, die ursprünglich in die Wände von Tempeln eingelassen waren.

Diese Danzantes fesseln mich am meisten. Ich fühle mich von ihnen gleichermaßen angezogen wie abgestoßen. Es sind Figuren, die in groteskem Tanz ihre Glieder verrenken. Entsetzen und Schmerz zeigt sich in Gesichtern, die an olmekische erinnern. Frischkastrierte, deren Blut und Genitalien von einer Schale aufgefangen werden. Steinerne Bilder, die das Opfer von Elitejünglingen zeigen, die ihre eigene Fruchtbarkeit hingeben für die lebensspendende Gottheit.

Fragen, nichts als Fragen Wer waren die Volksstämme, die solche Rituale pflegten? Wer waren die Bauherren und Architekten der Tempel und Paläste? Woraus war das Material der Kleinodien und Fresken? Woraus wurden die leuchtenden Farben für diese Fresken gemischt? Und welches Volk begrub hier seine Toten? Fragen, nichts als Fragen, in denen noch viele »missing links« notwendig sind, um sie nicht nur vage beantworten zu können. Wirklich eindeutig geklärt ist nur die letzte. Es waren die Mixteken, die die bereits bestehenden Grabkammern von Monte Albán ausbauten und die einst von Priestern und Würdenträgern besiedelte Stadt endgültig zu einer Begräbnisstätte machten. Als sie um 1250 nach Christus Monte Albán vereinnahmten, hatten die Zapoteken den Ort bereits verlassen. Aber waren die Zapoteken überhaupt die ersten, die Monte Albán besiedelten? Die Wissenschaft ist dazu übergegangen, Monte Albán in fünf verschiedene Epochen einzuteilen. Bereits 700 vor Christus war die Stätte von einem bisher unbekannten Volksstamm besiedelt. Die Epoche Monte Albán I (600–200 v. Chr.) wurde jedenfalls stark von künstlerischen Merkmalen der Olmeken mitgeprägt. Damals entstand eine Siedlung mit städtischem Charakter, aus der einfache Gräber mit Keramik und behauene Steinblöcke mit Flachreliefs (Danzantes) und Kalenderschriften im 260-Tage-Zyklus überliefert sind. In Monte Albán II wurden Einflüsse der Maya aus dem Süden spürbar. Zur Blüte gelangte die Kultur mit dem Auftreten der Zapoteken in der dritten Periode, die in die Zeit zwischen 400 und 800 nach Christus fällt. In dieser Epoche entstanden die meisten Pyramiden und Tempel, die kunstvollen Grabkammern mit schönen Fresken und die formenreichen Graburnen aus Ton. Die beiden letzten Perioden sind gekennzeichnet von den Mixteken und zum Schluß den Azteken, die 1486 hier oben einen Militärstützpunkt errichteten.

Irgendwie erinnert mich die Ausgrabungsgeschichte von Monte Albán an Troja. Ungeahnter noch als die sagenumwobene Stadt des Königs Priamos, ruhte die versunkene Tempelstadt vierhundert Jahre unter einer bewaldeten Kuppe. Denn es gab keinen mexikanischen Homer, der ihr Vorhandensein in fernen Zeiten in wohlgesetzten Versen pries. Und gäbe es Überlieferungen, niemand fand sie oder hätte sie zu deuten gewußt. Vielleicht war es nur ein Zufall, vielleicht aber auch diese Mischung aus Neugierde, Zähigkeit und Intuition, die Ausgräbern oft zu eigen ist,

Wie der »Weiße Berg« entdeckt wurde

daß Ende des 19. Jahrhunderts die ersten Archäologen Zweifel daran hegten, daß der »Weiße Berg«, der ja niemals ein weißer, sondern ein grüner war, mehr verbarg als nur scheues Wild. Und so wurde Monte Albán entdeckt und wie Troja Schicht um Schicht freigelegt. Der große Durchbruch gelang aber erst einem Mann namens Alfonso Caso, den man ruhig den Schliemann Mexikos nennen kann. Fünfundzwanzig Jahre lang wurde die Erforschung des Monte Albán zum Mittelpunkt seines Lebens. 1932 machte Caso eine Entdeckung, die für die mexikanische Altertumskunde eine ähnliche Sensation bedeutete wie für Schliemann die Hebung des Schatzes des Königs Priamos. In einer mit Götterfiguren und Malereien geschmückten Grabkammer fand er neben kunstvoll gearbeiteten Gefäßen und Urnen einen unvergleichlichen Schatz: zwanzigreihige Goldketten mit 854 ziselierten, mathematisch gleichen Gliedern aus Gold und Edelsteinen, Broschen, Kniebänder, eine Tiara, würdig eines Papstes, geflochtene Ringe, Armspangen, eine Goldmaske, einen Tabakbehälter aus goldgetränkten Kürbisblättern, Fächer aus Quetzalfedern und Geschmeide aus Silber, Jade, Türkis, Bergkristall und Alabaster. Kostbarkeiten, eines Kaisers oder Maharadschas würdig. Es ist der größte Goldschatz, der je in Mexiko entdeckt wurde.

Die Pyramiden werfen bereits lange Schatten, als wir Monte Albán verlassen. Mit dieser leicht wehmütigen Stimmung, von der fast jeder Abschied begleitet ist, landen wir, wie am Ende jeden Tages, auf dem Zócalo in Oaxaca. Doch hier ist für Wehmut wenig Raum. Rundum herrscht Jahrmarkt-

Links:
Eines der vielen
Probleme Mexikos

stimmung. Nicht Totentanz und Schein-Heiligkeit, sondern Lebensfreude und Ausgelassenheit, die sich, wie immer bei mexikanischen Fiestas, vor allem in Lautstärke äußern. Die Marktstände sind heftig umlagert. Ausverkaufsfieber für Skelette, Gerippe und Särge, den Tod als Hampelmann oder als mandelgespicktes Backwerk. Sie alle finden ihre Abnehmer. An einer Schießbude macht sich eine Gruppe junger Burschen ihren Spaß daraus, ein phosphoreszierendes Skelett mit Gewehrschüssen und Kautschukbällen zu traktieren. Kleine Kinder spielen Fußball mit einem Totenkopf, und junge Mädchen lecken genüßlich den Zuckerguß vom Sensenmann. Um zehn Uhr erscheint eine Gruppe Campesinos, um die sich gleich ein großer Kreis bildet. Und dann erklingt die sanfte Musik einer Geige, einer Bratsche und einer Trommel. Sie gehört zu dem in Mexiko weithin bekannten »Tanz des alten, kleinen Mannes«. Die jungen, maskierten Indios, die ihn aufführen, bewegen nur ihre Beine, aber nicht die Oberkörper. Sie erinnern mich frappierend an die Danzantes von Monte Albán. Kaum ist der Tanz beendet, zischt und schießt ein Feuerwerk in den Nachthimmel.

Die Toten sollen leben Allmählich leert sich der Zócalo. Wie auf einer Ameisenstraße folgen die Menschen, voll beladen mit Körben, Kerzen und Blumen, alle der gleichen Spur hinunter zum Stadtfriedhof. Unterwegs wird gescherzt und gelacht, und jeder scheint dem Leben ganz zugetan. Auch vor dem Friedhof herrscht Bombenstimmung. Lange Autoschlangen quälen sich hupend durchs Gedränge. Vor den Kübeln mit Ponche, einem heißen Zuckerrohrsaft mit Früchten und Schnaps, ist reger Betrieb. Weiße Weihrauchschwaden ziehen über den Gottesacker, darunter wogt ein Menschenmeer. Wie Tausende von Glühwürmchen blinken die Kerzen in der Nacht. Auf den blumenbeladenen Gräbern sind die Tafeln gedeckt. Heute darf der Tote in seinen Lieblingsspeisen schwelgen. Was er übrigläßt, verzehrt die lebende Verwandtschaft. Auf Stühlen und Kisten hocken die versammelten Sippen in Festtagskleidung und erzählen sich gegenseitig und den Toten ihre Freudens- und Leidensgeschichten. Hier und dort werden Lieder angestimmt, einige tanzen, andere beten. Auf diesem Friedhof fletscht der Tod nicht, gierig nach den Lebenden beißend, seine Zähne. Hier gibt er sich gelöst und heiter inmitten trunkener Seligkeit.

Vor meinen Augen tauchen andere Bilder auf: Über Gräbern liegen weiße Schwaden. Aber sie tragen nicht den Duft von Weihrauch mit sich, sondern die klamme Feuchtigkeit eines Novembertages. Schwarzgekleidete Menschen mit ernsten, traurigen Gesichtern schreiten über den Friedhof. Stumm stehen sie vor den Gräbern ihrer Verstorbenen. Trauer und Tränen. Totensonntag in Deutschland.

Plötzlich finde ich überhaupt nichts Makaberes und Skurriles mehr an diesem mexikanischen »dia de los muertos«. Ich kann spüren, daß es, viel mehr als der strenge christliche Glaube, die alte indianische Weltsicht ist, die auf dem lebensfrohen Friedhof wirkt. Was ist das für ein wunderbares Volk, das den Tod liebevoll in der Koseform »muertito« anspricht; für das der Tod nichts Schreckliches ist, sondern ein Hinüberfließen, ein Vermähltwerden mit dem All. Ich schaue auf das

»Wie eine Blume«

Blumenmeer und erinnere mich an die Worte, die vorhin eine Indiofrau zu mir sagte, indem sie mir einen Strauß in die Arme legte: »Das Leben ist wie eine Blume, die sich langsam öffnet und wieder schließt.«

Heute, in dieser letzten von zahllosen Nächten, in denen sich die vielen Erinnerungen zu einem Buch geformt haben, ist unsere Reise durch Mexiko erst wirklich beendet. Am Schluß steht der Satz von Octavio Paz, der sich mir als vielleicht wichtigste Erfahrung dieser Reise eingeprägt hat:

»Der Kult des Todes ist, wenn er tiefgründig und vollkommen ist, auch ein Kult des Lebens. Beide sind untrennbar. Eine Kultur, die den Tod leugnet, verleugnet auch das Leben.«

Meine Lieblingslektüre zum Thema Mexiko

Carlos Fuentes, Terra nostra, dtv Taschenbuch 10043
Carlos Fuentes, Nichts als das Leben, Suhrkamp Taschenbuch 343
Carlos Fuentes, La Campagña, Hoffmann und Campe
Carlos Fuentes, Christoph, Ungeboren, Deutsche Verlagsanstalt
Octavio Paz, Das Labyrinth der Einsamkeit, Bibliothek Suhrkamp
Hernán Cortés, Die Eroberung Mexikos, Edition Erdmann
Angeles Mastretta, Mexikanischer Tango, Suhrkamp Verlag
Rosario Castellanos, Die Neun Wächter, Suhrkamp Taschenbuch 1980
Carlos Castaneda, Die Lehren des Don Juan, Fischer Taschenbuch 1457
Popol Vuh, Das Buch des Rates, Diederichs Gelbe Reihe
B. Traven, Land des Frühlings, Diogenes
Gary Jennings, Der Azteke, Fischer Taschenbuch 8089
Frederik Hetmann, Im Haus der Gefiederten Schlange, Goldmann
D. H. Lawrence, Mexikanischer Morgen, Diogenes Taschenbuch 21311
Bruno Nardini, Mysterien und Geheimlehren, Aurum
Joseph Campbell, Mythologie der Urvölker, Sphinx Verlag
Alan Riding, 18 mal Mexiko, Serie Piper
Egon Erwin Kisch, Entdeckungen in Mexiko, Knaur Taschenbuch
Ivar Lissner, Glaube – Mythos – Religion, Gondrom Verlag

Register

Acapulco 122, 125, 155
Acatepec 143
–, San Francisco (Kirche) 143
Acohula (Volk) 41
Afrika 21
Agua Azul 199
Aguilar, Jeronimo de 50, 228
Ägypten 21, 76, 174, 266
–, Cheopspyramide 96, 142
Ägypter 202
Ah-chuen, Maya-Fürst 219
Ah Muzencab (indian. Mythol.) 230, 233
Ajusco (Vulkan) 120
Alóm (indian. Mythol.) 29, 212
Anáhuac 92
Antequera siehe Oaxaca (Stadt)
Antigua 152
Antonius, Heiliger 198
Araber 155, 205
Artaud, Antonin 151
Asien 75
Atlantis (Kontinent) 174
Atzlán 40

Auschwitz 49
Azteken (Volk) 9, 17, 25, 27, 35, 40 ff., 45 ff., 54, 60, 65, 69, 81, 93 f., 107, 124, 136, 151 f., 175, 261, 265, 267, 269, 273

Bacab (indian. Mythol.) 30 f.
Baptisten 186
Belize 201, 206
Benedikt XIV., Papst 83
Beringstraße 75
Bitól (indian. Mythol.) 29, 212
Blom, Frans 190 f.
–, Trudi 190 f.
Bonampak 201, 218 ff.
Borda, Joseph de la 124
Buddha 113

Cacaxtla 136 ff.
Cahólom (indian. Mythol.) 29
Camino Real 132
Campanella, Tommaso 108
Carranza, Venustiano 78
Caso, Alfonso

Castaneda, Carlos 253 f.
Cempouallan siehe Zempoala
Chac (indian. Mythol.) 215, 232, 244
Chac Mol (indian. Mythol.) 69, 242 f.
Chamula (Ort) 185, 191 ff., 195 ff.
–, San Juan (Kirche) 191, 194 ff.
Chamula-Indianer 184, 186, 191 ff., 195 ff.
Chanc'in, Häuptling 191
Charlotte von Belgien 118
Chiapas (Bundesstaat) 32, 181 ff., 191 ff., 195 ff., 259, 261
Chichén Itzá 19, 115, 235, 237 ff., 241 ff., 248, 267
–, Cenote (hl. Brunnen) 234, 243
–, Kukulcán-Pyramide 19, 240 ff.
Chichimeken (Volk) 41, 114 f., 146
Chicomacatl, Totonaken-Häuptling 151 f.

Chinesen 202
Cholula (Region) 18, 129 ff., 135 ff., 140 ff., 145 ff.
–, Valle Poblano 137
Cholula (Stadt) 138 ff., 142 ff.
–, Königliche Kapelle 146
–, San Gabriel (Kloster) 143
–, Tepanapa-Pyramide 18, 141 ff.
–, Jungfrau von der Immerwährenden Hilfe 18, 138, 142
Choncheros (indian. Tanzgruppen) 84
Chumayel 117
Churriguera, José Benito 104
Cincalli (indian. Mythol.) 134 f.
Coatinchán 75
Cobá 235 ff.
Coprán (Honduras) 201
Cortés Hernán 17, 41, 50 ff., 54 ff., 58, 118, 139 ff., 152, 155, 228, 261
Coyolxauqui (indian. Mythol.) 68
Cozumel 50
Cuauhnáhuac siehe Cuernavaca
Cuauhtémoc 55, 57 f.
Cuello (Belize) 201
Cuernavaca 117 ff.
–, Cortés-Palast 118
–, Kathedrale 119
–, Teopanzolco-Pyramide 119

Däniken, Erich von 174
de las Casas, Bartolomé 184 f., 187
Deutschland 277
Diaz, Porfirio 83
Diaz de Castillo, Bernal 50
Diaz Ordaz, Gustavo 58
Diego, Juan 81 f.
Diodor(us Siculus) 266
Disney, Walt 123
Dolores (Dorf) 66

El Salvador 201
El Tajin 156, 160 ff.
–, Juego de Pelota Sur 163
–, Nischentempel 162
England 148, 174, 218

Frankreich 174
Franziskaner (Orden) 147
Fuentes, Carlos 9, 38

Gefiederte Schlange siehe Quetzalcoátl
Golf von Mexiko 42, 51, 95, 151, 175 f., 225
Golfküste siehe Golf von Mexiko
Granada 17
Griechenland 21
Grijalvas, Juan de 227
Guatemala 185 f., 201, 220 f.
Guerrero, Gonzalo 228

Hahal K'uh (indian. Mythol.) 252
Herakles (griech. Mythol.) 29

Hermes Trismegistsos (griech. Mythol.) 28
Hidalgo, Miguel 66 f.
Hidalgo (Bundesstaat) 108
Homer 108, 273
Honduras 201
Huanac Ceel, Priester 244 f.
Huautla de Jiminez 254, 256
Huaxteken (Volk) 162
Huejotzingo 146 ff.
–, San Francisco (Kirche) 146 ff.
Huitzilopochtli (indian. Mythol.) 40, 43, 45 f., 55, 65, 68 f.
Hunahpú (indian. Mythol.) 29
Huracán (indian. Mythol.) 31, 161

Indianer 9, 17, 23, 25, 32 f., 35 f., 51, 63, 67, 76 ff, 93, 98, 104, 124, 147, 165 f., 179, 181 ff., 186 ff., 191 ff., 195 ff., 203, 208 f., 223 f., 229, 245 ff., 253 ff., 259, 263, 266 ff., 276, 278
–, Chamulas 184, 186, 191 ff., 195 ff.
–, Lacandonen 181, 190 f., 223 f., 229
–, Mazateken 253 ff.
–, Tzetzal 181, 187, 203
–, Tzotzil 32, 186 f., 191 f., 194, 203
–, Yaqui 253 f.
Indien 21

Indios siehe Indianer
Isidoro, Heiliger 149
Itzamná (indian. Mythol.) 214, 232
Ixbalanque (indian. Mythol.) 29
Ix Chel (indian. Mythol.) 232
Ixtli-Xochitl, Alva 107 f.
Iztaccíhuatl (Vulkan) 16, 53, 71, 129

Jalapa 177
Jerusalem 97
Jesus Christus 18, 36, 65, 113, 196, 198
Juarez, Benito 269
Jungfrau von Guadelupe 81 ff., 86 ff., 105

Kabáh 246 f.
–, Palast der Masken 247
Kambodscha 209 f.
Karibik siehe Karibische See
Karibische See 225 f.
Karl V., röm.-span. Kaiser 17, 54, 141, 184, 261
Khmer (Volk) 209 f.
Konstantinopel 101
–, Hagia Sophia 101
Kreter 202
Kuba 152
Kubaner 155
Kukulcán (indian. Mythol.) 29, 111, 237 ff., 251 f. (siehe auch Quetzalcoátl)
Kukumatz (indian. Mythol.) 29, 238

Labná 246
Lacandonen-Indianer 181, 190 f., 223 f., 229
Landa, Diego de 32
La Venta 173, 175, 177 ff.

Madero, Francisco 79
Madrid 206
Madrid, Miguel de la 60
Maismenschen 31 f.
Malinche (Indianerin) 17, 51, 53, 56, 58
Mani 240
Maria (Gottesmutter) 18, 82, 85 f., 105, 149, 196, 198
María Sabina (Indianerin) 253 ff.
Matthäus, Heiliger 194
Maximilian von Habsburg, mex. Kaiser 62, 74, 118
Maya (Volk) 12, 27, 29, 50, 76 f., 101, 111, 115, 120, 134, 136 ff., 160, 162, 175 f., 181, 189 f., 192, 199 ff., 205 ff., 215 ff., 220 ff., 227 ff., 232 ff., 237 ff., 242 ff., 246 ff., 264, 269, 273
–, Quiché 27
–, Yukateken 234
Mayapan 239, 244
Mazateken-Indianer 253 ff.
Mekka 97
Melgar y Serrano (Forscher) 175
Mesopotamien 175
Mestizen 66, 78
Metnal (indian. Mythol.) 251

Mexica siehe Azteken
Mexico City 8, 12 ff., 18, 37 ff., 53 ff., 57 ff., 62 ff., 67 ff., 72 ff., 77 ff., 82 ff., 94, 103, 118, 122, 125, 155, 177, 197, 266 (siehe auch Tenochtitlán)
–, Basilica de Nuestra Señora de Guadelupe 81 ff., 86 ff., 197
–, Catedral Metropolitana 62 ff., 70
–, Chapultepec (Park) 72 ff., 76 ff.
–, Chapultepec (Schloß) 62, 78 f.
–, Museum der Modernen Kunst 79
–, Museum Rufino Tamayo 79
–, Nationalmuseum für Anthropologie 74 ff.
–, Nationalpalast 67
–, Paseo de la Reforma 62
–, Platz der Drei Kulturen 57 ff.
–, Plaza de la Reforma 48
–, Plaza Garibaldi 8, 12 ff., 266
–, Sagrario (Kirche) 64
–, Templo Mayor 69
–, Tlatelolco 57 f.
–, Universität 80
–, Zócalo 62 f., 65 ff.
Mexiko (Bundesstaat) 132
Mictlan (indian. Mythol.) 264 f., 270

Minoer (Volk von Kreta) 137
Minotaurus (griech. Mythol.) 143
Mitla 108, 260, 262 ff.
Mixcoatl, toltek. Fürst 114
Mixteken (Volk) 120, 260 ff., 272 f.
Moctezuma I. 42, 118
Moctezuma II., 39, 50 ff., 54 ff., 68, 141, 151 f., 261
Monte Albán 76, 260 f., 271 ff.
–, Danzantes von 272, 276
Montezuma siehe Moctezuma II.
Morelos (Bundesstaat) 118
Morley, S. G. 203
Mormonen 186
Mu (Kontinent) 174
Muralisten (Maler) 77, 79 ff.

Nacxitl Topiltzin siehe Quetzalcoátl (Priesterkönig)
Napoleon III., franz. Kaiser 74
Narvaez (span. Offizier) 152
Nazarener 186
Nezahualcoyotl (Dichter) 15, 37
No-Eyes (Indianerin) 131 f.
Nonoalca (Volk) 114

Oaxaca (Bundesstaat) 253 ff., 259 ff., 264 ff.
Oaxaca (Stadt) 257 ff., 267 ff., 275 ff.
–, Santo Domingo (Kirche) 269
–, Zócalo 257 ff., 267 ff., 275 f.
Obregón, A. 78
Olmeken (Volk) 137, 162, 165 ff., 170 ff., 175 ff., 203, 273
Orizaba (Vulkan) 172
Orozco, José Clemente 80
Osterinsel 174

Palenque 199 ff., 208 ff., 213 ff., 219
–, Tempel der Inschriften 216 ff., 231
Pan-Americana (Straße) 181 f.
Papantla 156 ff.
–, Voladores de – 157 ff.
Paris 62, 206
–, Champs Elysées 62
–, Nationalbibliothek 206
Pascal, Maya-Priesterkönig 218
Paso de Cortés 16, 53
Pawlowna (Forscherin) 255
Payno, Manuel 133
Paz, Octavio 8, 10, 18, 126, 128, 262, 278
Pazifik 42, 122, 170, 181
Petèn (Guatemala) 201
Phönizier 202
Popocatépetl (Vulkan) 15 ff., 22 ff., 53, 71, 118

Presbyterianer 186
Priamos, trojan. König 273 f.
Puebla (Stadt) 133, 143
–, Kathedrale 143
Puuc-Region 246 f.

Querétaro (Stadt) 103
Quetzalcoátl (indian. Mythol.) 9, 18 ff., 25 f., 29 ff., 36, 41, 44, 52, 110 ff, 135, 169, 178, 194, 238 f., 265 (siehe auch Kukulcán)
Quetzalcoátl (toltek. Priesterkönig) 41, 51, 103, 109 ff., 114 ff., 120 f.

Ramos, Samuel 253
Ramses III., ägypt. König 174
Rio de Janeiro 39
Río Frio 132 f.
Río Tónala 177
Río Usumacinta 220 f.
Rivera, Diego 77, 79 f., 118
Rom 95
Ruiz, Samuel 194
Ruz Lhuillier, Alberto 216 f.

Sahagún, Bernadino de 89
San Cristóbal de las Casas 186 ff., 193 f.,
–, Mercado 187 f.
–, Santo Domingo (Kirche) 187 f.

San Lorenzo 176
-, Erdpyramide 176
San Miguel del Milagro 137
Santa Maria de Tule 262 f.
Sayil 246
Schliemann, Heinrich 198, 275
Sejourné, Laurette 113 f.
Selva Lacandionia 190
Sevilla 54, 227 f.
Sierra Madre 183, 260, 273
Sierrita de Ticul siehe Puuc-Region
Siqueiros, David Alfaro 80
Spanien 9, 54, 148
Spanier 9, 17, 32, 35, 39, 41, 52, 54 f., 60, 63, 66, 83, 93, 97, 118 f., 124, 136 f., 141, 146, 152, 184 f., 193, 206, 228, 240, 244, 248, 257, 261
Spengler, Oswald 49
Spratling, William 125
Sumerer (Volk) 175
Suppé, Franz von 258

Tabasco (Bundesstaat) 15, 175, 177
Taxco 123 ff., 127 f.
-, Santa Prisca (Kirche) 124, 126 f.,
-, Zócalo 124 ff.
Tenoch, aztek. Häuptling 40
Tenochtitlán 17 f., 20, 40, 43, 51 f., 54 ff., 58, 62, 67 (siehe auch Mexico City)
Teotihuacán 12 f, 19 f., 41, 89 ff., 94 ff., 99 ff., 108, 111, 113 f., 162, 179, 202
-, Mondpyramide 100
-, Quetzalcoátl-Tempel 20, 99
-, Sonnenpyramide 12 f., 91, 96, 98, 100
-, Via Sacra 94, 100
-, Zitadelle 97 f.
Teotihuacáner (Volk) 94 ff., 99, 101
Tepanpa (Pyramide) siehe Cholula (Stadt)
Tepanapaken (Volk) 41 f.
Tepotzotlan 103 ff.
-, Kloster 105
-, San Francisco Xavier (Kirche) 103 ff.
Texcoco-See 40, 42
Tezcatlipoca (indian. Mythol.) 26 f., 29 ff., 52, 110 f., 114, 116, 270
Theseus (griech. Mythol.) 29
Tibet 209
Tikál (Guatemala) 201
Tlaloc (indian. Mythol.) 33, 45 f., 52, 65, 69, 75, 91 f., 149, 158, 270
Tlaetelolco 77
Tlaxcala 42
Tlaxcalteken (Volk) 56, 141
Tochihuitzin Coyolchiuhqui 7
Tollan siehe Tula
Tollan-Sonnenstaat 107
Tolteken (Volk) 9, 41 f., 51, 76, 81, 103, 107, 109 f., 114 ff., 119 f., 162, 208, 235, 238, 243, 252
Tonantzin (indian. Mythol.) 82 ff., 87
Tonantzintla 146, 148 ff.
-, Santa Maria (Kirche) 146, 149 f.
Topiltzin Ce Acatl siehe Quetzalcoátl (toltek. Priesterfürst)
Totonacapan 151
Totonaken (Volk) 51, 95, 151 ff.
Touissant, Manuel 64
Traven, B. 192
Tres Zapotas 175
Troja 108, 273 f.
Tula 41, 76, 103, 107 ff., 114 ff., 238, 243
-, Atlanten von, 76, 115 f., 243
-, El Cerro del Tesoro 108
-, Quetzalcoátl-Tempel 115 f.
Tula de Allende 108
Tule (Dorf) 108
Tulum 227 ff., 232 f.
-, El Castillo 230 f.
Tutanchamun, ägypt. König 217
Tutul Xiú, König 251 f.
Tzakól (indian. Mythol.) 29, 212
Tzetzal-Indianer 181, 187, 203
Tzotzil-Indianer 32, 181, 186 f., 191 f., 194, 203

Ultima Thule 108
Uucyl-abna 237 f.
Uxmal 235, 240, 245, 247 ff.
–, Ballspielplatz 249 f.
–, Gouverneurspalast 248 f.
–, Nonnenkloster 248 f.
–, Phallustempel 249
–, Pyramide der Alten Frau 249
–, Pyramide des Zauberes 247, 249 ff.
–, Schildkrötenhaus 249
–, Taubenhaus 249

Vatikan 83
Veracruz (Bundesstaat) 174, 264
Veracruz (Stadt) 132, 153 ff, 165
–, Zócalo 155 f., 165
Vergil 108
Villa, Pancho 66, 78
Villahermosa 172, 174, 177
–, Anthropologisches Museum 174, 177
Villarruttia, Xavier 271

Wasson (Forscher) 255, 257
Wien 68
–, Museum für Völkerkunde 68

Xaltocán (Pyramide) 34
Xlapak 246

Xochicalco 120 ff.
–, Pyramide der Gefiederten Schlange 121 f.
Xokonoxtetl (Indianer) 67 f.

Yaqui-Indianer 253 f.
Yaxchilán 220 f.
Yukatán 50 f., 115, 160, 201, 208, 225 ff., 230 ff., 234 ff., 239 ff., 244 ff., 248 ff., 264

Zapata Emiliano 66, 78, 118 f.
Zapoteken (Volk) 120, 260 f., 264, 269, 271 ff.
Zempoala 151 f.
Zumarrága, Juan de 82

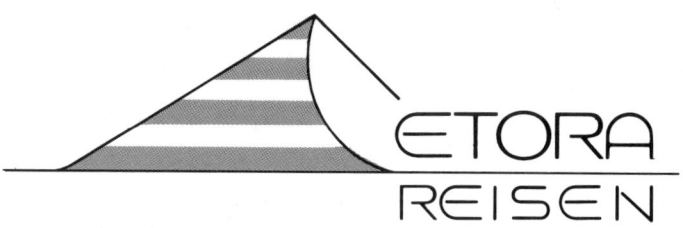

MEXICO
Mit der Autorin dieses Buches
ANNE TAPPE

 Pyramiden sind Einweihungsstätten und seit Jahrtausenden Symbole der inneren und äußeren Welten. In diesem Wissen veranstaltet ETORA-Lanzarote Reisen zu spirituell und kulturhistorisch interessanten Orten dieser Erde.

Die Autorin dieses Buches, Anne Tappe, führt die Reisenden persönlich zu den Kraftplätzen Mexicos, dieses magischen und hochspirituellen Landes.

Die Pyramide als Kraftort finden ETORA-Gäste auch im Seminarzentrum von ETORA-Lanzarote. Fordern Sie dazu auch das Seminarprogramm an.

 Informationen und Reisedaten erfahren Sie bei
ETORA-Lanzarote
Seminar- und Reisevermittlungs GmbH

Sulzbachgasse 2, 7000 Stgt. 50, ☎ 07 11/56 10 14

MAGISCH REISEN

Mit dem Herzen die Welt erleben
und zu sich selbst finden

Ägypten (12281) von Bernd A. Mertz
Deutschland (12284) von David Luczyn
England (12296) von Kloausbernd Vollmer
Frankreich (12287) von Gilbert Altenbach und Boune Legrais
Glastonbury (12289) von Dion Fortune
Griechenland (12282) von Bernd A. Mertz
Griechische Inseln (12295) von Anne Tappe
Indien (12286) von Wulfing von Rohr
Irland (12292) von Sabine Korte und Matthias Weigold
Mexiko (12293) von Anne Tappe
Nordamerika (12285) von Natasha Peterson
Österreich (12290) von Christine Cerny
Der Pilgerweg nach Compostela (12299) von Louis Charpentier
Portugal (12294) von Safi Nidiaye
Schweiz (12298) von Pirmin Meier
Toskana (12291) von Stefanie Risse
Türkei (12280) von Anne Tappe

GOLDMANN VERLAG